Literarische Collagen

Texte, Quellen, Theorie

Herausgegeben von
Volker Hage

Philipp Reclam jun. Stuttgart

Universal-Bibliothek Nr. 7695 [4]
Alle Rechte vorbehalten. © 1981 Philipp Reclam jun., Stuttgart
Gesamtherstellung: Reclam, Ditzingen
Printed in Germany 1981
ISBN 3-15-007695-1

Inhalt

Einleitung 5

Texte

Kurt Schwitters: Aufruf! (1921) 31
Karl Kraus: Der Hort der Republik (1927) 37
Alfred Döblin: Berlin Alexanderplatz (Ausschnitt) (1929) 106
Edlef Köppen: Heeresbericht (Ausschnitt) (1930) .. 112
H. C. Artmann / Konrad Bayer / Gerhard Rühm: magische kavallerie (1956) 119
Gerhard Rühm: Sylvias Ballkleid (1966) 124
F. C. Delius: Wir Unternehmer (Ausschnitt) (1966) . 130
Horst Bienek: Verkündigung des Wetters (1969) ... 136
Peter Handke: Lesen und Schreiben (1969) 137
Peter O. Chotjewitz: Vom Leben und Lernen (Ausschnitt) (1969) 138
Dieter Wellershoff: Hohe Säulen glühender Nebel. Über Liebe, Sexualität und Leidenschaft (1970) .. 142
Wolf Wondratschek: Paul oder die Zerstörung eines Hörbeispiels (Ausschnitt) (1970) 152
Alfred Behrens: Burroughs cut-up Burroughs cut-up Burroug (1971) 161
Ror Wolf: Der letzte Biß (1973) 173
Ror Wolf: Telefongespräch im Fernsehen anläßlich des Qualifikationsspiels zur Fußballweltmeisterschaft Zypern gegen Deutschland am 23. 11. 1968 in Nikosia (ARD) (1973) 175
Uwe Johnson: Eine Reise nach Klagenfurt (Ausschnitt) (1974) 178
Dieter Kühn: Rammbock gegen Prellbock (Ausschnitt) (1974) 186

Hans Magnus Enzensberger: U. C. (1877 bis 1963)   (1975) 194
Hans Magnus Enzensberger: Dreizehnter Gesang   (1978) 197
Max Frisch: Der Mensch erscheint im Holozän (Ausschnitt)   (1979) 199

Texte und Quellen

Karl Kraus: Die letzten Tage der Menschheit (Ausschnitt)   (1918/19) 207
   Kriegsbilder aus Tirol. An der Dolomitenfront. Von Alice Schalek   (1915) 210
Hubert Fichte: Die Palette (Ausschnitt)   (1968) 214
   Hans-Joachim Neumann †. Von Eberhard von Wiese   (1965) 216
Peter O. Chotjewitz: Die Geschichte vom gemachten und vom ungemachten Mann   (1969) 218
   Geschichte eines »gemachten Mannes«. Ein Beispiel aus der sozialen Wirklichkeit. Von Volkmar Muthesius   (1968) 224

Text und Theorie

Helmut Heißenbüttel: Deutschland 1944   (1967) ... 227
Jörn Stückrath: Helmut Heißenbüttels »Deutschland 1944«. Deutung und Theorie einer Zitatmontage   (1970/80) 233
Franz Mon: Collagetexte und Sprachcollagen   (1970) . 258

Verzeichnis der Autoren, Texte und Quellen 283

Einleitung[1]

> »Als erstes mißtraut der Leser allem, was die Phantasie des Autors ihm anbietet.«
>
> Nathalie Sarraute,
> »Das Zeitalter des Argwohns«

Wozu noch etwas erfinden? Der Worte sind genug gewechselt, und die Taten, die ihnen folgen sollen, könnten ja darin bestehen, die bereits »gewechselten« Worte zu ordnen und zu sortieren. Warum noch weitere hinzufügen? Ist die Liste der Druckwerke und Schriftstücke nicht lang genug? Wozu noch Phantasie und eigene Worte bemühen, wenn die bunte Welt der Massenmedien Stoff übergenug anspült und die Dinge nicht selten für sich sprechen? Aber ist das vorstellbar: ein Schriftsteller, der nicht mehr selbst formuliert, sondern nur noch Fremdes sammelt und arrangiert?
Die Ergebnisse solcherlei Aktivität existieren. Und nicht erst heute. Spätestens seit Beginn dieses Jahrhunderts ist die Vorstellung vom Dichter als autarker Schöpferpersönlichkeit fragwürdig geworden. Eine vielfältige Montageliteratur verschmähte die dichterische Phantasie. Anders aber als in der bildenden Kunst, wo der Museumsbesucher inzwischen eine Collage neben dem Gemälde eines alten Meisters akzeptiert, hat in der Literatur die Verarbeitung kunstfremder Materialien kaum jemals Furore beim Publikum gemacht. Dabei plädieren die verschiedensten Schriftsteller seit mehr als fünfzig Jahren für eine solche literarische Methode.

Ein Engel sagte: Zitiere sie!

»Mein Amt war, die Zeit in Anführungszeichen zu setzen, in Druck und Klammern sich verzerren zu lassen, wissend,

---

[1] Die Einleitung orientiert sich an einer umfangreicheren, in der Entstehung begriffenen Arbeit des Autors.

daß ihr Unsäglichstes nur von ihr selbst gesagt werden konnte«, schrieb Karl Kraus 1914 in seiner Zeitschrift *Die Fackel*: »Nicht auszusprechen, nachzusprechen, was ist. Nachzumachen, was scheint. Zu zitieren und zu photographieren. Und Phrase und Klischee als die Grundlagen eines Jahrhunderts zu erkennen.«² Und ein Jahr zuvor hatte er seine Arbeitsweise so charakterisiert: »Denn ihr alle wisset doch schon, daß die Dinge, die ihr anderorts mit Wohlgefallen betrachtet, hier plötzlich ein anderes Gesicht annehmen, indem sie das werden, was sie sind. Denn mir ist ein Engel erschienen, der mir sagte: Gehe hin und zitiere sie. So ging ich hin und zitierte sie.«³

Hans Arp, der zum Kreis der Dadaisten gehörte, erinnert sich im Nachwort seiner *Gesammelten Gedichte*: »Wörter, Schlagworte, Sätze, die ich aus der Tageszeitung und besonders aus ihren Inseraten wählte, bildeten 1917 die Fundamente meiner Gedichte.«⁴

Alfred Döblin schrieb 1929 in einem Aufsatz über den »Bau des epischen Werkes«: »Und es ist mir so gegangen, als ich dies oder jenes historische Buch schrieb, daß ich mich kaum enthalten konnte, ganze Aktenstücke glatt abzuschreiben, ja ich sank manchmal zwischen den Akten bewundernd zusammen und sagte mir: besser kann ich es ja doch nicht machen. Und als ich ein Werk schrieb, das den Kampf der Riesenmenschen gegen die große Natur schildert, da konnte ich mich kaum zurückhalten, ganze Geographieartikel abzuschreiben; der Lauf der Rhône, wie sie aus dem Gebirge bricht, wie die einzelnen Täler heißen, wie die Nebenflüsse heißen, welche Städte daran liegen, das ist alles so herrlich und seine Mitteilung so episch, daß ich gänzlich überflüssig dabei bin.«⁵

Fast dreißig Jahre später heißt es bei Walter Jens: »In einer

---

2 *Die Fackel* Nr. 400–403 (1914) S. 46.
3 *Die Fackel* Nr. 368/369 (1913) S. 1.
4 Hans Arp, *Gesammelte Gedichte*, Bd. 1: *Gedichte 1903–1939*, Wiesbaden 1963, S. 46.
5 Alfred Döblin, *Aufsätze zur Literatur*, Olten 1963, S. 114.

Spätkultur wird die Welt überschaubar. Man ordnet und sammelt, sucht nach Vergleichen und findet überall Analogien. Der Blick gleitet nach rückwärts; der Dichter zitiert, zieht Vergangenes, ironisch gebrochen, noch einmal ans Licht, parodiert die Stile der Jahrtausende, wiederholt und fixiert, [...] wenn es den Stil nicht mehr gibt, muß man Stile beherrschen: auch Zitat und Montage sind Künste, und das Erbe fruchtbar zu machen, erscheint uns als ein Metier, das aller Ehren Wert ist.«[6]

Seine »Voraussetzungen« beim Schreiben benannte Ror Wolf 1966 so: »Anlaß sind überall kleine und kleinste Stoff- und Sprachpartikel, die mich reizen und anstoßen, die ich notiere, die sich wie von selbst zusammendrängen und Beziehungen anknüpfen wollen. Es sind die Einfälle, die mir in den Kopf kommen: es sind die Fundstücke aus meiner Umwelt, Satzstümpfe und Wortbrocken, Fetzen aus Prospekten, Journalen, Katalogen; Textstücke aus Kolportageheften und Groschenblättern; Gebrauchsanweisungen auf Suppenbeuteln, Schlagzeilen, Werbesprüche.«[7]

Hans Magnus Enzensberger schließlich schrieb 1972: »Der Roman als Collage nimmt in sich Reportagen und Reden, Interviews und Proklamationen auf; er speist sich aus Briefen, Reisebeschreibungen, Anekdoten, Flugblättern, Polemiken, Zeitungsnotizen, Autobiographien, Plakaten und Propagandabroschüren. Die Widersprüchlichkeit der Formen kündigt aber nur die Risse an, die sich durch das Material selber ziehen. Die Rekonstruktion gleicht einem Puzzle, dessen Stücke nicht nahtlos ineinander sich fügen lassen. Gerade auf den Fugen des Bildes ist zu beharren. Vielleicht steckt in ihnen die Wahrheit, um derentwillen, ohne daß die Erzähler es wüßten, erzählt wird.«[8]

---

6 Walter Jens, *Statt einer Literaturgeschichte*, Pfullingen ³1968, S. 15.
7 Ror Wolf, »Meine Voraussetzungen«, in: Lothar Baier (Hrsg.), *Über Ror Wolf*, Frankfurt a. M. 1972, S. 9.
8 Hans Magnus Enzensberger, *Der kurze Sommer der Anarchie*, Frankfurt a. M. 1972, S. 14.

Kleine Begriffserklärung: Montage und Collage

Das französische Substantiv »collage« bedeutet einfach: Aufkleben (aber auch, umgangssprachlich: wilde Ehe, ein semantischer Akzent, den man durchaus im Auge behalten darf). In der bildenden Kunst bezeichnet man mit »Collage« ein Objekt, in das Materialien eingeklebt worden sind. Der Begriff »Montage« stammt aus dem technischen Bereich und findet zunächst für Kunstarten Anwendung, die mit Apparaten hergestellt werden: Foto und Film.

Die Dadaisten, die die neuen künstlerischen Arbeitsweisen als erste in Deutschland aufgegriffen und propagiert haben, benutzten beide Begriffe. »Wir wußten«, erinnert sich Raoul Hausmann, »daß nach dem Beispiel der Futuristen Picasso wirkliches Material benutzte, Zeitungsausschnitte, Haare, Holz, Glas – und dies bereits 1912 – und daß derselbe Picasso [...] Stilleben aus farbigem Papier machte, ein Verfahren, das man ›Collage‹ nannte. Ich fing im Sommer 1918 an, Bilder aus farbigen Papieren, Zeitungsausschnitten und Plakaten zu machen.«[9] Und über »Montage«: »Dieser Name entstand dank unserer Abneigung, Künstler zu spielen, wir betrachteten uns als Ingenieure [...], wir behaupteten, unsere Arbeiten zu konstruieren, zu montieren.«[10] Gerade bei den Dadaisten ist das Übergreifen der neuen Verfahren auf verschiedene Kunstgattungen gut zu verfolgen: Kurt Schwitters stellte sowohl Bildcollagen als auch Textmontagen her, Hausmann machte außer Bildern auch Fotomontagen.

Während Schriftsteller in ihren Selbstkommentaren und theoretischen Äußerungen die Begriffe »Collage« und »Montage« ohne große Unterscheidungen benutzen, tut sich die Literaturwissenschaft schwer mit ihnen. Entweder wird beiden Begriffen überhaupt wenig Aufmerksamkeit geschenkt[11] – das Stichwort »Collage« findet noch heute

9 Raoul Hausmann, *Am Anfang war Dada*, Steinbach 1972, S. 45.
10 Ebd.
11 Vgl. dazu Karl Riha, »Ein Beitrag zur Diskussion um Fiction-Nonfiction-

selten Eingang in ein Literaturlexikon, Gero von Wilperts *Sachwörterbuch der Literatur* kennt immerhin (vierte Auflage von 1964) »Montage«[12] –, oder man verfällt in umständliche Differenzierungen, wie erst jüngst Hans-Burkhard Schlichting.
Schlichting versucht eine idealtypische Trennung zwischen beiden Begriffen zu begründen. Die »Montage«, in der »die Teile des zitierten Materials deutlich als Teile hervortreten und Frakturen im Prozeß des Lesens bilden«, unterscheidet sich für ihn von der »Collage« unter anderem dadurch, daß der literarischen Collage das »Strukturprinzip einer bewußten Konstruktion« fehle.[13] Das Material der »Montage« trägt für Schlichting dokumentarischen Charakter. Bei der »Collage« ist die Materialherkunft »generell gleichwertig«.[14] Da Schlichting keine Textbeispiele gibt, an denen seine Unterscheidung zu überprüfen wäre, läßt sich nur vermuten, daß er im literarischen Bereich eine ähnliche Trennung vollziehen will, wie sie sich im bildnerischen Bereich durch die Collagen von Kurt Schwitters einerseits und die Fotomontagen von John Heartfield andererseits anbieten. Dabei dürfte auch die unterschiedliche Funktion der Kunst (politisch-aufklärerisch bei Heartfield) mit anvisiert sein.
Davor ist jedoch bei der Bestimmung von literarischen Werken zu warnen: Eine auf formale Eigenarten bezogene Benennung von Texten sollte sich nicht mit einer der Wirkungsabsicht mischen. Denn produktives Vorhaben und ästhetisches Resultat lassen sich selten zweifelsfrei bestimmen (Absichtserklärungen der Verfasser gibt es ja nicht in

---

Literatur und gleichzeitig: Vorläufige Bemerkungen zu einem neuen Literaturbegriff in der Literaturwissenschaft«, in: Jürgen Kolbe (Hrsg.), *Neue Ansichten einer künftigen Germanistik*, München 1973, S. 274 und passim.
12 Gero von Wilpert, *Sachwörterbuch der Literatur*, Stuttgart ⁴1964, S. 438 f.
13 Hans-Burkhard Schlichting, »Historische Avantgarde und Gegenwartsliteratur. Zu Peter Bürgers Theorie der nachavantgardistischen Moderne«, in W. Martin Lüdke (Hrsg.), *Theorie der Avantgarde. Antworten auf Peter Bürgers Bestimmung von Kunst und bürgerlicher Gesellschaft*, Frankfurt a. M. 1976, S. 229.
14 Schlichting, »Historische Avantgarde und Gegenwartsliteratur«, S. 230 f.

jedem Fall, und sie sind, wo sie vorliegen, keineswegs sakrosankt). Die aufklärerische Intention mancher Textmontagen mag auf der Hand liegen (siehe den Auszug aus *Wir Unternehmer* von F. C. Delius), doch wenn man sich etwa einen Text wie »Deutschland 1944« von Helmut Heißenbüttel ansieht, so ist die Frage danach schon gar nicht mehr so leicht zu beantworten (wie Jörn Stückrath in seiner Analyse in diesem Band zeigt).
Selbst wenn Schlichtings Unterscheidung besser veranschaulicht wäre, gäbe es einen wesentlichen Einwand gegen sie: Begriffe lassen sich einführen und genau definieren, solange sie noch nicht sprachliches Allgemeingut geworden sind (und auch dann können sie als Kategorien einer Wandlung unterliegen, die ihre Verwendung unsicher macht).[15]
Gerade der Begriff »Montage« wird mittlerweile jedoch so häufig und auch umfassend benutzt, daß es wenig sinnvoll erscheint, ihn heute noch eingrenzen zu wollen. Aus diesem Grunde kann auch ein Definitionsansatz von Volker Klotz nicht ganz zufriedenstellen, der eine äußerst subtile Unterscheidung trifft: »›Montage‹ ist ein Kunst-*Verfahren*, das äußerstenfalls zum Kunst-*Produkt* ›Collage‹ führt. Dann nämlich, wenn qualitativ und quantitativ der Fremdcharakter des vorgefundenen und vorfabrizierten Materials überwiegt. Demnach setzen Collagen als Verfahren Montage voraus, aber nicht alle Montagen bringen Collagen hervor.«[16] Das klingt sehr elegant, ist aber in der Bestimmung von »Montage« als purem Kunstverfahren (was ausschließt, daß man von einem Text als von einer »Montage« spricht) allzu willkürlich. Klotz sieht das selbst wohl auch so, denn er schreibt: »Angesichts des oft verworrenen Wortgebrauchs kann sie [seine Abgrenzung] nur ein Vorschlag sein.«[17]
Spürt man nun dem Wortgebrauch ein wenig nach, so zeigt

---

15 Vgl. zu diesem Problem auch die Einleitung von Eberhard Lämmert, *Bauformen des Erzählens*, Stuttgart 1970, S. 9 ff.
16 Volker Klotz, »Zitat und Montage in neuerer Literatur und Kunst«, in: *Sprache im technischen Zeitalter* Nr. 60 (1976) S. 277.
17 Ebd.

sich zwar, daß er in der Tat verworren, aber doch nicht völlig uneinheitlich ist und daß die Begriffe »Montage« und »Collage« keineswegs ihre Trennschärfe völlig verloren haben, auch nicht zur Kennzeichnung literarischer Produkte. Es dürfte sich Einigkeit darüber herstellen lassen, daß »Montage« der allgemeinere Begriff ist. Er bezeichnet das Zusammengesetzte, betont das Konstruierte und aus disparaten Bereichen Stammende. Keineswegs ist er auf die Zitatverwendung eingeschränkt.[18] Es ist zwar eine leicht inflationäre Verwendung dieses Begriffes – etwa in der Literaturkritik – zu beobachten, wobei alles, was als Prosa nicht einem erzählerischen Gleichfluß folgt, der Montage zugeschlagen wird, doch wäre es wohl wenig sinnvoll, hier Verbotstafeln aufstellen zu wollen. Man sollte vielleicht nur daran erinnern, daß es Brüche, Aussparungen, Rückblenden, Parallelmotive in der Literatur immer gegeben hat, ohne daß man deswegen gleich »Montage« rufen mußte.

Der Begriff »Collage« taucht zur Kennzeichnung literarischer Texte seltener auf. Da seine Herleitung aus der bildenden Kunst unstreitig ist, scheint mir folgende definitorische Übereinkunft herstellbar zu sein: wie die Bildcollage durch das eingeklebte Fremdmaterial (eine Fahrkarte, einen Stoffetzen, ein Tapetenstück) geprägt ist, so die literarische Collage durch das als Fremdtext erkennbare Zitatmaterial. Nur so gibt die Übertragung des Begriffs von einer Kunstgattung in die andere einen Sinn. Tatsächlich finden sich auch kaum literaturtheoretische Beispiele, in denen ein Text auch dann als Collage bezeichnet wird, wenn er nicht durch Zitatverwendung gekennzeichnet ist.[19]

18 So heißt Wilperts lexikalische Bestimmung zum Beispiel: Montage ist »die verfremdende Zusammenfügung versch. Wirklichkeitsebenen oder Wort-, Gedanken- und Satzfragmente unterschiedlicher Herkunft nach rein formalen Grundsätzen zur Erzielung von Überraschungseffekten; im weiteren Sinne auch jede Anwendung filmischer Techniken wie Rückblenden, Überblenden, Einblenden und szenische Gleichzeitigkeit sowie Darstellung von Traumgesichten usw. auf die Literatur« (Wilpert, *Sachwörterbuch der Literatur*, S. 439).
19 So spricht Helmut Heißenbüttel angesichts von Peter O. Chotjewitz' Roman *Die Insel* einmal von einer »Collage vage aufeinander bezogener

Die literarische Collage ist also eine Form der Textmontage: nämlich der Montage von Zitaten. (In Abwandlung von Klotz läßt sich sagen: Eine Collage ist immer zugleich eine Montage, doch nicht jede Form von Montage ist auch eine Collage.)

Drei Funktionsformen

Es lassen sich drei Funktionsformen beschreiben: 1. Die zitierten Fremdkörper werden dem literarischen Werk ihres exotischen Reizes wegen einverleibt. Sie gehen dabei äußerstenfalls in ihrer neuen Umgebung nahtlos auf, verlieren ihr Gesicht und werden als Zitate unkenntlich. 2. Das fremde Wortmaterial läßt keinen Rahmen mehr zu, es geht nicht in einer größeren Struktur auf, sondern bildet, neu kombiniert und arrangiert, selbst die Struktur. Der Verfasser tritt als bloßer Arrangeur ohnmächtig oder fasziniert zurück. 3. Die herbeigeholten Textpartikel werden gezielt eingesetzt, um etwas zu verdeutlichen, zu entlarven oder zu kommentieren. Auch hier kann sich das Zitat, als Beleg und Dokument, von der Stimme des Autors ablösen und für sich sprechen, doch bleibt es im Griff einer genau kalkulierten Wirkungsabsicht.
Ein Zitat, das sich selbst aufgibt (wie im ersten Fall), soll hier nicht weiter interessieren. Denn Anverwandlungen fremder Texte und Textteile gibt es, seit es Literatur gibt. Die pure Fiktion dürfte stets die Ausnahme gewesen sein: Anspielungen, Paraphrasen oder nachprüfbare Fakten gehören zum Geschäft des Dichtens seit jeher.
Auch das kryptische Zitat kann weitgehend außer Betracht bleiben. Denn es ist nur unter günstigen Umständen identifizierbar. Zum Beispiel weist Thomas Mann sein Publikum nachträglich auf »das – kaum einem Leser bemerkliche – Zitat von Diät-Menüs nach Briefen Nietzsches aus Nizza«

Vorgangspartikel« (Helmut Heißenbüttel / Heinrich Vormweg, *Briefwechsel über Literatur*, Neuwied/Berlin 1969, S. 49).

in seinem Roman *Doktor Faustus* (1947) hin.[20] Thomas Mann liefert überhaupt zahlreiche Beispiele für eine Zitatverwendung, die nicht – wie er selbst hoffte – im Sinne der modernen »Montage-Technik«[21] ist. Gerade im *Doktor Faustus* zeigt sich, daß das »Aufmontieren von faktischen, historischen, persönlichen, ja literarischen Gegebenheiten«[22] noch nicht automatisch zu jener Form der Zitatmontage führt, die in der Literatur dieses Jahrhunderts als Bruch mit herkömmlichen Schreibweisen eine beachtliche Rolle spielt. Denn auch bei der quantitativ großen Bedeutung, die zitierte und zitatähnliche Passagen in Romanen von Thomas Mann haben,[23] ist es doch unverkennbar, daß Brüche und Nahtstellen im Erzählfluß äußerst penibel eingeebnet sind.
Gerade die Absage an eine geschlossene Kunstwelt, an das literarische Werk als autonome Struktur, die Aufsplitterung in schillernde Einzelteile und die veränderte Rolle des Autors aber machen das Faszinierende an dieser Entwicklung aus (bisweilen können die Voraussetzungen interessanter sein als das Ergebnis, der Text selber). Es kommt darauf an, daß – wie Adorno formuliert hat – »das Werk buchstäbliche, scheinlose Trümmer der Empirie in sich einläßt, den Bruch einbekennt und in ästhetische Wirkung umfunktioniert«.[24] Den Bruch einbekennen: das machen zum Beispiel Texte, in denen das Zitat als fremdartiges Wortmaterial erkennbar bleibt (natürlich in einem anderen als im wissenschaftlichen Sinne).
Wenn allerdings Adorno weiter davon spricht, daß die »montierten Abfälle« erstmals in der Entfaltung von Kunst

---

20 Thomas Mann, *Schriften und Reden zur Literatur, Kunst und Philosophie*, Bd. 3, Frankfurt a. M. 1968, S. 103.
21 Ebd.
22 Ebd.
23 Vgl. Sigrid W. Becker-Frank, *Das Spätwerk Thomas Manns. Eine Untersuchung zur Integration des Zitats, besonders im »Doktor Faustus«*, Quickborn 1963; Hans Wysling, »Die Technik der Montage. Zu Thomas Manns ›Erwähltem‹«, in: Helmut Koopmann (Hrsg.), *Thomas Mann*, Darmstadt 1975.
24 Theodor W. Adorno, *Ästhetische Theorie*, Frankfurt a. M. 1970 (*Gesammelte Schriften*, Bd. 7), S. 232.

dem Sinn sichtbare Narben schlügen,[25] so bezieht sich das nur auf die zweite Funktionsform, in der Einbruch und Anordnung des Zitierten einer sozusagen »poetischen« Logik unterliegen. Im dritten Fall, bei dem die Kombination der Einzelteile einem zielgerichteten Kalkül folgt, entsteht neuer Sinn gerade durch die Montage.

Tatsächlich gilt es besonders, diese zwei Funktionsformen auseinanderzuhalten, obgleich das in der Praxis nicht immer eindeutig gelingen wird. Es stehen zwei unterschiedliche Autorenhaltungen dahinter: auf der einen Seite der Glaube an die aufklärerische Funktion von Literatur und die Absicht, die Zitate zu einem informativen Textganzen zusammenzufügen, auf der anderen Seite das Gefühl der Ausgeliefertheit an die bedrängenden Fremdkörper, das allenfalls in eine masochistische Lust zur Unterwerfung münden kann. Oder in eine Lust an der Provokation: so jedenfalls in den Anfängen der Montagekunst, als sie, jeden Sinn verweigernd, das Publikum schockieren sollte.

Historische Grundlagen

So sehr die literarische Collage ein Kind unseres Jahrhunderts ist, so weit reichen doch Vorformen in die Literaturgeschichte zurück. Denn die Vorstellung eines geschlossenen Kunstganzen ist auch in der Vergangenheit immer wieder in Frage gestellt gewesen, und dieses Ideal hat bei den Anfängen unserer Literatur schon überhaupt keine Rolle gespielt. Als Beispiel sei der Barockroman *Assenat* (1670) genannt, dessen Geschichte von seinem Autor, Philipp von Zesen, als zusammengewürfeltes Mixtum compositum vorgestellt wird: »Ich habe sie nicht aus dem kleinen finger gesogen / noch bloß aus meinem eigenen gehirne ersonnen. Ich weis die Schriften der Alten anzuzeigen / denen ich gefolget.«[26]

25 Adorno, *Ästhetische Theorie*, S. 233.
26 Zit. nach Herman Meyer, *Das Zitat in der Erzählkunst*, Stuttgart ²1967, S. 18.

Ein Anmerkungsapparat ist beigefügt, umfangreicher als die eigentliche Geschichte. Genau dreihundert Jahre später erscheint mit *Zettels Traum* (1970) von Arno Schmidt ein Mammutbuch, dem die Worte des Barockdichters gerade nachgesagt sein könnten.

Doch wäre es kurzsichtig, hier eine Brücke schlagen zu wollen. Die Berührungspunkte sind nur oberflächlich. Denn in den Jahrhunderten zwischen diesen beiden Büchern wird der Schriftsteller als autarker Schöpfer überhaupt erst aktuell. Im 17. Jahrhundert verkündet Miguel de Cervantes stolz (der Blick läßt sich hier nicht auf die deutsche Literatur beschränken), daß er im *Don Quijote* (1605–15) ohne »Zitate am Rand und ohne Notate am Schluß des Buches« ausgekommen sei.[27] Im 18. Jahrhundert ist es Laurence Sterne, der in seinem *Tristram Shandy* (1760–67) fragt: »Sollen wir auf ewig neue Bücher machen, wie die Apoteker neue Mixturen machen, indem wir aus einem Gefäß ins andere gießen?«[28]

Es war zugleich das Ringen um eine bürgerliche Literatur, die befreit sein wollte aus der Vormundschaft feudaler Brotgeber. Diese Anstrengungen flankierten den philosophischen Versuch, die Gleichheit aller Menschen zu begründen. Bürger oder Adliger: »Beide waren gleich, beide hatten die gleiche Menschenwürde, die gleichen Rechte, die gleichen Pflichten.«[29] Die Kunst hatte in diesem Kampf ihren Beitrag zu leisten. Volker Klotz hat den Zusammenhang einleuchtend dargestellt: »Im Widerspruch zur feudalen Kunstpraxis, die als ebenso normiert empfunden wurde wie das Leben am Hof, erwartete man, daß der Maler, Dichter, Musiker originale Leistungen vollbringt. Sein einmaliges, unverwechselbares Genie sollte in einmaligen, unverwech-

---

27 Zit. nach Meyer, ebd., S. 57.
28 Laurence Sterne, *Leben und Meinungen von Tristram Shandy, Gentleman*, aus dem Engl. übers. von Otto Weith, Stuttgart 1972 [u. ö.] (Reclams Universal-Bibliothek, Nr. 1441 [8]), Buch V, Kap. I, S. 395.
29 Leo Balet / E. Gerhard, *Die Verbürgerlichung der deutschen Kunst, Literatur und Musik im 18. Jahrhundert*, Frankfurt a. M. 1973, S. 163.

selbaren Werken zutage treten. [...] Eigengesetzlich,
zweckfrei, interesselos sollten die ästhetischen Gebilde jede
Spur ihrer Herstellung tilgen.«[30]
Ebenso wie die Ideale einer unabhängigen Künstlerpersönlichkeit und eines abgerundeten Kunstganzen war auch der
Gedanke des geistigen Eigentums erst durchzusetzen. Man
muß sich vorstellen: Bis ins 19. Jahrhundert hinein war die
Aufnahme des Urheberrechts in das Gesetzbuch ungewiß.
Als schutzwürdiges Rechtsgut – vom Landesherrn als »Privileg« vergeben – galt seit dem 15. Jahrhundert allein die
handwerkliche Arbeit der Druckerei. Abschreiben durfte
jeder ohne schlechtes Gewissen. 1794 kam es in Preußen zu
einer ersten rechtlichen Regelung der Urheberfrage, aber es
dauerte noch bis 1845, bis ein dreißigjähriger Rechtsschutz
auch nach dem Tod des Verfassers zur Regel wurde –
jedenfalls für den Norddeutschen Bund. Erst 1871, nach der
Reichsgründung, fanden diese Bestimmungen auch Anwendung im übrigen Deutschland.
Währenddessen unterhöhlte die Romantik bereits die klassischen Ideale. Mit den Mitteln der Fiktionsironie und künstlicher Brüche und Verschachtelungen wurde der Sehnsucht
nach dem harmonisch Abgerundeten Kontra gegeben. E. T.
A. Hoffmanns Roman *Lebens-Ansichten des Katers Murr*
(1820–22) läßt sich nur deshalb nicht als literarische Collage
ansprechen, weil die quasi in den Zusammenhang gerissenen
Zitate fingierte Dokumente sind. Aber die Montageliteratur
hat hier zweifellos einen ehrenwerten Vorfahren.
Als der bürgerliche Stand seine Emanzipation erfolgreich
befestigt und den Adel weitgehend zurückgedrängt hatte,
zeigte sich, daß das Prinzip der Gleichheit noch nicht die
Gleichrangigkeit aller Menschen bedeutete; und der
Gedanke an die Unverwechselbarkeit des Einzelnen sah sich
in den Fertigungshallen der aufkommenden Industriezweige
nur unzureichend verwirklicht. Aus dem Ideal wurde die
Phrase, die nicht nur Karl Kraus auf den Plan rief. Die

30 Volker Klotz, »Zitat und Montage in neuerer Literatur und Kunst«,
S. 260.

Großstadt brachte zudem neue Mittel der Kommunikation: Zeitungen, Rundfunk, Kino. Der Erste Weltkrieg machte die apokalyptischen Potenzen des neuen Zeitalters deutlich.

Wirkungen auf die Literatur

Die Literatur konnte von diesen Veränderungen nicht unbeeindruckt bleiben. Man muß nicht gleich eine »unentrinnbare Zusammenhanglosigkeit des Lebens«[31] beschwören, um den Wandel zu charakterisieren. Doch zweifellos war etwa die Totalität des Weltkrieges nur noch mit Mühe am Schicksal eines Einzelhelden zu exemplifizieren, und auch die Vielfalt der Großstadt ließ sich schwer aus singulärer Sicht schildern. In dem Mammutdrama *Die letzten Tage der Menschheit* (1918/19) von Karl Kraus, das den Krieg als Endzeitgemälde »in hundert Szenen und Höllen«[32] zeigt, gibt es eine Hauptfigur überhaupt nicht mehr. In Edlef Köppens Roman *Heeresbericht* (1930) wird dem privaten Bericht des Helden die öffentliche Sprache (etwa als Propagandamittel) gegenübergestellt. Auch in Alfred Döblins *Berlin Alexanderplatz* (1929) lösen sich die Großstadtzitate bisweilen ganz von der Hauptfigur ab.
Als Motiv verbirgt sich dahinter nicht zuletzt die Vorstellung, daß die Wirklichkeit nicht mehr von dem zu trennen sei, was die Menschen über diese Wirklichkeit in Umlauf bringen, Lügen und Klischees (etwa der Zeitungen) müßten als einwirkende Faktoren entlarvt werden – am besten durch sich selbst. Die Realität und ihre Inszenierungen hatten die Phantasien des Autors überrollt. Oder wie Kraus sagt: »Als ob man so etwas erfinden könnte und als ob mein Anteil an diesen Gestaltungen darüber hinausginge, daß ich zu allem, was es gab, am rechten Ort und zur rechten Zeit die Anführungszeichen gesetzt habe.«[33]

[31] Erwin Theodor Rosenthal, *Das fragmentarische Universum*, München 1970, S. 40.
[32] Karl Kraus, *Die letzten Tage der Menschheit*, T. 1, München ⁴1974, S. 5.
[33] *Die Fackel* Nr. 546–550 (1920) S. 10.

Von solchen Überzeugungen war es nicht mehr weit zum Einsatz des Zitatmaterials als Mittel politischer Agitation. Von einer seiner Theateraufführungen im Jahre 1925 sagte Erwin Piscator, das politische Dokument habe erstmals »textlich und szenisch die alleinige Grundlage« gebildet. »Die ganze Aufführung war eine einzige Montage von authentischen Reden, Aufsätzen, Zeitungsausschnitten, Aufrufen, Flugblättern, Fotografien und Filmen des Krieges und der Revolution.«[34]

Ähnliches und doch ganz anderes praktizierten zur gleichen Zeit die dadaistischen Künstler: Ihr Protest hatte nur indirekte Berührungspunkte zur aufkommenden Reportage- und Dokumentationsliteratur. Kurt Schwitters und Hans Arp, die wichtigsten Schriftsteller aus dem Kreis der Dadaisten, setzten ihre Zitate nicht aneinander, um etwas zu belegen und zu beweisen, sondern um das Chaos zu bestätigen, das sie um sich herum ausmachten. Ihre Attacke lief zwar ebenfalls gegen das gängige Kunstverständnis. Ihr Tun indes hatte, wenn überhaupt, nur eine einzige Bedeutung: die Verweigerung von Bedeutung. Kunst sollte nicht länger die schöne Beigabe zum Alltag sein: Der Alltag selbst wurde eingelassen, der Zufall war als Auswahlprinzip beliebt, alles, was nicht nach Kunst aussah, willkommen. Nicht vorherige Stile oder andere künstlerische Richtungen stellte man in Frage, sondern das System Kunst, das System Literatur überhaupt.[35]

Erst in den fünfziger Jahren wurde im deutschen Sprachraum daran angeknüpft. Die »Wiener Gruppe« bezog sich ausdrücklich auf ihre Vorgänger aus den Zwanzigern und wiederholte in Gemeinschaftsmontagen dadaistische Unsinnsliteratur. Obgleich als Erben nicht in jedem Fall originell, bereiteten Autoren wie Gerhard Rühm und H. C. Artmann doch eine Schreibweise vor, die sich in den sechzi-

---

34 Erwin Piscator, *Das politische Theater*, Reinbek bei Hamburg 1963, S. 70 und 73.
35 Vgl. auch Lothar Baier, »Kinder, seid doch einmal realistisch!«, in: Peter Laemmle (Hrsg.), *Realismus – welcher?*, München 1976, S. 122.

ger und siebziger Jahren viel Beachtung, wenn auch nicht gerade besondere Publikumsgunst sichern konnte: die »experimentelle« Literatur. In den sechziger Jahren wurde zugleich eine abermalige Politisierung der Literatur gefordert und vorangetrieben, die ihrerseits auf Vorformen aus den zwanziger Jahren, das dokumentarische Theater und die zeitkritische Reportage, zurückgreifen konnte.

Ein zweites Mal also wurde das konventionelle Kunstverständnis in einer Zangenbewegung attackiert: Formale Experimente hier, »Literatur als Waffe« dort, stellten sich zwei Richtungen gegen ästhetische Behaglichkeit (und Bequemlichkeit) von Künstlern und Konsumenten. Das alles kumulierte Ende der sechziger Jahre in der – allerdings voreiligen – Proklamation vom »Tod der Literatur«. Radikaler noch als zuvor wurde die Position der künstlerischen Einzelleistung, die sich doch recht gut wieder etabliert hatte, bestürmt und verlacht. Für Peter O. Chotjewitz bestand in jenen Jahren die Funktion eines Schriftstellers allein im »Lesen und Wiederverwenden dessen, was schon geschrieben worden ist«.[36] Michael Scharang begrüßte eine vermeintliche Tendenz, »die Autorschaft, bisher einzelnen vorbehalten, möglichst allen zugänglich zu machen«.[37]

Und für eine kurze Zeit sah es fast so aus, als zeigte der Sturm nachhaltige Wirkung. Die Imagination des Schriftstellers war plötzlich nicht mehr gefragt, Phantasie und Fiktion standen in schlechtem Ruf. Wieder einmal war Material gefordert, als dokumentarisches oder als Spielmaterial. »Literatur braucht nun weniger Einbildungskraft als vielmehr Material. Material, an dem sie sich aufschlüsselnd und kombinatorisch, analytisch und montierend betätigt.«[38] So schrieb 1966 Helmut Heißenbüttel, einer der theoretischen Begründer und auch ausgiebigen Praktiker der experimentellen Literatur. Selbst herkömmliche Romane, die natürlich weiterhin erschienen, konnten sich dem Gebot der

---

36 Peter O. Chotjewitz, *Vom Leben und Lernen*, Darmstadt 1969, S. 216.
37 Michael Scharang, *Einer muß immer parieren*, Neuwied 1973, S. 11.
38 Helmut Heißenbüttel, *Zur Tradition der Moderne*, Neuwied 1972, S. 81.

Stunde nicht völlig entziehen: man denke nur an das Zeitungszitat in Uwe Johnsons Zyklus *Jahrestage* (1970 ff.) oder an Heinrich Bölls Roman *Gruppenbild mit Dame* (1971), der nach Auskunft des Autors Auszüge aus Protokollen und Prozeßakten enthält, »die ich als Collage verwende«.[39]

Kann Literatur dokumentarisch sein?

Das Selbstverständnis der Kunst war einmal mehr in Frage gestellt. Die Krise der westlichen Kultur, die im unversöhnlichen Echo der Studenten auf den Dschungelkrieg in Vietnam ihren tumultuarischen Ausdruck finden sollte, signalisierte sich hier zum ersten Mal. Zu rasch hatten sich Wiederaufbau und Restauration gerade in der Bundesrepublik vollzogen, als daß Erschütterungen ganz ausbleiben konnten. Bereits zu Beginn der sechziger Jahre war eine speziell deutsche Vergangenheit wieder lebendig geworden, deren beharrliche und vielfach unbedachte Kennzeichnung als »unbewältigte« auch meinen konnte, daß sie eigentlich mittlerweile hätte bewältigt sein können. Der Prozeß gegen Adolf Eichmann im Jahre 1960 und die Auschwitz-Prozesse, 1962 und 1964 in Frankfurt am Main, hielten das Ausmaß des Grauens noch einmal unerbittlich protokollarisch fest.
Eine Literatur, die darauf reagieren wollte, hatte mit verschiedenen Fragen zu ringen, die einfachsten davon: War dieses Geschehen, das da nun öffentlich verhandelt wurde, denn beschreibbar? Wenn ja, mit welchen Mitteln? Und: Wer durfte sich an diese Aufgabe wagen? Die Grenzen eines Autors, der als Außenstehender darüber schreibt, machte Peter Weiss nach einem Besuch auf dem ehemaligen Lagergelände von Auschwitz deutlich: »Der Lebende, der hier herkommt, aus einer anderen Welt, besitzt nichts als seine

39 Dieter Wellershoff / Heinrich Böll, »›Gruppenbild mit Dame‹. Ein Tonband-Interview«, in: *Akzente* Nr. 4 (1971) S. 337.

Kenntnisse von Ziffern, von niedergeschriebenen Berichten, von Zeugenaussagen, sie sind Teil seines Lebens, er trägt daran, doch fassen kann er nur, was ihm selbst widerfährt. Nur wenn er selbst von seinem Tisch gestoßen und gefesselt wird, wenn er getreten und gepeitscht wird, weiß er, was dies ist.«[40]

Die Lehre aus dieser Erkenntnis (eine Lehre, der auch der schockartige Erfolg der Fernsehserie »Holocaust« Jahre später nur bedingt widerspricht) konnte etwa lauten: Der Versuch, das Leiden in den deutschen Konzentrationslagern literarisch nachvollziehen zu wollen, ist zum Scheitern verurteilt. Weiss selbst hat sie mit seinem Drama *Die Ermittlung* (1965) beherzigt.

In diesem Musterfall eines dokumentarischen Theaterstücks der sechziger Jahre (andere waren Heinar Kipphardts *In der Sache J. Oppenheimer*, 1964, und der *Diskurs über die Vorgeschichte und den Verlauf des langandauernden Befreiungskrieges in Viet Nam*, 1968, ebenfalls von Weiss) werden die grauenhaften Vorgänge nur indirekt dargestellt. Der Autor bringt nicht das Geschehen selber, sondern den späteren Prozeß darüber auf die Bühne. Er will nur fragen und einkreisen, nicht aber das Grauen vergegenwärtigen: daher die Adaption des Gerichtsverfahrens. Das Stück basiert in der Hauptsache auf Aufzeichnungen und Presseberichten von den Gerichtsverhandlungen. Wieweit szenische Gliederung und strophischer Aufbau am Ende den eigenen Anspruch unterlaufen, ist allerdings eine Frage, an der sich die Problematik dieser Schreibform vertiefen ließe.[41]

Zum engeren Kreis der literarischen Collagen zählen die Stücke des Dokumentartheaters nur bedingt (ebenso wie das ursprünglich nicht als Theaterstück konzipierte *Verhör von Habana* Hans Magnus Enzensbergers, 1970). Die Zitate erscheinen in diesen Texten kaum als Fremdkörper: sie sind

---

40 Peter Weiss, »Meine Ortschaft«, in: Klaus Wagenbach (Hrsg.), *Lesebuch. Deutsche Literatur der sechziger Jahre*, Berlin 1968, S. 38.
41 Vgl. Reinhard Baumgart, *Literatur für Zeitgenossen*, Frankfurt a. M. ²1970, S. 24 f.

vielmehr im Sinne eines Kunstganzen verarbeitet. Das gilt unter anderen Voraussetzungen auch für die per Tonbandbefragung zustande gekommenen Lebensprotokolle, die Erika Runge herausgegeben hat (*Bottroper Protokolle*, 1968, und *Frauen*, 1969). Eine wesentliche Voraussetzung freilich teilen die Dokumentartexte mit der Collageliteratur: die Absage an das Prinzip der Fiktion.
Ist aber die Kennzeichnung literarischer Texte als »dokumentarisch« nicht grundsätzlich fragwürdig? Selbst wenn zu den Zitaten genaue Quellenangaben geliefert werden, genügt die Anordnung des Materials kaum jemals den Maßstäben auch nur des Archivs einer Provinzzeitung. So ist schon früh und mit Recht eingewendet worden: »Dokumentar-Literatur läuft Gefahr, die fingierten Wahrheiten jener Literatur, der sie mißtraut, durch authentische Unwahrheiten zu ersetzen.«[42] Denn was in Einzelheiten stimmen mag, gibt deswegen noch lange kein treffendes Gesamtbild.
Überdies ist die Frage schwer zu entscheiden, wann ein Collagetext beginnt, »dokumentarisch« zu sein (ist nicht jedes Zitat zugleich ein Dokument?). Alexander Kluge verwendete für seine Beschreibung des Untergangs der sechsten Armee in Stalingrad Wehrmachtsprotokolle (*Schlachtbeschreibung*, 1964), Helmut Heißenbüttel in einer Mammutcollage Zitate aus literarischen und wissenschaftlichen Werken (*D'Alemberts Ende*, 1970), Enzensberger historische Zeugnisse, um das Leben eines spanischen Anarchisten einzukreisen (*Der kurze Sommer der Anarchie*, 1972). Sind diese Werke deswegen schon dokumentarisch?
»Das einfachste wäre es, sich dumm zu stellen und zu behaupten, jede Zeile dieses Buches sei ein Dokument.«[43] So steht es in einer theoretischen Vorbemerkung zu *Der kurze Sommer der Anarchie*. Aber: nichts liegt Enzensberger so fern wie naive Faktengläubigkeit. Enzensberger will mit seinem Buch nicht behaupten: So war es. Sondern vielmehr:

---

42 Dieter E. Zimmer, »Die sogenannte Dokumentar-Literatur«, in: *Die Zeit*, 28. 11. 1969.
43 Enzensberger, *Der kurze Sommer der Anarchie*, S. 14.

So könnte es gewesen sein. Was ihn als Schriftsteller reizt, ist gerade das »Opalisieren der Überlieferung, das kollektive Flimmern«,[44] sind die feinen Widersprüche zwischen den Quellen, die subjektiven Makel, die an jeder Verlautbarung haften. Denn für Enzensberger ist das, was die Menschen für gesichertes Wissen über sich selbst und ihre Vergangenheit halten, eine einzige selbstverfertigte Fiktion, eine gemeinsame Vereinbarung, eine »gesellschaftliche Konstruktion der Wirklichkeit« (wie die Soziologen sagen).[45] Nach seiner Meinung ist Geschichte nichts als eine »Erfindung, zu der die Wirklichkeit ihre Materialien liefert«.[46] Das gilt auch für die Biographie eines Einzelmenschen, für den »Roman als Collage« (deshalb auch kann der Autor für seine Zitatensammlung auf dem Etikett »Roman« beharren, das ja Fiktion signalisiert).

Ein Abgesang aus dem Computer

Daß das literarische Spiel mit dem Zitat Ende der sechziger, Anfang der siebziger Jahre zur tonangebenden Technik avancieren konnte, will von heute her, den beginnenden achtziger Jahren, fast ein wenig verwunderlich erscheinen. Aber es war so. Ob Peter Handke in einem Theaterstück (*Kaspar*, 1968), Horst Bienek in einem Lyrikband (*Vorgefundene Gedichte*, 1969), Peter O. Chotjewitz in einem als Buch getarnten Zettelkasten (*Vom Leben und Lernen*, 1969), ob Wolf Wondratschek in einem Hörspiel (*Paul oder die Zerstörung eines Hörbeispiels*, 1970), Ror Wolf in einer brillanten Textbildcollage zum Thema Fußball (*Punkt ist Punkt*, 1970), Arno Schmidt in einem der umfangreichsten Bücher der deutschen Literatur (*Zettels Traum*, 1970), Max

---

44 Ebd., S. 15.
45 Vgl. Peter L. Berger / Thomas Luckmann, *Die gesellschaftliche Konstruktion der Wirklichkeit. Eine Theorie der Wissenssoziologie*, Frankfurt a. M. ³1972.
46 Enzensberger, *Der kurze Sommer der Anarchie*, S. 13.

Frisch in einer Skizze über Schweizer Geschichte (*Wilhelm Tell für die Schule*, 1971) oder Uwe Johnson in einem biographischen Versuch über Ingeborg Bachmann (*Eine Reise nach Klagenfurt*, 1974) – sie alle nutzten den Reiz des fremden Textmaterials für ihre Arbeit.

»Damals lag es einfach in der Luft«, sagte Horst Bienek später in einem Rundfunkinterview, gefragt nach seinen *Vorgefundenen Gedichten*, die er aus Versandhauskatalogen, Fernsprech- und Kursbüchern zusammensetzte, »ich würde es heute nicht noch mal machen, weil das ja auch von der Neuheit lebte.«[47] Viele Texte der Collageliteratur sind tatsächlich inzwischen völlig vergessen, und es erscheint mehr als zweifelhaft, ob sie jemals wieder aus der Versenkung auftauchen werden. Bücher von Ferdinand Kriwet (*Apollo Amerika*, 1969), Paulus Böhmer (*Aktionen auf der äußeren Rinde*, 1972), Guntram Vesper (*Kriegerdenkmal ganz hinten*, 1970), Alfred Behrens (*Gesellschaftsausweis*, 1971) oder Walter Aue (*Blaiberg oh Blaiberg*, 1970, und *Lecki oder Der Krieg ist härter geworden*, 1973) sind Beispiele dafür. Auch unter den zuvor genannten Titeln sind Arbeiten, die heute allenfalls noch in literaturwissenschaftlichen Zirkeln zur Kenntnis genommen werden.

Überhaupt war die Blüte dieser Form von Literatur eher eine des Angebots als der Nachfrage. Anklang beim Publikum fanden diese Werke nur in wenigen Fällen (wie Arno Schmidt bei der Gemeinde seiner Leser und Anhänger). Das war kein Wunder, denn das Verhältnis zum Leser wurde zum Teil arg strapaziert. Die schon vom Dadaismus lädierte Übereinkunft zwischen Leser und Autor, daß letzterer zum Vergnügen und zur Belehrung des ersteren eine schöpferische Leistung zu erbringen habe, wurde gezielt torpediert. So in einem Buch von Chotjewitz: »Woran merken Sie, daß ich zu Ihnen spreche, wenn Sie das lesen, und daß nicht die Stimme eines anderen schweigsamen Autors zu Ihnen spricht, daß nicht alles eine riesige urheberrechtliche

---

47 Ekkehart Rudolph, *Aussage zur Person*, Tübingen/Basel 1977, S. 41.

Schweinerei ist?«[48] Der Leser – falls er noch weiterhin einer sein wollte – war dann nicht mehr verwundert, Seiten später zu erfahren: »Literatur in jeder Form ist unnütz.«[49]
Keineswegs war den Autoren der literarischen Collage generell schöpferische Leistung abzusprechen. Aber die Antiliteraturpose vieler Texte, dieses späte Echo auf den Dada-Übermut, zeigte doch seine auszehrende Wirkung. Mitte der siebziger Jahre ebbte der Strom der Collageliteratur merklich ab. Die Lektoren, die diese Form in den Verlagen durchgesetzt hatten, resignierten, änderten ihre ästhetischen Maßstäbe oder arbeiteten in eigenen Kleinverlagen weiter, wo Bücher wie *Obduktionsprotokoll* von Hartmut Geerken (1976) fast unter Ausschluß der Öffentlichkeit erschienen.
In der zweiten Hälfte der siebziger Jahre war eine Art Gegenbewegung zu verzeichnen: ganz deutlich etwa in der Lyrik, wo Autoren wie Jürgen Becker, Rolf Dieter Brinkmann, F. C. Delius, Karin Kiwus, Jürgen Theobaldy oder Wolf Wondratschek mit Motiven aus dem Alltag und in einem dem Umgangssprachlichen angenäherten Tonfall auf ein Gegenüber, auf einen Leser hinschrieben.[50] Auch in der Prosa gab es deutlicher als zuvor den Versuch, die Kluft zwischen einer hochartifiziellen und einer trivialen Literatur zu schließen. Erzählungen und Romane von Nicolas Born, Peter Handke, Christoph Meckel, Gerhard Roth und Botho Strauß aus dieser Zeit kamen schon von ihrem gemeinsamen Thema her, der Krise von Liebe und Partnerschaft, einem spürbaren Publikumsinteresse entgegen, ohne doch darauf zu spekulieren.[51]
Und wie eine Art vorläufiger Abgesang auf die literarische

---

48 Chotjewitz, *Vom Leben und Lernen*, S. 171.
49 Ebd., S. 176.
50 Vgl. die Einleitung in: Volker Hage (Hrsg.), *Lyrik für Leser. Deutsche Gedichte der siebziger Jahre*, Stuttgart 1980 (Reclams Universal-Bibliothek, Nr. 9976).
51 Vgl. Volker Hage, »Das Ende der Beziehungen«, in: Michael Zeller (Hrsg.), *Aufbrüche: Abschiede. Studien zur deutschen Literatur seit 1968*, Stuttgart 1979, S. 14–25.

Collage – vom Autor allerdings anders verstanden – will das vom Umfang her an Arno Schmidt gemahnende *Volksbuch* (das alles andere als ein solches ist) von Heidulf Gerngroß (1978) erscheinen. Tatsächlich kann man die 1280 Seiten dieses Wälzers, in denen sich allenfalls staunend herumblättern läßt, nur noch beschreiben: Eine zusammenhängende Lektüre ist ausgeschlossen. Zwar soll – hier muß ich mich auf mündliche Angaben des Verlegers berufen – der Autor erstaunlicherweise etwa 500 Seiten zunächst selbst verfaßt haben. Dann aber hat er sie mit 300 weiteren Seiten (Zitaten aus der Bibel, den Massenmedien und Spionageromanen) von einem Computer unauflöslich vermengen lassen. Nach neun Jahren Vorbereitung (so war zu erfahren) hat diese datenverarbeitende Maschine dann zwei Wochen für die Herstellung jenes Fotosatzes benötigt, nach dem das Monstrum gedruckt worden ist. Das Zufallsprinzip wurde quasi einprogrammiert: Nur noch fragmentarische Spuren des ursprünglichen Textmaterials lassen sich am Ende ausmachen.

Experiment und Diskussion

Es wäre nun leicht zu sagen: Das alles war anscheinend nur eine kurze Phase des experimentellen Aufbruchs innerhalb der Literatur. Ihre Resultate sind großenteils verblaßt, also gehen wir zur Tagesordnung über. Doch das wäre zu leicht: Es hieße, etwas als Modeerscheinung abtun, das eine große Zahl von Autoren praktisch und theoretisch beschäftigt hat. Und nicht nur Autoren: die Technik der Montage und Collage gilt als das wesentliche übergreifende Stilphänomen in allen Künsten, bis hin zur Musik.
Schon in den zwanziger und dreißiger Jahren hat es große Debatten über das Reizwort »Montage« gegeben. Georg Lukács als Gegner der neuen Technik und Bertolt Brecht sowie Ernst Bloch als deren Befürworter haben bereits wesentliche Positionen markiert. Wobei als Montage alles

das galt, was man unter das »Experiment des Zerfällens«[52] rechnen konnte, selbst die Verfremdungstechniken in den Brechtschen Theaterstücken. Die Frage, die stets im Hintergrund stand und steht, lautet: Mit welchen künstlerischen Mitteln und Verfahren läßt sich auf die veränderte und sich weiter verändernde Umwelt adäquat reagieren? Wer sich auf die Texte der Collageliteratur und ihre Problematik einläßt, wird schnell erkennen, wie geprägt von traditionellen Vorstellungen die eigenen Erwartungen an Literatur und Kunst im allgemeinen sind.

Die Diskussion wurde in den sechziger Jahren fortgeführt. Der Schriftsteller Franz Mon geht (in seinem am Ende dieses Bandes nachgedruckten Essay »Collagetexte und Sprachcollagen«) von der »Sprunghaftigkeit und Disparatheit der Realität« aus. Er meint: »Die Collagetechnik erweist sich dieser Realität auf den Leib geschnitten«[53] – ein zweischneidiges Argument. Denn es erhebt sich sofort die Frage, ob die Realität dann noch länger als weitgehend von Menschen gemacht und also kritisierbar gezeigt werden kann. Paktiert die Methode nicht insgeheim mit dem Status quo, »mit der Verformelung des Lebens, die kenntlich zu machen sie immer noch vorgibt« (wie Dieter Wellershoff meint)?[54]

Das wird sich nur von Fall zu Fall entscheiden lassen. Auch andere Einwände treffen zwar manche Texte dieser Machart, nicht aber die Methode der Collage schlechthin. Etwa der Vorwurf der Geheimniskrämerei: Er zielt auf Autoren, die mit ihrer Bildung und Bibliothek kokettieren und gern wissen lassen, daß sie ausgiebig zitieren, nicht aber, wo sie ihre Schätze gehoben haben.

Ein anderes Problem im Umgang mit der literarischen Collage dürfte indes noch gewichtiger sein: eine generelle Hemmschwelle der Rezeption, wie sie bei Prosatexten in

---

52 Ernst Bloch, »Diskussion über Expressionismus«, in: Fritz J. Raddatz (Hrsg.), *Marxismus und Literatur II*, Reinbek bei Hamburg ³1972, S. 56.
53 Siehe S. 258 im vorliegenden Band.
54 Dieter Wellershoff, *Literatur und Veränderung. Versuche zu einer Metakritik der Literatur*, Köln 1969, S. 165.

diesem Ausmaß sonst kaum zu beobachten ist. Ein Gegner der Methode kritisiert nicht ohne Grund, daß dem Leser die Mühe überlassen sei, das Ganze auf einen Nenner zu bringen; »ein Geschäft, das ihm meistenteils widerstrebt, weshalb er sich damit begnügt, ein paar verstreute Brocken aufzuschnappen und das Buch wie eine Illustrierte zu durchblättern, in der ja auch Sensation und buntgemischtes Allerlei die Regel sind«.[55] Nun ist die Mühe des Lesers in der Literatur nicht von vornherein etwas Verdammenswürdiges, doch läßt sich die Angelegenheit mit den Worten von Dieter Wellershoff noch präzisieren, der fast dieselbe Beobachtung gemacht hat: »Keine Integrationsleistung wird dem Leser abverlangt, sondern trainiert wird seine Fähigkeit zu momentaner Aufmerksamkeit und rascher Neuorientierung als psychische Entsprechung der Collagestruktur unserer Wirklichkeit.«[56] Etwas, das genauso diffus und verwirrend ist wie die Realität, entlastet nicht mehr und macht genauso unkonzentriert wie der Alltag selbst.

Die Beobachtung, die jeder, auch der im Literarischen geübte Leser bei einer Annäherung an Collagetexte machen kann, nämlich: daß er nicht in den Text hineingezogen wird, diese Beobachtung hat nun einen einfachen Grund. Es ist tatsächlich niemand da, der ihm eine hilfreiche Hand bietet oder ihn gar an dieselbe nimmt. Denn es fehlt der Erzähler. Der ist auch indirekt nicht spürbar, etwa als geheimer Drahtzieher; es gibt nämlich keine Erzählung mehr. Eine altmodische, aber anscheinend unausrottbare Erwartungshaltung im Leser fordert jedoch genau dies: Entlastung und Erzählung (wobei vieles dafür spricht, daß beides miteinander eng zu tun hat). Dazu noch einmal Dieter Wellershoff: »Auch der Leser des literarischen Textes will die Ordnung finden, der alle Einzelheiten angehören und in der sie ihre anfängliche Unbestimmtheit verlieren.«[57] Denn das ge-

---

55 Wladimir Weidlé, »Der Schwund der Phantasiewelten«, in: Kurt Neff (Hrsg.), *Plädoyer für eine neue Literatur*, München 1969, S. 18.
56 Wellershoff, *Literatur und Veränderung*, S. 62.
57 Dieter Wellershoff, *Literatur und Lustprinzip. Essays*, München 1973, S. 35.

schlossene Kunstganze, wie es einmal die Norm war, ist auch ein perfekter Illusionsraum, eine von allzuviel verwirrenden Einflüssen weitgehend gereinigte Gegenwelt, in der alles seinen Platz hat und Bedeutung trägt.
Insofern ist die Collageliteratur unmittelbarer Ausdruck jener Krise des Erzählens, die sich in der Literatur dieses Jahrhunderts zugespitzt hat, ohne allerdings das bleibende Bedürfnis nach Erzählung eliminiert zu haben (und zwar sowohl auf seiten der Schriftsteller wie der Leser). Warum kann in der Literatur nicht mehr erzählt werden? Die Antworten der Experten gleichen sich. »Etwas erzählen heißt ja: etwas *Besonderes* zu sagen haben, und gerade das wird von der verwalteten Welt, von Standardisierung und Immergleichheit verhindert«, heißt es bei Adorno.[58] »Die Erfindung von Figuren und Handlungen (oder Emotionen und Reflexionen), in denen sich Motivkonflikte darstellen und offenlegen lassen, verlor an Zeugniswert. Zeugniswert gewinnt statt dessen das Nicht-Fiktive«, behauptet Heißenbüttel.[59] Und die Verfechterin des französischen »nouveau roman«, Nathalie Sarraute, gibt das Fazit: »Aus sehr guten Gründen also zieht der Leser heute den Tatsachenbericht oder doch mindestens das, was einen ähnlich vertrauenerweckenden Eindruck macht, dem Roman vor.«[60]
Aber ist es wirklich so? Wie wohlbegründet diese theoretischen Verlautbarungen, die hier nur pointiert zitiert wurden, auch sein mögen, Tatsache bleibt, daß das Erzählerische, die Fiktion und der Roman (als Inbegriff der Phantasieliteratur), zu oft totgesagt worden sind, als daß man an deren tatsächliches Ende noch glauben möchte. Max Frisch hat einmal »unsere Gier nach Geschichten« so erklärt: »Alle Geschichten sind erfunden, Spiele der Einbildung, Bilder, sie sind wirklich nur als Bilder, als Spiegelungen. Jeder

---

58 Theodor W. Adorno, *Noten zur Literatur I*, Frankfurt a. M. 1958, S. 63.
59 Heißenbüttel, *Zur Tradition der Moderne*, S. 81.
60 Nathalie Sarraute, »Das Zeitalter des Argwohns«, in: N. S., *Zeitalter des Argwohns. Über den Roman*, aus dem Frz. von Kyra Stromberg, Köln 1963, S. 50 f.

Mensch, auch wenn er kein Schriftsteller ist, erfindet seine Geschichte. Anders bekommen wir unser Erlebnismuster, unsere Erfahrung, nicht zu Gesicht.«[61]
Darum ist es wohl nicht überraschend, daß die Methode der Collage in der Literatur gerade dort bleibenden Eindruck hinterläßt, wo sie in eine Geschichte eingebunden ist, wie in Döblins Roman *Berlin Alexanderplatz*, oder selbst eine Geschichte erzählt, die anders kaum besser veranschaulicht sein könnte, wie in der Zitatmontage von Karl Kraus über die blutige Niederschlagung einer Arbeiterdemonstration in Wien 1927 (siehe »Der Hort der Republik« im vorliegenden Band). Dort, wo also ein erzählerisches Temperament hinter der Anordnung der Zitatsplitter noch spürbar bleibt, ist die Collageform am ehesten geeignet, auch einem Lesebedürfnis entgegenzukommen. In vielen anderen Fällen läßt sie den Leser – gewollt oder nicht gewollt – an der Oberfläche ihrer Wahllosigkeit abprallen.

Frankfurt am Main, Anfang 1981 *Volker Hage*

---

61 Max Frisch, »Geschichten«, in: Wilhelm Dehn (Hrsg.), *Ästhetische Erfahrung und literarisches Lernen*, Frankfurt a. M. 1974, S. 122.

Texte

KURT SCHWITTERS

In dieser frühen Textcollage (sie erschien 1921 in der Zeitschrift *Der Sturm*) ist das graphische Element stark ausgeprägt. Kurt Schwitters, der zum Kreis der Dadaisten zählte und doch nicht völlig auf ihn festzulegen ist, hat im bildnerischen wie im literarischen Bereich bahnbrechend gewirkt. Trotz des chaotischen Eindrucks, den der Text »Aufruf!« dem Leser macht, lassen sich Motive erkennen, die das Prosastück durchziehen, quasi in Fortsetzungsschüben; so Zitate aus Werbung und Zeitungsberichten, Bruchstücke eines politischen Pamphlets und die Beschreibung eines Eisenbahnunglücks. Die verschiedenen Stränge (darunter auch ein Stellenangebot für Journalisten) lösen einander derart unvermittelt ab, daß der Leser die Nahtstellen vielfach nicht auf Anhieb zu erkennen vermag. Wenn der Autor in seinem Text selbst vorkommt, so ist das nicht die einzige Form von Selbstbezüglichkeit: Hier und da hat Schwitters Stellen aus seinem schon zu Lebzeiten bekannten Gedicht »An Anna Blume« einmontiert (übrigens vollständig und streng an der ursprünglichen Zeilenfolge orientiert). »Aufruf!« ist ein Beispiel für jene »Antiliteratur«, wie sie bei den Dadaisten mit ihrer Bürgerschreckattitüde beliebt war.

AUFRUF! (ein Epos)

Was ist ein Abstinent? V-N-N-V

Kein anderer Beruf ist so eng mit dem Laufe der Jahreszeiten verknüpft.

Abstinent kann männlichen und weiblichen Geschlechts sein. Das letztere hat mehr Anlage dazu.

(FACHTIERARZT für HUNDEKRANKHEITEN.)

KU   Quarzlampenbehandlung („Höhensonne").   KU KU
Elektrotherapie — Kupieren, in Narkose
Sprechzeit 10—12

[Zweigniederlage Berlin.]

Insbesondere wird Wert gelegt auf reifes politisches Urteil, hervorragend gewandte klare und fesselnde

AusdrucksForm

Der hannoversche MALER Kurt Schwitters veröffentlicht in der Zeitschrift „DER STURM" nachstehende Dichtung:

und die Fähigkeit, den Ereignissen auf dem Fusse folgend alle Tagesfragen in leitenden Artikeln in erschöpfender und formvollendeter Weise zu behandeln.   (LÄRM LINKS.)

An ANNA BLUME!

(Name und Verpackung gesetzlich geschützt). (D.R.P. MERZ?) (D.R.G.M.)

///////////// **ARBEITER!**

Je mehr die Untersuchungen und Veröffentlichungen über den Weltkrieg die verbrecherischen Taten des alten Regimes dem Volke zum Bewusstsein bringen (Gottverdammter Mistbauer kannste nich hören?), desto frecher erhebt die Reaktion, die heute in der Deutschnationalen Volkspartei verkörpert wird (O, dit is een widerlichen Menschen, isses!), ihr Haupt. Ich ersehe darin den aus dem Innersten kommenden Ausdruck des Entschlusses der vaterländischen Kreise, die Schwere dieser Zeit gemeinsam zu tragen (Zurück zur einsamen Mutter Roma!), bis das Bittere der uns auferlegten Prüfung überwunden ist. (Militärdiktatur.) Angebote und Stilproben aus der letzten Zeit, Lebenslauf und Bild erbeten. (Der Verkehr wird durch Umsteigen aufrecht erhalten.)

(Es wird das Jahr stark und scharf hergehen.)

Die Menge versperrte die Strassen, und der Kraftwagen wurde in wenigen Minuten vor der Menge angehalten, wobei beide Lokomotiven stark beschädigt wurden.

O du, Geliebte meiner siebenundzwanzig Sinne, ich liebe dir!
Du deiner dich dir, ich dir, du mir. — Wir?

(Die letzte Kraftanspannung der Bolschewisten.) Sechs Zugbeamte wurden verletzt, darunter drei erheblich, und immer wieder erscholl der Ruf: „Hoch Hindenburg!" und „Hoch Ludendorff" und „Nieder mit der Reaktion"!

(Das gehört beiläufig nicht hierher.)

Die Anwesenheit des Feldmarschalls und die Achtung vor diesem Manne sollen das FEUERCHEN abgeben, an dem DAS nationalistische Süppchen zum Sieden gebracht wird. Der Personenverkehr wird durch Umsteigen aufrecht erhalten. (Guten Appetit!) ICH FLETSCHE Eisbeine.

(Stürmische Pfuirufe.)

n diesem Augenblick schwang sich (La morale est l'épine dorsale des imbéciles.) ein
Student auf das Trittbrett und rief: „Strassen versperren! Wie während des ganzen
Krieges, so gilt auch heute mein ganzes Denken des Vaterlandes Zukunft. Die erste An-
nahme, dass falsche Weichenstellung vorliege, hat sich als irrig erwiesen. Es ist Zeit,
lass die Schweinereien im Kinowesen aufhören. Wer bist du, ungezähltes Frauenzimmer?
Wir wollen sie wecken! Du bist. — Bist du? — (Ehrabschneiderei.) Lass sie sagen, sie
wissen nicht, wie der Kirchturm steht. (Glissando.)

Seriöser Herr, welcher sehr gut Klavier spielt, findet dauerndes sehr behagliches HEIM bei einz. älterer DAME in schöner Wohnlage.	## WIR WOLLEN SIE WECKEN! Die grosse Zahl an Toten und Verwundeten ist zweifellos darauf zurückzuführen, dass in dem Zuge, wie gewöhn- lich, auch eine grosse Anzahl Schmuggler sich befanden, die in Blechdosen und am ganzen Körper verborgen
Wir wollen sie wecken!	96 prozentigen Spiritus bei sich führten.

☞ Keine kalten Umschläge! ☜

Aber man muss die Ohren steif halten, und jeder, der Ehre und Liebe fürs Vaterland hat,
muss alles daran setzen, der Arbeiterschaft ein sozialistisches Weihnachtsgeschenk in
den Schoss zu legen. Sie werden es nie begreifen. Inzwischen hatten vor dem Reichs-
tagsgebäude etwa 100000 Personen Aufstellung genommen. (Wenn sone Geige angewärmt
ist, denn gehts besser.) Schüler, Studenten und andere radaulustige Elemente werden zu
unerlaubten nationalistischen und monarchistischen Strassendemonstrationen veranlasst.
Also Fritz, nun rede keinen Ton weiter!) Lebhafter Beifall rechts, Zischen links und im
Centrum. Du trägst den Hut auf deinen Füssen und wanderst auf die Hände, auf den
Händen wanderst du. (Wissenschaftliche Forschungsergebnisse.) Dieses Wort Friedrichs
des Grossen müssen wir uns mehr denn je vor Augen halten, in vielen Millionen von
Bänden verbreitet, in keiner Familie dürfen dieselben fehlen. Denn der, der; die, die;
da da goldet Glut.
Plötzlich sprang ein Student auf ein Automobil und hielt eine Rede des Inhalts, dass man
um keinen Preis Deutschlands grössten Feldherrn wie einen dummen Jungen vor dem
Ausschuss verhören lassen dürfe. Schul- und Polizeibehörden scheinen zu schlafen.
Hallo deine roten Kleider, in weisse Falten zersägt. (Kleider, die sich zur Einsegnung
eignen.) Rot liebe ich Anna Blume, rot liebe ich dir! — Du deiner dich dir, ich dir, du
mir. — Wir? — Er schloss mit einem Hoch auf den Kaiser. Der Abstinent will immer
des Bruders Hüter sein und bläst, wo's ihn nicht brennt. Das gehört beiläufig in die
kalte Glut. Die Menge sang: „Heil Dir im Siegerkranz."

ARBEITER! Parteigenossen! erscheinen in Massen zu unseren Kundgebungen gegen die reaktionäre alldeutsche Hetze für Republik und
Demokratie. Nieder mit der Revolution! — Die Verluste Deutschlands bis zum 31. Oktober 1918
betragen 60 Tote und 113 Verwundete. 21 Tote sind bisher geborgen. Die Toten und
Verwundeten stammen meist aus der Gegend von Ratibor, zum Teil sind es auch bekannte
Schmuggler. In diesem AUGENblick KAM der Generalfeldmarschall heran. Ernst und
schwer ist die Zeit, aber weiterkämpfen und wirken müssen wir mit allen Kräften bis
zum ehrenvollen Ende.

DIE ANGESEHENSTEN MITARBEITER

bürgen dafür, dass auch der Inhalt dieses Jahres abwechslungsreich und lebendig gestaltet
wird. Die Menge umdrängte das Auto und brach in begeisterte Hochrufe aus:

Rote Blume, Rote Anna Blume, wie sagen die Leute? Der Generalfeldmarschall lehnte sich aus dem Fenster und rief der begeisterten Menge zu:

Preisfrage. | 1. Anna Blume hat ein Vogel.
            | 2. Anna Blume ist rot.
            | 3. Welche Farbe hat der Vogel?

Wenn Sie die Kollektion noch nicht haben sollten, schreiben Sie sofort, damit wir Ihnen dieselbe zusenden. In diesem Augenblick wurde die Versammlung von der Sicherheitswehr aufgelöst. Engros zu beziehen durch sämtliche Drogenhandlungen. (Ich kann mich auch mal irren, aber in diesem Falle ist ein Irrtum ausgeschlossen.)

Ich danke Ihnen für die Huldigungen, aber jetzt muss ich nach Hause, ich habe zu arbeiten. Blau ist die Farbe deines gelben Haares.	Ein unheimliches Bild boten einige der Insassen, denen es gelang, aus dem Zuge zu springen, die aber infolge des bei Ihnen verborgenen Spiritus in Brand gerieten und nun als lebende Fackeln auf den Feldern herumrasten, bis sie zusammenbrachen.
Darauf fuhr das Auto davon.	

Die „Jungfrau" weiss in allen dich interessierenden Dingen Bescheid; sie ist unerschöpflich in Unterhaltungen und Spielen. In unserem Vaterlande gibt es eine Monatsschrift für Kultur und Künste, die sich „Der Sturm" nennt. Mit voller Wucht stürmen die Feinde immer aufs neue gegen unsere Front, jedoch ohne die gewollten Erfolge. In dieser Zeit wo soviel Zündstoff aufgespeichert liegt, sollte man sich vor jedem Funken hüten. Es wird kein Mensch daran zweifeln, dass die in erster Linie für Hindenburg veranstalteten Ovationen durchaus spontan und keine umstürzlerischen Programmnummern sind. Die „Jungfrau" will dich lehren, selbst eine brave deutsche Jungfrau zu werden. Lokalpatriot wird schwarz vor den Augen bei dieser Nachricht. Der Historiker ist ein Utopist. Einige namentlich geklebte, sind nur geschmackvoll, ohne die Zerquetschten. An alles diese müssen wir denken, wenn jetzt das Vaterland zur 9. Kriegsanleihe ruft. (Rot ist das Girren deines grünen Vogels.) Es geht ums Ganze, um Sein oder Nichtsein unseres Vaterlandes. Auch der Martinstag ist solch ein alter deutscher Kalendertag. Du schlichtes Mädchen im Alltagskleid, du liebes grünes Tier, ich liebe dir! Du, deiner, dich, dir, ich, du, mir. — Wir? Daher muss jeder Kriegsanleihe zeichnen.

„DIE JUNGFRAU"

sammelt allwöchentlich einen frohen Kreis junger Mädchen um sich zu einem Plauderstündchen. (Das soll man garnicht sagen!) Da es sicherlich nicht viele gibt, die diese Art von Kunst und Kultur begreifen (Gerade diese Butzemänner.), so erkennt man unschwer, wie die Welt (Da kann man aber albern bei werden.) unter dem Niveau des Futuristen, Kubisten, Dadaisten und anderer Isten steht. Der Abstinent ist intolerant und will die Welt zu dem bekehren, was ihm die Gelehrten in den Kopf gesetzt haben, und was bei ihm zur fixen Idee geworden ist. Dieser explodierte und verursachte Brände. Die Toten sind stark verkohlt, zum Teil bis zur Unkenntlichkeit verbrannt. (Das gehört beiläufig in die Glufenkiste.) Die „Jungfrau" handelt sich immer wieder und nur allein um die Nutzbarmachung des Bodens für unsere Ernährung. (Konservierungsmethoden.) Als vermisst werden 260 000 Mann gemeldet, wovon aber ein grosser Teil ebenfalls nicht mehr unter den Lebenden weilen wird. (Der Ackerbau ist des Landmanns Arbeit.) Ueber 6 Millionen Menschen sind der Grippe zum Opfer gefallen. Die scheinen ihre Gedichte grundsätzlich so zu fassen, dass mann sich nichts dabei denken kann. (Bitte?) Das ist der Fehler

Der Abstinent hat in der Regel eine gemeine, robuste Gesundheit, und seine Kinder sind noch gesünder.

Die „Jungfrau" verhilft entfernt wohnenden Jungfrauen zum Briefwechsel und gibt auf jede Frage eine Antwort.

Der Abstinent will immer lesen. Dadurch nistet sich seine Idee immer fester ein.

Die „Jungfrau" will dir in den ernsten und heiteren Stunden zur Seite stehen, sie will dir beistehen, deinen lieben Eltern Freude zu bereiten.

Der Abstinent ist ansteckend. (Ia Kriegsgewinnlerfleisch in Form von Mettwurst).

Die „Jungfrau" hat schon eine stattliche Zahl von Jungfrauen um sich versammelt und ladet auch dich ein, als frische Jungfrau in deren Reihen einzutreten. (In 8 Tagen bekomme ich eine bessere Leiche.) Sonst ist dem

Abstinenten

Leider

nichts Ehrenrühriges nachzusagen.

Die Teilnehmer ordneten sich draussen zu einem gewaltigen Demonstrationszuge. Anna Blume, Anna, A-N-N-A, ich träufle deinen Namen. Dein Name tropft wie weiches Rindertalg. Dort fanden die Demonstranten die Strasse gesperrt. Sie erzählt ihnen wundernette, hübsche Geschichten und gedankentiefe Märchen und entrollt in wechselndem Gewande Bilder aus Kunst und Natur, vom Ernst und der Freude des Lebens. Sie begaben sich darauf vor das Reichsfinanzministerium, brachten Pfuirufe auf Erzberger aus und sangen schliesslich „Heil dir im Siegerkranz" und „An Anna Blume."
Nach getaner Arbeit die geistige Erholung. Weisst du es, Anna, weisst du es schon, man kann dich auch von hinten lesen, und du, die Herrlichste von allen (abrupt), du bist von hinten, wie von vorne: „A-N-N-A". Verlangen Sie zur Ansicht, ohne Verbindlichkeit, franko gegen franko, Muster! Über die Streiklage selbst meldet unser Berliner R-Korrespondent, dass sie sich entschieden gegen vorgestern gebessert hat. Wegen Aufgabe des Artikels verkaufe, solange Vorrat reicht, in prima Sattlerware. Rindertalg träufelt streicheln über meinen Rücken. In Rücksicht auf den Belagerungszustand bitte ich jedoch von weiteren Kundgebungen absehen zu wollen. (Aufhebung des roten Vollzugsrates.) Sie geleitet solcherweise ihre Getreuen schwesterlich durch die Mädchenjahre hindurch, lehrt hier begreifen, dort bewundern, ermuntert dazu, die eigenen Geistesgaben im Sinne des Schönen und Guten zu erziehen und zu vertiefen. Anna Blume, du tropfes Tier, ich liebe Dir! (Das Lieblingsblatt der Mädchenwelt.)

> Seriöser Herr, welcher sehr gut Klavier spielt, findet dauerndes sehr behagliches HEIM bei einz. älterer DAME in schöner Wohnlage.

Kurt Schwitters

KARL KRAUS

Karl Kraus, unnachsichtiger Kritiker und Feind jedes seichten Journalismus und selbstgefälliger Obrigkeit, reagierte mit dieser dramatischen Zitatcollage auf einen brutalen Polizeieinsatz am 15. Juli 1927 in Wien, in dessen Verlauf 88 Menschen getötet und mehrere hundert verletzt wurden – darunter Frauen und Kinder, die mit dem Anlaß der bewaffneten Verfolgung (einer Arbeiterdemonstration) gar nichts zu tun hatten. Der Text füllt fast ein ganzes Heft der Zeitschrift *Die Fackel* (Nr. 766–770 vom Oktober 1927), die Kraus allein herausgab und mit ganz wenigen Ausnahmen selbst als Autor bestritten hat. Die Vorgänge des 15. Juli setzen sich aus Augenzeugenberichten zu einem ergreifenden Bild zusammen, dem sich wohl kaum ein Leser zu entziehen vermag. Kraus verstärkt diesen Eindruck, indem er dieses Bild mit verfälschenden Presseberichten und amtlichen Verlautbarungen durchsetzt, die – in diesen Zusammenhang gerückt – kläglich bloßgestellt werden. Er ergreift so allein durch das Arrangement der Zitate Partei für die Verfolgten. Seit den Tagen des Ersten Weltkriegs hatte ihn kein Ereignis derart betroffen gemacht. In einem Kommentar, der im selben *Fackel*-Heft auf die Collage folgt, heißt es (S. 49): »Welch eine Idylle, wenn der technisch avancierte Fleischerknecht, der sie trotz allem Humbug politischer Freiheit regiert, nur gegen den Sohn der anderssprachigen Mutter wütet! Hier – an einem Tag des Wehs, dessen Gedenken der Ruf dieser scheußlichen Gemütlichkeit durch die Jahrhunderte mitnehmen möge – war er gegen die ›Eigenen‹ losgelassen.« Ihre Bedeutung über den eigentlichen Anlaß hinaus erhält diese Collage durch die Art und Weise, in der Rechtfertigungsstrategien der Macht durchleuchtet und im Kontrastverfahren enthüllt werden.

Der Hort der Republik

– – Hiebei hat der Ministerrat der Überzeugung Ausdruck verliehen, daß es Euer Hochwohlgeboren durch seltene Umsicht und zielbewußte Tatkraft, die in jeder einzelnen Phase des Geschehens den gegebenen Ereignissen vollkommen Rechnung trugen, überhaupt durch eine vorbildliche Leitung des Euer Hochwohlgeboren unterstellten Apparats gelungen ist – – Dieser nicht hoch genug einzuschätzende Erfolg, dessen Bedeutung von allen staatsgetreuen Bürgern unseres Vaterlandes und überdies von den maßgebenden Faktoren des Auslandes anerkannt und in der Geschichte der Republik Österreich gebührend gewertet werden wird, ist auch darauf zurückzuführen, daß die Polizeidirektion in Wien sich abermals als der festeste Hort der staatlichen Ordnung bewährt hat. Alle Angehörigen dieses musterhaft organisierten Apparats, voran die Wachkörper, die in erster Linie zur Abwehr der verbrecherischen Angriffe auf den Staat berufen waren, aber auch die gesamte Beamtenschaft der allgemeinen Verwaltung haben durch ihre beispielgebende Treue und durch ihr hervorragendes, bis zur Selbstaufopferung hingebungsvolles Verhalten dargetan, daß der »gute Geist«, der den Angehörigen der Wiener Polizeidirektion seit langem nachgerühmt wird, mehr denn je lebt und daß die Bürger dieses Staates auch in den schwersten Zeiten mit vollster Beruhigung und Zuversicht auf die altbewährte, pflichtgetreue Tätigkeit der Polizeidirektion in Wien unter der vorbildlichen Leitung ihres hervorragenden Präsidenten blicken können. – –

Seipel.

– – So bedauerlich die Vorfälle am 15. und 16. Juli auch gewesen sein mögen, so hat sich doch erwiesen, daß die Polizeidirektion Wien ihren altbewährten Ruf, die sicherste Stütze in diesem Staat zu bilden, nicht nur vollkommen

gewahrt, sondern vielmehr noch wesentlich gefestigt hat. Zu
diesem Ergebnis, das in erster Linie Ihr unauslöschliches
Verdienst ist, beglückwünsche ich Sie, hochverehrter Herr
Präsident, auf das wärmste und bitte Sie unter einem, auch
allen Ihren Beamten meine besondere Anerkennung und
meinen Dank zur Kenntnis zu bringen.

Hartleb.

Der Bundeskanzler:
– – Und noch eine Bitte habe ich an Sie alle am heutigen
Tage. **Verlangen Sie nichts vom Parlament und von
der Regierung, das den Opfern und den Schuldigen
an den Unglückstagen gegenüber milde scheint.**
Nach der Neuen Freien Presse:
Noch eine Bitte habe ich an Sie: Verlangen Sie vom Parlament oder der Regierung nicht, was Milde scheint an den
Schuldigen der Unglückstage, aber grausam wäre gegenüber der verwundeten Republik – –

Abgeordneter Dr. Otto **Bauer**:
Ich und einige meiner Freunde haben folgendes mitangesehen. Von der Richtung der Oper zum
Parlament ging eine Schwarmlinie von Sicherheitswache vor,
eine richtige **Schwarmlinie**, die Männer nebeneinander im Abstand von etwa einem bis anderthalb Schritten.
Die Ringstraße war zu dieser Zeit leer, nur auf der andern
Seite der Ringstraße standen ein paar hundert Leute, nicht
Demonstranten, sondern **Neugierige**, die zugeschaut
haben, wie der Justizpalast gebrannt hat. Es waren unter
ihnen **Frauen, Mädchen und Kinder.** Da geht nun
eine Abteilung vor, ich habe sie gehen gesehen, das Gewehr
in der Hand, Leute, die zum großen Teile nicht schießen
gelernt haben, sie stützten den Kolben auch beim Schießen
auf den Bauch und schossen links und rechts auf die Seite,
und wenn sie Menschen sahen – es war eine kleine Gruppe
vor dem Stadtschulratsgebäude, eine größere Gruppe gegenüber dem Parlament –, **da schossen sie.** Der Men-

schen bemächtigte sich eine wahnsinnige Angst; sie haben zum großen Teile die Abteilung gar nicht gesehen. Man sah die Leute in blinder Angst davonlaufen, und die Wachleute **schießen den Laufenden nach.** – – Auf dieser Seite waren keine Menschen mehr, ganz allein stand ein **alter Herr**, der sicher nicht zu den Demonstranten gehört hat. **Ich habe es persönlich gesehen und eine Reihe meiner Freunde mit. Wir bieten uns alle als Zeugen an**, wie Oberkommissär **Strobl** persönlich diesen alten Mann mißhandelt hat. Ein alter Mann und fünfundzwanzig Wachleute! Sie werden mir nicht sagen, daß das Notwehr gewesen ist. Ich will Ihnen eine zweite Szene erzählen, von der Lerchenfelderstraße. Die ist nicht abzustreiten, denn ein Zufall hat es gefügt, daß sie photographiert worden ist. Auf dieser Photographie kann man eine Menge sehen, die **rasend läuft** und hinter ihr, auf die Menge schießend, eine Polizeiabteilung und auf der andern Seite mit der entgegengesetzten Front eine zweite Abteilung, **in die Menge schießend!** Die Menge läuft vor dem Schießen weg, **man schießt ihr nach**, und während sie glaubt, sich durch Laufen retten zu können, **kommt eine andere Polizeigruppe, die auf sie schießt!** Der Kommandant in der Lerchenfelderstraße war allem Anschein nach Regierungsrat **Kraft**, ein Herr, dessen Verhalten ich in der Lichtenfelsgasse persönlich beobachtet habe. Ich will noch ein Beispiel erzählen, weil ich gegen die Sicherheitswache gerecht sein will, und es ist die schwerste Anklage gegen solche Leute wie die Herren Strobl und Kraft, daß andre Kommandanten es mit andern Mitteln versucht haben. ... Die Wachleute waren aufgeregt, aber es ist **nicht** geschossen worden und keinem Menschen ist etwas passiert. Seit wann muß man denn schießen, wenn man ein paar hundert Leute von der Straße wegbringen will, noch dazu so eingeschüchterte Leute, wie es damals der Fall war? – –

Neue Freie Presse:
– – er (Abgeordneter Bauer) nennt sogar einzelne Namen der Kommandanten, er prangert sie an, er stellt sie bloß, er wirft sie der Volksempörung hin, ohne den Schatten eines Beweises, ja ohne daß er selbst den Mut hätte, apodiktisch zu erklären, daß seine Information die richtige ist.

Der Vizekanzler:
»Lügen Sie nicht immer von hundert Toten, wenn es fünfundachtzig sind!«
»– – Im Zusammenhang mit den Ausschreitungen vom 15. und 16. Juli sind insgesamt 85 Personen getötet worden – ich betone dies ausdrücklich, weil immer wieder von 100 Toten gesprochen wird; angeblich soll im Spital noch einer gestorben sein, das wären dann also 86, aber nicht 100. – – Wenn sich unter ihnen gewiß auch zufällig an die Schauplätze der Ausschreitungen gekommene und an denselben gänzlich unbeteiligte Personen befinden, so muß ich doch, schon um die Erzählungen von der ohne jeden Grund auf harmlose Passanten feuernden Sicherheitswache zu kennzeichnen, darauf hinweisen, daß zweiunddreißig der Toten, und zwar zwölf wegen Verbrechen, vorbestraft erscheinen. – –
Schließlich muß in diesem Zusammenhange noch hervorgehoben werden, daß 74 von den 281 verletzten Zivilpersonen gerichtlich vorbestraft sind, und zwar 35 wegen Verbrechens und 39 wegen Vergehens, beziehungsweise Übertretungen.«
»Wann kommt die Leumundsnote der getöteten Kinder heran?« »Es ist kein Kind getötet worden, nein!« »Das fünfzehnjährige Kind, das erschossen worden ist, das zählt für Sie nicht?« »Von wem das Mädel erschossen worden ist, wird auch noch die Untersuchung feststellen; darüber reden wir jetzt noch nicht!«

Freitag gegen 5 Uhr nachmittags wurde nahe dem Deutschen Volkstheater durch den Schuß eines Polizisten ein etwa **sechsjähriges Kind getötet**. Ein Passant hatte den Wachmann, der den tödlichen Schuß abfeuerte, im Auge behalten und forderte nun vom Inspektor Nr. 872 die Nummer des Wachmannes. Der Inspektor versprach zunächst, diesem Wunsche nachzukommen, behauptete jedoch, nachdem er zu dem Wachmann hingegangen war, der betreffende Polizeibeamte habe keine Nummer bei sich... Auf Verlangen meldete der Inspektor diesen Vorfall dem Oberkommissär **Strobl**, der anscheinend die Abteilung beim Deutschen Volkstheater kommandierte. Der Beschwerdeführer, dessen Name und Adresse uns bekannt ist, ließ sich hierauf dem Oberkommissär Strobl vorführen und verlangte auch von ihm die Nummer des Wachmannes, der das Kind erschossen hatte. Oberkommissär Strobl fragte zunächst: »**Ist der Bub tot?**« Auf die bejahende Antwort erwiderte er: »**Ist auch kein Schad' um ihn!**« Sodann gab er einem Wachmann mit drei Rosetten den Befehl, den Mann gegen die Neustiftgasse fortzudirigieren. Das geschah. Unmittelbar darauf hörte der Mann im Weggehen, wie der Inspektor hinter ihm einem Beamten und sechs Wachleuten **den Befehl zum Feuern gab**. Er hatte, da im Augenblick weit und breit keine Demonstranten zu sehen waren, den bestimmten Eindruck, daß er, **der unbequeme Zeuge eines Kindesmordes**, erschossen werden sollte. Zum Glück wurde er nicht getroffen.

Gegenüber dem Deutschen Volkstheater ist ein Haus mit einem Gerüst eingeplankt. Der kaum **15jährige Karl Franze** erkletterte mit einigen Freunden das Gerüst, um, von jugendlicher Neugier getrieben, die Vorgänge in der Nähe besser beobachten zu können. Schüsse krachen, eine Polizeiabteilung säubert die Straße. Alle laufen davon, so rasch als die Füße sie zu tragen vermögen. Die Jungen oben auf dem Gerüst können nicht so schnell hinunterklettern;

41

ein Wachmann legt an, zielt und schießt den
Karl Franze, der schutzlos oben auf dem Brett steht, herunter. Samstag mittag hat Karls Vater den armen Jungen
auf der Totenbahre im Allgemeinen Krankenhaus wiederge-
funden.

Der Spenglermeister Rudolf Huck, Hernals, schreibt: Ich
sage Ihnen vorweg, daß ich kein Genosse bin, eher
alles andere, aber was gestern die Polizei in Szene setzte, das
mußte auch einem Andersdenkenden das Herz im Leibe
umdrehen. Ich schämte mich, Mensch zu sein und das
mitansehen zu müssen; wer die erste Attacke der
Berittenen miterlebt hat, dem sind die weiteren
Ereignisse kein Rätsel. – – Der größte Teil der Menge,
darunter auch ich, flüchtete in den Rathauspark, in dem
guten Glauben, dort sicher zu sein, aber, obwohl zu dieser
Zeit viele Mütter mit ihren Kindern in dem Parke weilten,
wurde er von den Berittenen gestürmt, in einer Art, die jeder
Beschreibung spottet. Über kleine Kinder und
über Kinderwagen hinweg ging die wilde Jagd.
Besonders ein Wachmann, der mit gezücktem Säbel, hervor-
quellenden Augen und brüllend in dem schon längst gesäu-
berten Park und auf dem leeren Rathausplatz herum-
sprengte, ist mir in Erinnerung geblieben. Ich bin fest davon
überzeugt, daß der Mann irrsinnig war. – –

Gemeinderat Schleifer schreibt: – – Beim Burgtheater stie-
ßen sie eine Frau nieder, die sicherlich keine Arbeiterin war,
und ein Polizist hieb vor meinen Augen auf die Liegende mit
dem Säbel ein. Als ich mich um die Frau bemühen wollte,
umstellten sie einige Berittene, ein Polizist, der mich
erkannte, sagte zu mir: »Schauen Sie, daß Sie weiterkommen, Sie haben hier nichts zu suchen, wenn Sie auch
Gemeinderat sind, heute haben wir die Ober-
hand!« und bedrohte mich mit dem Säbel. – –
Etwa um ¾4 Uhr nachmittags begab ich mich mit dem
Gemeinderat Reismann vom Parlament zu der von einer

Sanitätskolonne des Schutzbundes im Café Reichsrat errichteten Sanitätsstation. Obgleich vor dem Kaffeehause eine rote Fahne mit dem weißen Kreuz gehißt war, wurde von der Polizei auch diese Sanitätsstation beschossen. Während unserer Anwesenheit erhielt ein Sanitätsmann, der beim Kaffeehauseingang stand, einen Bauchschuß.

Ein Arzt, der auf dem Hilfsplatz im Rathaus beschäftigt war, erzählt: Zwischen drei und vier Uhr nachmittags marschierten Polizisten mit gefälltem Gewehr durch die Lichtenfelsgasse. Gegenüber dem geschlossenen Gittertor des Rathauses stellten sie sich in zwei Fronten auf und brachten die Karabiner in Anschlag. – – Im Hofe wurden Verwundete verbunden, Ärzte und Sanitätsgehilfen versahen ihren schweren Dienst. Im nächsten Augenblick krachte eine Salve; die Polizei hatte durch das Gittertor in den Verbandsplatz geschossen. Die Wirkung der Salve war grauenhaft. Einem Werkmeister, Vater von fünf Kindern, wurde die Schädeldecke weggerissen und das Gehirn buchstäblich aus dem Kopf geschleudert; andre brachen verletzt zusammen und wälzten sich klagend am Boden. Die Polizei aber setzte das Feuer, das sie gegen den Sanitätsplatz eröffnet hatte, fort, obwohl sie die rote Fahne mit dem weißen Kreuz sah.

Auch ein andrer Vorfall beweist, daß ein Teil der Wache vor der Sanität nicht haltmachte. Ein Arbeiter, der dem Kreuzfeuer der Wache entrinnen wollte, wurde in der Nähe des Rathauses von einem Polizisten angehalten, der ihm zurief: »Hände hoch!« Der Arbeiter gehorchte, blieb stehen und streckte die Arme empor. Im nächsten Augenblick trat ein zweiter Polizist auf ihn zu und streckte ihn durch einen Schuß in den Bauch nieder. Der Mann stürzte unmittelbar neben einem Sanitätsauto zu Boden; einer der Sanitätsleute sprang aus dem Auto, um den Verwundeten in Sicherheit zu bringen. Als er ihn aufheben wollte, ging die

Wache mit Gewehrkolben auf ihn los und verhinderte,
daß er den Schwerverletzten zu sich ins Auto
nahm. Da er nicht weichen wollte, wurde er mit Kolbenschlägen verjagt.

Um ¾ 8 Uhr abends fuhr der Sanitätsmann des Schutzbundes, Neubauer, Hasnerstraße, auf dem Rade bei dem Planetarium vorbei. Die Polizei schoß und ein Verwundeter fiel in der Nähe Neubauers nieder. Dieser schwang die Sanitätsfahne und wollte den Verwundeten aufnehmen. Aber ein Wachmann schoß trotz dem Zeichen des Sanitätsmannes noch einmal auf den bereits liegenden Verwundeten und tötete ihn.

Die erste Regierungs-Kundmachung:
– – Bei den geschilderten Unruhen sind außer den beiden getöteten Sicherheitswachebeamten und einem erschossenen Kriminalbeamten über 100 Sicherheitswachebeamte größtenteils schwer verletzt worden; aber auch auf Seite der Demonstranten, vielleicht auch Neugieriger sind mindestens 40 Todesopfer zu beklagen. Über 300 Verletzte haben in Spitälern Aufnahme gefunden oder Hilfe gesucht. –
– Störung des Fremdenverkehres – –

Im Wege der Konsulate:
Köstlichen Frieden atmen die Landschaften von Salzburg und dem Salzkammergut. Heitere Geselligkeit und künstlerische Feste, schöne Frauen und bezaubernde österreichische Musik machen jeden Tag in den in Vollbetrieb stehenden Kur- und Badeorten von Salzburg und dem Salzkammergut zu einem Freudentag. Die in den Zeitungen berichteten Ausschreitungen eines verhetzten Pöbels (15. Juli) haben sich lediglich auf einen kleinen Teil der Stadt Wien beschränkt. Die österreichischen Alpenländer sind von den bedauerlichen Vorkommnissen gänzlich unberührt geblieben. Die feste Haltung der Bundesregierung in

Wien hat den Sieg behauptet und bürgt dafür, daß sich in Österreich politische Tumulte nicht wieder ereignen werden. Kommen Sie in die Berge, an die Seen, in die Wälder von Salzburg und dem Salzkammergut! Die Salzburger Festspiele dauern vom 30. Juli bis 28. August 1927.

Bezirksrat Ascher schreibt: – – Was sich nun einzelne Wachleute an Bestialität leisteten, ist nicht zu beschreiben. Ein Vorfall, den ich mit eigenen Augen gesehen habe, wird genügen. Als die wilde Flucht begann, suchten sich auch Passanten, die mit der Demonstration gar nichts zu tun hatten, die von ihr gar nichts wußten, in Sicherheit zu bringen. So flüchteten einige junge, gut gekleidete Mädchen in die Tornische des Hauses Hansenstraße Nr. 4. Hinein konnten sie nicht, weil das Tor unglaublicherweise verschlossen war, und so duckten sie sich in die Nische. Da stürmte ein Berittener den Gehsteig hinauf, versperrte die Tornische mit dem Leibe seines Pferdes und hieb mit seinem Säbel bestialisch in die schreienden und mit aufgehobenen Händen um Erbarmen flehenden jungen Mädchen hinein, bis sie blutüberströmt zusammenfielen... Das war knapp vor 10 Uhr vormittags, zu einer Zeit also, da noch nirgends etwas passiert war.

Eine Frau aus Floridsdorf:
Ich hatte Freitag vormittag gegen 10 Uhr im Rathaus zu tun.
– – Als ich endlich glaubte, ich werde jetzt mit vielen andern auch aus dem Tore kommen, wurden wir von den Wachleuten mit den Revolvern und mit Säbelhieben empfangen. Sie taten das ohne jeden Grund, denn wir hatten ja doch gar nichts getan. Wir hatten gar keine Ahnung, was die Polizei von uns wollte. Links und rechts lagen die Verletzten blutüberströmt auf dem Boden; ich flüchtete in den Gasthausgarten gegenüber und setzte mich dort nieder, da ich vor Aufregung nicht mehr weiter konnte. Die Leute schrien alle

Pfui gegen die Wache und es dauerte nicht lange, so schoß sie wieder los, aber diesmal nicht mehr mit Revolvern, sondern mit den Karabinern, und zwar mitten in die Menschenmenge hinein. Ich sprang sofort hinter eine Steinsäule am Eck der Wachstube und habe gesehen, daß die Wache in den Rathaushof hineinschoß, wo viele Verletzte und auch Tote lagen. Dort entstand großer Tumult. Ich habe da auch gesehen, daß manche von den Wachleuten in die Luft geschossen haben, aber andere haben direkt auf Menschen gezielt; ich habe in meinem Leben so etwas noch nicht gesehen. Ich bekam einen Schüttelfrost und einen Weinkrampf und konnte mich nicht mehr auf den Füßen halten. Wie lange ich so in der Ecke war, weiß ich nicht, und als ich wieder gehen konnte, wollte ich um die Ecke in die Bartensteingasse um fortzugehen, ich war aber kaum zwanzig Schritte weit, als hinter mir ein ganzes Rudel Polizisten mit den Gewehren in der Hand in die Gasse hineinrannte und eine Salve losging. – –

Da sehe ich einen alten Mann mit schneeweißen Haaren und einem buschigen, langen, weißen Schnurrbart im Park drinnen umfallen, der Mann hatte einen Schuß durch die Brust. Ich bin hingelaufen und holte die Sanität, und die ist auch gleich gekommen, trotz der Lebensgefahr; sie war überhaupt sehr mutig. Erst um ½ 5 Uhr konnte ich fort, und auch da wurden wir einmal von zwei Seiten beschossen und flüchteten in ein Kaffeehaus, wo die Rote-Kreuz-Fahne herausgesteckt war. Da riefen die Schutzbündler: »Frauen zuerst hinein!« Ich mußte unwillkürlich lachen, trotz der schrecklichen Situation, weil man um die Weiber Angst hatte. Die Männer blieben draußen, es waren meistens Schutzbündler, als wenn es um ihr Leben nicht ebenso schade wäre. Ich habe nie mit dem Herzen zu tun gehabt und bin nicht herzkrank, aber da bekam ich Herzkrämpfe und kann mich seitdem nicht erholen von Herzbeklemmungen, vor lauter Entsetzen darüber, daß die Wachleute so vorgehen konnten, weil ein paar Burschen Pfui gerufen haben; den Schuldigen ist bestimmt nichts geschehen, und die Unschuldigen zahlen drauf, denn es gibt gute und schlechte Wachleute, so wie auch Menschen da waren, die nur gern recht viele Krawalle sehen wollten und die Sache verschlechtert haben. Gewiß aber haben bei der Rathauswachstube die Wachleute angefangen, das kann ich mit einem Eid beschwören.

– – Als sie die Straßen vor dem Rathaus in der Richtung gegen die Bellaria säuberte, indem sie blindlings in die Menge hineinschoß, und die Menge entsetzt flüchtete, konnte ein Mann nicht mehr recht mit. In der Stadiongasse sprang er auf den dort befindlichen Steinhaufen, öffnete seinen Rock, breitete die Arme weit aus und rief der anstürmenden Wache entgegen: »Schießt her, wenn ihr euch traut!« Und das Unfaßbare geschah. Die Wache gab auf den wehrlosen Mann eine Salve ab – der Mann brach auf dem Steinhaufen blutüberströmt zusammen.

Neue Freie Presse:
Nehmen wir den Fall an, einen Fall, den wir für gänzlich unmöglich halten, daß tatsächlich viele unter den Toten durch Fehler oder Grausamkeiten einzelner Wachorgane gestorben seien. Was um des Himmels willen hätte das mit der Bourgeoisie und ihrer Gesinnung zu tun?

Dr. Edmund Wengraf im Neuen Wiener Journal:
– – Was ist denn nun aber eigentlich diese Ordnung, für die wir mit Treue und Opfermut und angeblich sogar mit »Bestialität« einstehen? Sie ist für die große Mehrzahl der Menschen im Grunde eine recht geringfügige Sache: ein klein wenig Hab und Gut, kaum der Rede wert, in Wertziffern ausgedrückt meist eine Bagatellsumme; dazu eine Anzahl Freundschafts-, Familien- und Geschäftsverbindungen, in die wir seit so und so viel Jahren eingesponnen sind; ein bescheidenes Maß von Erwerbssi-

cherheit und von Lebensgewohnheiten, die damit zusammenhängen ... Unser Stück Welt, auf dem wir leben und sterben wollen ... Das ist unsere Ordnung! Und gegen jeden Versuch, sie uns zu rauben, wollen wir uns wehren, bis aufs Äußerste, wenn's sein muß, auch bis zur Bestialität.

Boston, 23. August. (Reuter.) Der Abschiedsbrief Saccos an seinen Sohn lautet: »Sei stark und weine nicht! Vergiß nicht, den Armen zu helfen und die Verfolgten zu unterstützen, denn es sind Deine besten Freunde. Sie sind die Kameraden Deines Vaters und Vanzettis, die für die Freiheit der Arbeiter gekämpft haben und gefallen sind.

Eine Präsidentenkonferenz der landwirtschaftlichen Hauptkörperschaften erklärt: »Die Todesstrafe muß wieder eingeführt werden, da nur in der Todesstrafe ein entsprechendes Repressions- und Sühnemittel erblickt werden kann.« Die Reichsparteileitung des Landbundes fordert »die Wiedereinführung der Todesstrafe in dem neuen Strafgesetzbuch«. Im steirischen Landtag stellten die Parteien der Einheitsliste (Christlichsoziale und Großdeutsche) den Antrag: »Die Todesstrafe ist wieder einzuführen.«

Neue Freie Presse:
– – An diesen beiden Tagen sind vielfach Leute in Kraftwagen gefahren, die wohl noch nie zuvor ein Auto bestiegen hatten und welche die Verwundung zahlreicher Personen mißbrauchten, um auch einmal in den Straßen Wiens nobel spazierenzufahren. – –

Frankfurter Zeitung:
– – Es scheint aber, daß die Sozialdemokratie die Führung über die losgebrochenen Massen rasch verloren oder überhaupt nicht besessen hat. Eben das beweist nun wieder, wie sehr der Aufruhr der Ausbruch eines an sich

edlen Gefühls, des Gefühls verletzten Rechtes gewesen ist.

Aus dem Tagesbefehl des Polizeipräsidenten:
– – Aus allen Kreisen der Bevölkerung und von zahlreichen Zeugen des heldenmütigen Verhaltens der Sicherheitswache kommen mir unausgesetzt Kundgebungen des Dankes und der Bewunderung für die Polizeibeamten zu. Ich selbst stehe schmerzvoll und reinen Herzens an der Bahre pflichtgetreuer Beamten und ich verspreche ihren Hinterbliebenen nach Kräften beizustehen.
– – Gebe Gott, daß dieser Kampf der letzte gewesen ist und mögen die fürchterlichen Opfer dieser Tage allen die Augen öffnen über den Abgrund, in den unser Staatswesen durch die Zwietracht der Bürger geführt wird. – –

Wiener Mittagszeitung:

Tabarin

Weihburg-Bar

Capua

Femina

Bisher 99 Tote

Neue Freie Presse:
Auf Grund der tragischen Ereignisse wird in der nächsten Zeit die Propagandaaktion der Fremdenverkehrskommission noch eine besondere Intensivierung erfahren, um die schädlichen Folgen der traurigen Tage für den Fremdenverkehr möglichst abzubauen.

Neue Freie Presse:
— — Und nicht viel besser als den Wienern in der Fremde geht es den Fremden in Wien. Man kommt in eine unbekannte Stadt, von der man sich Freude, Entspannung, eine Fülle reicher Eindrücke, künstlerische Genüsse erhoffte. Aber in den Straßen dieser Stadt wird geschossen. In dieser Stadt fährt keine Straßenbahn, kein Auto, man kann nicht telephonieren, die Theater sind geschlossen, der Justizpalast, den der Reiseführer als Sehenswürdigkeit rühmt, steht in Flammen. Man ist auf die Sehenswürdigkeiten dieser Stadt nicht mehr neugierig.

Neue Freie Presse:
— — Die Arbeit ist jetzt um so wichtiger, als die Vorgänge vom 15. Juli die Fremdenverkehrswerbung schwer geschädigt und die Arbeit zurückgeworfen haben. Das verlorene Terrain muß wiedergewonnen werden.
Hier wandern die Holländer fleißig herum und schauen sich an, was nur zu sehen ist. Samstag gab es eine Autorundfahrt, auch zum abgebrannten Justizpalast, abends einen Ausflug in den Prater, Mittwoch geht es auf die Rax, Samstag in die Wachau.

Von Sanitätsgehilfen wird berichtet: — — Selbst auf Verwundete wurde geschossen. Ein Mann, der mit zerschossenem Bein auf der Straße liegen blieb, erhielt noch vier Schüsse, davon einen, der seinen Kopf zertrümmerte und ihn tötete.

Hofrat Dr. Helmer vom Oberlandesgericht erzählt: »... Da stellte sich uns eine Gruppe des Schutzbundes entgegen, und ich muß sagen, wenn diese Leute nicht gewesen wären, würde ich heute nicht mehr unter den Lebenden weilen. Ich hatte, als ich durch das brennende, bereits mit dichtem Rauch erfüllte Gebäude rannte, mit meinem Leben abgeschlossen.«

Hofrat Dr. Heinrich Gasser schreibt: Bei der Kreuzung Josefstädterstraße–Albertgasse standen Freitag den ganzen Nachmittag und Abend Gruppen von Menschen, welche die Ereignisse besprachen, ohne auch nur mit einem lauten Wort oder Ausruf zu demonstrieren. Es waren ungefähr sechzig bis siebzig Menschen, die ununterbrochen wechselten. Vorüberkommende blieben stehen, andre entfernten sich wieder, bei den Haustoren standen da und dort Hausbewohner in ruhigem Gespräch. Etwa um 10 Uhr abends sah ich von meiner Wohnung aus plötzlich eine Abteilung der Polizei, in Schwarmlinie aufgelöst, aus der Innern Stadt kommend, durch die Josefstädterstraße ziehen. Ich hatte dies kaum bemerkt – die Passanten und die diskutierende Gruppe hatten sie noch gar nicht recht wahrgenommen –, als die Polizei **gegen diese Gruppe ohne den geringsten Anlaß eine Salve** abgab. Die Menschen stoben schreiend auseinander, worauf **mehrmals geschossen** wurde.

– – Als sie zum Allgemeinen Krankenhaus gekommen waren, machten sie auf einmal halt und wendeten sich gegen die Ordnerkette der Ärzte, Angestellten und Arbeiter, die den Eingang des Spitales schützten. – – Als die Ärzte und Beamten nicht sofort von der Stelle wichen, trat einer der Polizisten vor und **versetzte einem Arzt einen Kolbenhieb auf den Schädel.** – –

Aus den weitesten Kreisen der Bevölkerung laufen täglich unzählige Zuschriften bei der Polizeidirektion ein, die voll von begeisterten Worten der Anerkennung sind für das **mutige und dabei doch besonnene Verhalten der Polizeibeamten, insbesondere der Sicherheitswache.** ... Von überall kommen Anerbieten, in denen die Bereitwilligkeit erklärt wird, **Wachleuten einen kostenlosen Erholungsurlaub zu gewähren,** die **Kurverwaltung Gleichenberg will Wachleuten unentgeltlich Heilungsmöglichkeit bieten,** eine Anzahl von

Hotel- und Gasthofbesitzern hat sich erbötig gemacht, Wachleute kostenfrei zu beherbergen und zu verköstigen. – Der Herr Polizeipräsident hat das Anbot angenommen.

Ein Wachmann berichtet: Wir älteren Wachleute, die schon seit Jahren im Dienste stehen, waren empört über das Vorgehen der jungen, erst vor kurzem eingestellten Wachleute, die man sofort bewaffnet hinausgeschickt hatte, während unsere Abteilung erst gegen 9 Uhr abends Gewehre faßte. Ich war, wie viele andere, zum gewöhnlichen Straßendienst am Morgen ohne Revolver gegangen. Als wir beim Justizpalast zur Absperrung herangezogen wurden, standen wir an einer Mauer. Vor uns waren die Demonstranten, die nicht wegzubringen waren. Das war, als schon der Justizpalast brannte. Da kam eine Abteilung der Jungmannschaft, befehligt von einem rücksichtslosen Kommandanten, der die Leute, die ihm nicht genug scharf waren, anschrie. Als dort geschossen wurde, nahm man auf uns keine Rücksicht. Bei der ersten Schießerei wurden sechs Wachleute von ihren Kollegen angeschossen. Wir sind empört, wie wir von unseren Vorgesetzten geopfert wurden.

Samstag abend wurden zwischen halb 10 und 11 Uhr neun Jugendliche, unter ihnen einige, die mit den Ereignissen gar nichts zu tun hatten und im Begriffe waren, nach Hause zu gehen, dem Polizeiamt Hernals eingeliefert. Als sie die Wachstube betraten, wurden sie mit Säbeln und Knütteln furchtbar mißhandelt, so daß man gellende Aufschreie bis auf die Gasse hörte. Nach etwa einer Stunde war ihre Einvernahme beendet und zwei der verhafteten Burschen wurden vom ersten Stocke ins Parterre in den Arrest geführt. Auf dem Wege vom ersten Stock ins Parterre wurden beide von einem in Zivil gekleideten Polizisten mit einem Gummiknüttel geschlagen, bis aus klaffenden Kopfwunden das Blut in Strömen floß. Dann wurde einer von ihnen über die Stiege geworfen, und blieb bewußtlos liegen. Zwei Wachleute mußten ihn halten, damit die Wunde ausgewaschen werden konnte. Für die Reinigung der Wunde verwendete man Wasser in einem schmutzigen Waschbecken. Der halb Erschlagene wurde dann, ohne jede ärztliche Hilfe, in den Arrest geschleppt. Eine Beschwerde, die bei dem Stadthauptmann vorgebracht wurde, erledigte dieser mit der Erklärung, daß sich der Arrestant angeschlagen hat. Im Bezirke war gestern das Gerücht verbreitet, daß der Mißhandelte bereits gestorben sei. ...

Ein Beamter berichtet: Ich wurde am Freitag nachmittag mit einer Mitteilung vom Parlament in das Verbandsheim der Buchdrucker geschickt. Auf dem Rückweg nahm ich ein Auto und fuhr in die Neustiftgasse. Da wurde ich von einem Wachekordon aufgehalten, der vom Oberkommissär Strobl befehligt wurde. Ich sprang vom Wagen, ging auf ihn zu und begehrte Durchlaß, da ich eine Meldung in das Parlament zu überbringen hatte. Statt jeder Antwort griff Oberkommissär Strobl nach einem Gewehrkolben und schrie: »Schauen Sie, daß Sie weiterkommen, sonst...« Seine Haltung war so drohend, daß ich mich schleunigst zurückzog und auf einem Umweg ins Parlament ging. Oberkommissär Strobl hat aber auch Sanitätsautos, die man am roten Kreuz erkannte, aufgehalten und sie am Weiterfahren verhindert. – –

Ein Arzt der Rettungsgesellschaft teilt mit, daß sich unter den in seinem Blutrayon ermordeten Personen auch eine hochschwangere Frau und drei kleine Knaben befanden. Einer von ihnen war rittlings auf den Schultern des Vaters gesessen, als ihn die tödliche Bleikugel traf.
Die sechzehnjährige Hilfsarbeiterin Marie H. wurde Freitag um 7 Uhr abends beim Schottentor verhaftet, weil sie Rufe gegen die Polizei ausgestoßen hatte. Sie wurde zur Polizeidirektion gebracht; unterwegs stieß sie ein Wachmann mit

dem Gewehrkolben in das Kreuz. Als sie schrie, packte sie ein anderer brutal am Arm und rief: »Halt die Goschen, sonst hau' ich dir eine auf den Schädel, daß du hin bist!« Auf der Polizeidirektion stieß sie ein Wacheorgan in den Rücken und rief: »Geh schon, Canaille!« – –

»Ich spreche den Polizeiorganen für ihr energisches und doch maßvolles Verhalten den Dank und die Anerkennung der Bundesregierung aus.«

Wir bleiben fest!

Man hat versucht, uns niederzutreten – wir stehen aufrecht. Man hat es unternommen, die Wiener Zeitungsburg des österreichischen christlichen Volkes niederzubrennen – – eines der wichtigsten Verteidigungsmittel des christlichen Volkes, ein Wall seines Rechtes und seiner Freiheit – – und haben einmütig und mit festem Willen beschlossen, alles vorzukehren, um sofort wieder die uns obliegenden publizistischen Aufgaben erfüllen zu können.

Die Aufräumungsarbeiten sind im Zuge, – – so hoffen wir, daß unsere Freunde die erlittenen Wunden uns nicht zum Nachteil anrechnen und daß wir binnen kurzem die vorhandenen Mängel beheben werden. – – Wir werden es schaffen. Jawohl, im Vertrauen auf Gott, auf die Hilfe des christlichen Volkes, für das wir ringen und streiten, und sicher der eisernen Kraft, die uns die freudige Hingabe aller unserer geistigen und technischen Mitarbeiter in unseren Aufgaben gewährt, werden wir es schaffen!

Wien, am 18. Juli.

Dr. Friedrich Funder.

Ein Arzt schreibt: – – Vielfach wurden diese Wirkungen durch Salven hervorgerufen, bei denen die Karabiner direkt gegen das Pflaster gerichtet waren. Eine Unmenge tiefliegender Verletzungen, besonders Bauch- und

Rückenschüsse, kam bei dieser Art, »in die Luft« zu schießen, zustande. So erzählt ein Assistent einer chirurgischen Spitalabteilung von einem Unglücklichen, der buchstäblich mit dem Darm in seinen beiden Händen liegend ins Spital eingeliefert wurde. Diese Art von Bauchschuß mit Gellerwirkung konnte keine ärztliche Hilfe mehr finden. Waren doch außer den Därmen auch die Blase, die Milz und die Leber schwer verletzt. Dabei ist dieser Mann nichts ahnend auf dem Schottenring gestanden, um seine Frau und sein Kind zu erwarten. Ein großer Teil gerade der schrecklichsten Verletzungen wurde durch die Nahschüsse erzeugt, die unsere ordnungsliebenden Polizeiorgane in präziser Weise knapp vor, mehr aber noch hinter ihren Opfern abfeuerten. Solche Schüsse, die manchmal aus einer Entfernung von einem halben Meter abgegeben worden sein müssen, erzeugten gleichfalls viel schrecklichere Verletzungen, als dem »gewöhnlichen« Lauf einer Kugel entspricht. Sie zeigen oft, zum Unterschied von Dumdumgeschossen, nicht nur riesige Ausschuß-, sondern auch ungewöhnlich große Einschußöffnungen. – – In Ärztekreisen spricht man mit ganz besonderer Empörung von jenem Polizeibüttel, der mit seinen zwanzig Wachleuten in die Krankenzimmer einer chirurgischen Abteilung eindringen wollte. Eine Tat, die jedem zivilisierten Menschen die Haare sträuben muß, sollte geschehen, um vielleicht eine Verhaftung mehr vornehmen zu können. Der Abteilungsarzt sprach von der Gefahr für die hochfiebernden Verwundeten, wenn sie durch eine Polizeiabteilung in Schrecken versetzt würden. Aber diese und andere Vorstellungen nützten nichts, und erst, als der mutige Arzt erklärte, nur, wenn man ihn selbst erschießen würde, würde der Weg ins Krankenzimmer frei werden, zog der Büttel wieder ab.

Genosse Ludwig Matheisl aus St. Pölten hält sich seit einiger Zeit in Wien auf, weil er wegen einer Fußverletzung bei

Professor Lorenz im Allgemeinen Krankenhaus in Behandlung steht. Als er Freitag aus dem Krankenhaus in seine Wohnung zurückkehren wollte, geriet er zwischen 2 und 3 Uhr in der Nähe des Rathauses in eine Menschenmenge, die vor der schießenden Wache floh. Nach der Salve zogen die Wachleute die Säbel, und Matheisl, d e r w e g e n s e i n e s k r a n k e n F u ß e s n i c h t r a s c h g e n u g l a u f e n k o n n t e, erhielt einen Säbelhieb über den Arm. Er wurde vom Schutzbund verbunden und in einem Sanitätsauto ins Rudolfsspital gebracht. Hier wurde sein Verband erneuert, dann wollte er in seine nahe gelegene Wohnung gehen. Auf der Straße fragten ihn Vorübergehende, was ihm passiert sei, und er sagte, er habe einen Säbelhieb erhalten. In diesem Augenblick packten ihn ein Revierinspektor und ein Bezirksinspektor bei den Armen und führten ihn ins Wachzimmer des Polizeikommissariats in der Juchgasse. Sie nahmen sein Nationale auf und schrien ihn an: »Du roter Hund, du Gauner, du Pülcher, wannst nicht die Goschen hältst, kriegst eine, daß du in den Gang hinausfliegst.« Und schon bekam er einen Stoß, daß er zur Tür hinausflog. – –
»Was, einen S ä b e l h i e b haben Sie gekriegt? H a t e r I h n e n g e s c h a d e t ?«

Der Bundespräsident Dr. H a i n i s c h hat sich in einem Schreiben befriedigt darüber geäußert, daß Herr Julius und Frau Olga K r u p n i k in ihren Bestrebungen, die heimische Produktion zu fördern, nicht erlahmen.

– – Ein Mann, dessen Alter ich auf s i e b z i g J a h r e schätzte, erhob sich nach dieser Salve von der Bank, auf welcher er in dem kleinen Rondeau gesessen hatte, humpelte mit einem Stock mühsam die Starhemberggasse hinauf und versuchte dort durch die Polizeisperre zu kommen. Bei dem an der Ecke Starhemberggasse–Gürtel befindlichen Gasthaus wurde er von einem Polizisten gestellt, dem er einige Worte sagte, die ich nicht verstehen konnte. Ich sah und hörte nur, nachdem ich mittlerweile näher gekommen war, den Schluß der Szene. »Ram di, olter Griaßler!« Dieser Bescheid war begleitet von einem Schlag des Gewehrkolbens in das Gesäß. — —

Neue Freie Presse:
Ein prominenter Holländer hat an den Polizeipräsidenten Schober folgenden Brief gerichtet:
»Hochverehrter Herr Präsident! Ich bitte um Verzeihung, falls ich Sie belästige, aber seit den schrecklichen Ereignissen vom 15. und 16. Juli weilen meine Gedanken öfter bei Ihrem Korps, das mit seltener Opferfreudigkeit und vollkommenem Selbstvergessen sich dem Wohle der anständigen Bevölkerung Wiens widmete.
Ich bin Holländer ... fast täglich bei der Opernkreuzung beobachtete ich, mit wieviel Höflichkeit und Takt die Polizei die Leute auffordert, sich einen Moment zu gedulden, und oftmals sage ich zum Wachmann: ›Mir ist's eine angenehme Pflicht, Ihnen zu gehorchen, und Ihnen zulieb möchte ich, daß alle Leute so dächten wie ich, dann würden Sie es leichter haben.‹
— — Verzeihung! leider Gottes kann ich nur wenig schenken, aber vielleicht wollen Sie, Herr Präsident, die Güte haben, meine kleine Gabe zu verwenden für ein wenig Behaglichkeit für Ihre Verletzten im Spital, damit sie ersehe, daß auch fremde Herzen Sinn und Verständnis haben für alles, was die Wiener Polizei schon geleistet und geschafft hat und in Zukunft noch leisten und schaffen wird.
Die Unterredung mit Ihnen in der gestrigen ›Neuen Freien Presse‹, ein Feuilleton eines Reichsdeutschen in der ›Neuen Freien Presse‹ vom 19. d., dies alles muß doch Anklang finden bei den feinfühlenden, kunstsinnigen Wienern...
Wien ohne Ihre Polizei würde Wien nicht mehr sein.

Glauben Sie mir, verehrtester Herr Präsident, meinen Gefühlen aufrichtigster Sympathie und tiefster Hochachtung

Ihr ergebenster.«

Neue Freie Presse:
– – Sensationell ist der von uns bereits erwähnte Brief einer hervorragenden Dame – –

Neue Freie Presse:
Von einem reichsdeutschen Schriftsteller, der Augenzeuge war und dessen Name und Adresse der Redaktion bekannt sind, erhalten wir folgende packende Schilderung der blutigen Ereignisse:
– – Der Pöbel, der sich gröhlend und raublustig um den Justizpalast gewälzt, hatte sich in einen Schwarm Hasen verwandelt. Seine Wut war haltlose Angst, seine Rachgier Feigheit geworden. Er verkroch sich in die Nebengassen und duckte sich dort lauernd zusammen. – – Die Wiener wissen gar nicht, was sie an ihrer Sicherheitswache haben. – –
Zahlreiche Autos, hie und da auch mit Pärchen besetzte Motorräder, belebten die Fahrstraße, auf den Promenaden lustwandelnde Tausende von Menschen.
»Bitt' schön, weitergehen! Bitte, nicht stehen bleiben!« hörte man unermüdlich die Wachleute mahnen. – – Hier tönte durch die dienstliche Forderung schon wieder die Versöhnung, das Bestreben, das Schreckliche zu vergessen. »Bitt' schön, weitergehen!« – Mit dieser gutmütigen Zurede sind aber die Wiener wohl doch etwas verwöhnt worden. Fast scheint es, als hätten sie die Ritterlichkeit ihrer braven Polizei allgemach für Schwäche ausgelegt. – – Der Offizier, der ... entschlossen »Feuer« kommandierte, wird Undank ernten. Und doch hat er Wien vor dem Untergang, vor

Plünderung und wahrscheinlich noch Schlimmerem bewahrt. Wien hat die geduldigste und verläßlichste Polizei.

Wir erhalten folgendes Schreiben des Herrn Dr. Helmut Legerlotz, dessen Urteil, da es sich um einen unbeteiligten ausländischen Beobachter handelt, der obendrein, wie er ausdrücklich feststellt, kein Sozialdemokrat ist, wohl den Anspruch erheben kann, als unbefangen zu gelten...: Gestatten Sie mir, der ich mich für einige Wochen in Wien aufhalte und die Dinge mit der Unparteilichkeit und der Reserve, die dem Fremden ziemt, betrachte, einen kurzen Kommentar zu den furchtbaren Vorgängen der letzten Tage zu geben. Die Wiener Polizei bezeichnet sich auch im Ausland gern als die beste Polizei der Welt. Mit welchem Recht, das erkannte man, wenn man selbst mitangesehen hat, wie in zahlreichen Fällen Gruppen von vier, fünf oder noch mehr Wachleuten, die ein oder zwei Personen, Übeltäter oder Unschuldige, festgenommen hatten, die wehrlosen Geschöpfe in brutalster Weise vor sich herstießen und mißhandelten. Selbst der Leidenschaftsloseste muß bei solchem Anblick sein Blut sieden fühlen. Und wie unvergleichlich furchtbar muß es auf die Stimmung der Masse wirken, daß tatsächlich fast ausschließlich auf wehrlose, fliehende Menschen geschossen wurde, die von starken Trupps bis an die Zähne bewaffneter Wachmannschaften in rücksichtslosester Weise verfolgt wurden. Es steht wohl einwandfrei fest, daß bei weitem die meisten der mit schweren Verletzungen in die Spitäler eingelieferten oder ihren Verwundungen erlegenen Personen von Schüssen durchbohrt waren, die in den Rücken der erbarmungswürdigen Opfer abgegeben wurden. Einer der zahlreichen Ärzte, die mir dies bestätigten, äußerte sich: »Es ist eine Kulturschande, was wir in diesen beiden Tagen in Wien erlebt haben.« Wahrhaftig, eine Glanzleistung der »besten Polizei der Welt«! – – Es ist selbstverständlich, daß sich in einer nach Zehntausenden zählenden aufgeregten Menge auch Elemente finden, die ihre besonderen Ziele verfolgen. Aber ebenso selbstverständlich ist es, daß eine staatliche Behörde die Pflicht hat, sich durch Provokationen einzelner nicht zu Handlungen hinreißen zu lassen, die unermeßliches Unglück über zahllose Unschuldige bringen. Die untadelige Disziplin der überwältigenden Mehrheit der österreichischen Arbeiter ist höchster Anerkennung wert; ich erkläre hierbei ausdrücklich, daß ich nicht Sozialist bin. Wir Ausländer, die Zeugen der Vorgänge waren, werden jedenfalls das Verhalten der österreichischen Justizbehörden und das Schicksal der Verhafteten im Auge behalten, denn wir empfinden das, was die »beste Polizei der Welt« angerichtet hat, als einen europäischen Skandal.

Ein »langjähriger Bezieher der Reichspost«:
Nach Kenntnis des Schicksalsschlages, den unsere ›Reichspost‹ durch die traurigen Ereignisse des 15. Juli erlitten, war mein erster Gedanke, ob nicht hiedurch wieder ein Bollwerk gegen den Kulturkampf vernichtet wurde, und harrte in bangen Stunden der Nachricht, daß unsere geliebte ›Reichspost‹ wieder erscheine. Und siehe, meine Erwartung verwirklichte sich rascher, als ich es dachte. Wie ein kleines Kind, dem die Mutter einen großen der größten Wünsche erfüllte, empfing ich unsere wiedererschienene ›Reichspost‹.
Ich sehe nun, daß Sie sich als Vertreter der Wahrheit auch durch solchartige Schicksalsschläge nicht irre machen lassen und beeile mich, Sie zu bitten, mir zwecks Überweisung von S 4 – einen Posterlagschein zu übermitteln, mit dem gleichzeitigen Bemerken, daß ich alle Bezieher der ›Reichspost‹ und ›Wiener Stimmen‹ bitte und ihnen den Vorschlag mache, einen Bezugspreis, so wie ich, unserer lieben ›Reichspost‹ ohne Gegenleistung als Wiederaufrichtungsbeihilfe zu widmen.
Ich bin selbst ein ganz kleiner Beamter, Vater dreier Kinder,

und ist es mir nicht möglich, mehr zu geben, aber ich glaube, daß jeder Abonnent unseres Blattes an seinem Bestande und seiner bisherigen Führung ein derartiges Interesse nehmen muß, ja, ich es sogar als eine hohe Pflicht unseres Kreises ansehe, unserer Presse nun, da sie treuer Freunde bedarf, zu Hilfe zu kommen, um ihr Ansehen zu vergrößern und ihren Aufgabenkreis zu erfüllen.

Ein Abonnent der Reichspost schreibt der Arbeiter-Zeitung:
Ich bin kein Marxist, sondern stamme aus einer streng katholischen Familie; meine Mutter ist Mitglied des Katholischen Müttervereines. Freitag habe ich so manches gesehen, wie es wirklich war, und staune nur, wie die ›Reichspost‹ derartig lügen und verdrehen kann. Ich sah, wie im Rathauspark ein Polizist auf einen ahnungslosen Mann feuerte und eine Frau mit einem Kinde am Arm schwer verletzte. Der Polizist war nicht im geringsten bedroht. – – Ich erkläre ganz offen, daß ich nie mehr die ›Reichspost‹ lesen werde, denn ich sehe jetzt, daß dieses »Unabhängige Tagblatt für das christliche Volk« ein Lügenblatt ist und mit wirklichem Christentum nicht das geringste zu tun hat. Mit vollster Achtung Josef Driak, 4., Mommsengasse Nr. 24.

Ein bisheriger Abonnent der ›Volkszeitung‹ schreibt uns:
Ich hatte vormittags geschäftlich in der Stadt zu tun. Auf dem Heimweg sah ich, daß ich nach keiner Seite aus dem ersten Bezirk kommen konnte. Bei meinem Herumirren kam ich auch in die Nähe des »Schlachtfeldes«, von wo man schon die ersten Verwundeten abtransportierte. Ein alter Mann, von den Säbeln der Wachleute förmlich skalpiert, ein zweiter, ähnlich zugerichtet, war das erste, was ich sah. – – Während der Schießerei kam ein Wachmann mit Gewehr und aufgepflanztem Bajonett zu uns. Er mußte sich vor den Kugeln seiner eigenen Kameraden retten. – –

Ein bürgerlicher Gewerbetreibender schreibt uns: Ich habe die erste Attacke der Wache mitangesehen. Mir fiel dabei ein berittener Wachmann mit drei Goldrosetten auf, der wie ein Wahnsinniger schrie, mitten im Park herumritt, auf eine **schwangere Frau** losging und sie niedertrampelte.

Ein Favoritener Fürsorgerat schreibt uns: Freitag um ¼ 8 Uhr abends standen einige kleine Gruppen neugieriger Menschen an der Ecke der Gumpendorferstraße. Auf einmal, ohne jeden Anlaß, kam die Wache im Laufschritt mit erhobenen Gewehren aus der Eschenbachgasse. An der Ecke fing sie zu schießen an, und schon lag blutüberströmt Leopold Schmid am Boden. Wir hoben den Toten auf und trugen ihn zu der andern Ecke, wo zwei Wachleute standen. Ich bat sie **mit aufgehobenen Händen: »Ich bitte euch, habt doch ein Herz und seid Menschen. Wo sollen wir den Armen hintragen?«** Und da geschah das Unglaubliche: **sie erhoben ihre Gewehre** und der eine Wachmann rief: »Marsch, oder —« und setzte sein Gewehr zum Schießen an!

Ein reichsdeutscher Lichtdrucker erzählt: Freitag um halb 6 Uhr abends stand ich auf dem Ring und sah mir den brennenden Justizpalast an. Weit und breit gab es keine Menschenansammlung, nur wenige Passanten gingen vorüber, nur kleine Gruppen von drei, vier Leuten standen umher. Auf einmal marschierten Polizisten mit gefällten Gewehren auf, blieben stehen, luden und gingen wieder vor; im nächsten Augenblick krachte **eine Salve**. Die Wache hatte in die friedlichen Menschen, unter denen man kaum einen Arbeiter sah, **hineingeschossen, ohne ein Aviso zu geben**, ohne die Leute aufzufordern, sich zu entfernen. Es wurden dreißig bis vierzig Schüsse abgegeben, niemand weiß, warum. Ich habe manches für möglich gehalten, aber dieses Vorgehen der Wiener Polizei war so ungeheuerlich, daß ich es noch immer nicht fassen kann. Als ich später wieder über den Ring ging, sah ich auf dem Boden eine riesige Blutlache, in der Gehirnklumpen lagen. Nur stumpfe Geschosse können diese Wirkung haben.

Abgeordneter Dr. Otto Bauer:
Dazu kommt noch ein Unglück, das die Größe der Katastrophe miterklärt. Jede österreichische Tragödie beginnt, wie ich gesagt habe, mit einem Pallawatsch und mit einer Schlamperei. Die Dispositionen des Hofrates Tauß, das war der Pallawatsch. Nun kommt aber die Schlamperei. In der Assistenzvorschrift des Heeres heißt es ausdrücklich, daß bei Assistenzausrückungen keine Scheibenschießmunition ausgegeben werden darf. In der Marokkanergasse hat man aber an die Wachmannschaft Scheibenschießmunition ausgegeben!
Daß die Wachmannschaft mit Scheibenschießmunition beteilt war, kann unmöglich bestritten werden, denn ich habe sie hier in der Hand. Sie sehen hier (der Redner zeigt sie dem Hause) zwei Magazine Scheibenschießmunition. Sie wurde hier im Hause gefunden, die Polizei, die im Hause untergebracht war, hatte diese Munition. Jeder, der beim Militär war, kennt diese Munition und weiß, wie gefährlich sie ist. Beim Militär geht man in der Vorsicht so weit, daß man die Leute in den Kasernen mit solcher Munition nicht beteilt, sondern sie auf den Schießplätzen verwahrt. Die Polizei hat diese Vorsicht nicht geübt! Wir werden Ihnen bei der Untersuchung Wachleute vorführen, die diese Munition benützt haben! Es steht also durch Munition, die aufgefunden wurde, und durch Zeugenaussagen fest, daß Scheibenschießmunition verwendet wurde, und es ist ein höchst unwürdiger und für die Polizei höchst aussichtsloser Versuch, das abzuleugnen.

In der Sitzung des Nationalrates vom 26. d. hat Dr. Bauer einige Magazine Gewehrmunition mit der Aufschrift »Scheibenschießpatronen« und der Jahreszahl 1922 vorgewiesen, die aus den Munitionsbeständen der Sicherheitswache stammen. Hierzu verlautbart die Polizeidirektion, daß am 27. d. bei einer vom Sachverständigen Obersten Ingenieur Gustav Geng im Munitionsmagazin der Sicherheitswache vorgenommenen Nachschau festgestellt worden ist, daß sich in diesem Magazin keine aus dem Jahre 1922 stammende Scheibenschießmunition befindet...

Entscheidend ist ... daß nach Aussagen von Wachleuten die Polizei in der Polizeikaserne Marokkanergasse Scheibenschießmunition erhalten, diese am 15. Juli verwendet und später im Parlament an Wehrmänner verschenkt hat; daß diese Munition nachher von zwei Polizeibeamten, dem Waffenmeister Riemer und dem Munitionsreferenten Brunner, in ganz Wien abgesammelt wurde.

Neue Freie Presse:
      Verbrecherische Leichtfertigkeit.
Völlige Widerlegung der sozialdemokratischen Beschuldigung wegen der Munition der Wache.

Manchester Guardian, 20. Juli:
Gestern abend habe ich telegraphiert, daß nach Angaben der Sozialdemokraten die Polizei ungeschützte (uncased) Bleigeschosse verwendete, die ungewöhnlich schlimme Wunden erzeugten. Heute wurde diese Behauptung von berufener Seite der Polizei (by police authority) bestätigt. Nach meinem Gewährsmann war die Polizei auf solche Unruhen nicht vorbereitet und hatte lediglich die zum Scheibenschießen verwendete Munition bei der Hand. Diese Geschosse reißen außerordentlich schlimme Wunden, insbesondere bei Gellern, und das ist die Ursache, warum so viele Verwundete im Spital gestorben sind.

Contemporary Review, Septemberheft, »Einige Eindrücke von den Wiener Unruhen von G. E. R. Gedye:
– – Als Sonderkorrespondent der »Times« während der

französischen Besetzung des Ruhrgebietes und der separatistischen Unruhen von 1924/25 habe ich eine große Anzahl von Straßenkämpfen gesehen, trotzdem fand ich es schwer, am folgenden Tage einen logischen Bericht über die Ereignisse des blutigen Freitags in Wien niederzuschreiben. Das eine ist gewiß, daß bis zu dem Moment, wo Kugeln und Steine zu fliegen begannen, kein Mensch an Gewalt gedacht hatte. In der Polizeidirektion, mit der ich die ganze Zeit in enger Fühlung stand, wurde die spontane Natur des Ausbruches niemals auch nur einen Augenblick bezweifelt... Der Entschluß, zu streiken und zu demonstrieren, war spontan, und die sonst üblichen Vorbereitungen der sozialistischen Führer waren unzulänglich... Die faltigen Gesichter der älteren Arbeiter in der Menge blickten besorgt drein, die jüngeren und die Fabriksmädchen waren zornig und riefen Spottrufe zu den unbeweglichen Reihen der Polizei, die das Gebäude beschützte. Plötzlich sah man in der Entfernung eine Abteilung berittener Polizei durch das letzte Ende des Zuges reiten – ein zweifellos überflüssiges Abweichen von jenem Takt, der sonst der Wiener Polizei eigen ist. Sofort entstand wilde Verwirrung, einige riefen: »Sie reiten uns nieder! Zu Hilfe!« In einer Menge, die gegen die Freisprechung von drei Nationalisten demonstrierte, die auf eine sozialistische Demonstration in Schattendorf im Burgenland gefeuert und einen Kriegsinvaliden und einen kleinen Jungen getötet hatten, mußte dieser Ruf besondere Wut erwecken. – – Mehrere Männer fielen dicht bei mir tot zu Boden. Kaum um die Ecke und dadurch gedeckt, sammelte sich die Menge wieder, holte sich neue Wurfgeschosse und lief herum, um die Polizei von hinten anzugreifen. Der Aufruhr war bereits Revolte gegen das Vorgehen der Polizei. – –
Als das Anzünden begann, griff die Polizei zu dem Mittel des Salvenfeuers in die wahnsinnige Menge, zuerst mit Revolvern und dann mit Gewehren. Das letztere hatte schreckliche Wirkungen, insbesondere weil Geschosse

mit weichen Spitzen verwendet wurden. Die Polizei, die über die ganzen Ereignisse offenherzig Mitteilungen machte, erklärte mir, daß sie in der schweren Notlage die Munition genommen habe, die gerade bei der Hand war, darunter auch die Geschosse mit Bleispitzen, die zum Scheibenschießen bestimmt sind. – – Obwohl auf beiden Seiten heftig gekämpft wurde, fehlten die wesentlichen Elemente eines revolutionären Umsturzversuches – – einige Waffenhandlungen wurden geplündert, um Waffen zu holen, aber sonst kamen außerordentlich wenig Plünderungen vor, obgleich es im Bereich der Unruhen eine Menge großer Geschäfte und viele Wohnungen wohlhabender Leute gab. Die Unruhen verloren niemals den allgemeinen Charakter einer Demonstration gegen die Klassenjustiz, die durch einen zufälligen Zusammenstoß mit der Polizei in Gewalt umgeschlagen war. Es war eine gewaltige Masse von unter gewöhnlichen Umständen besonnenen Arbeitern, zur Raserei getrieben durch den Anblick ihrer toten und verwundeten Genossen, auf die die Polizei in einem verzweifelten Versuch, die Flammen des Aufruhrs zu ersticken, schoß, die aber in den Augen der Arbeiter wie »proletarische Hunde« niedergeschossen worden waren, weil sie gewagt hatten, gegen die Erschießung von Arbeitern in Schattendorf zu protestieren.

Derselbe:
Es liegt mir fern, mich irgendwie in österreichische politische Kontroversen einzumengen, aber angesichts dieser Notiz (der Mitteilung der Polizeidirektion, daß sie weder Herrn Gedye noch einem andern Journalisten eine derartige Auskunft erteilt habe) bin ich gezwungen, zu erklären, daß meine Information nicht von der Preßstelle der Polizeidirektion stammte, die scheinbar dieses Dementi autorisiert hat, sondern von einem hohen maßgebenden Polizeifunktionär, der in der Lage war, die Tatsachen zu

kennen. Seine sehr bestimmte, bereitwilligst abgegebene Erklärung habe ich selbstverständlich wiedergegeben, ohne irgendwie dazu Stellung zu nehmen. Die Preßstelle der Polizeidirektion hat offenbar von meiner Quelle nichts gewußt. Genau dieselbe Auskunft hat am gleichen Tage mindestens ein andrer Korrespondent einer englischen Zeitung, sowie ein amerikanischer Journalist erhalten; in diesem Sinne haben manche englische und amerikanische Zeitungen auch berichtet.

Neue Freie Presse:

London, 21. Juli.

Die »Times« bringen an hervorragender Stelle das Schreiben des österreichischen Gesandten, der allen Personen, die nach Österreich zu reisen beabsichtigen, mitteilt, daß sie nun nach Wien und anderen Gegenden Österreichs in vollster Sicherheit fahren und dort verweilen können. Sogar zur Zeit, als die Unruhen ihren Höhepunkt erreicht hatten, seien die Fremden in keiner Weise belästigt worden, da die Österreicher, mögen sie welcher Bevölkerungsschichte immer angehören, die Besucher ihres Landes immer mit Freuden begrüßen.

Paris 21. Juli.

Der Amerikanische Klub in Paris, dem alle ständig in Paris lebenden Amerikaner angehören und dessen Versammlungen auch alle Europa besuchenden prominenten Amerikaner beigezogen werden, hat den österreichischen Gesandten Dr. Grünberger eingeladen, über die derzeitige Lage Österreichs zu berichten und über die letzten Ereignisse Aufklärung zu geben.

Diese Versammlung des Amerikanischen Klubs ist heute unter dem Vorsitze des Pariser Chefs des Bankhauses Morgan, Jay, abgehalten worden. Dr. Grünberger gedachte zunächst der guten Beziehungen – –

3. Es ist besonders festzustellen, daß die österreichische Währung in diesen Tagen keinerlei Schwankungen unterworfen war.

4. Das Leben in Österreich ist wieder vollkommen normal. Der Fremdenverkehr hat in keiner Weise gelitten. Die Wiener Theater sind geöffnet, die Salzburger Festspiele werden stattfinden und bieten gerade heuer besondere Anziehungskraft. – –
Zum Schlusse verlas der Gesandte die vom »Newyork Herald« veröffentlichte Erklärung des Bundeskanzlers Dr. Seipel, die stürmischen Beifall fand.

– – In dem Aufruf heißt es unter anderm: »Am letzten Freitag war Wien der Schauplatz von Ereignissen – – Sagen Sie Ihren Freunden, daß kein Fremder angegriffen oder verletzt wurde und daß Wien noch immer die schöne und gastfreundliche Stadt ist, die sie immer war.«

Wiedereinsetzen des Fremdenverkehrs.
– – bestehend aus 40 Personen, programmgemäß hier eingetroffen – –

Aus Ischl:
– – In den Straßen herrschte ein außergewöhnlich lebhaftes Treiben; es bildeten sich an allen Ecken und Enden Gruppen, deren Gesprächsthema sich selbstverständlich nur um die Wiener Vorfälle drehte, insbesondere wurden sie von den hier weilenden Ausländern einer scharfen Kritik unterzogen. – –
Auf eine Umfrage bei den führenden Hotels erfährt man, daß diese bei Eintritt der Verkehrseinstellung voll besetzt waren und die durch Abreisen frei gewordenen Zimmer in den nächsten Tagen wieder besetzt sein werden.

In der Volksgartenstraße flieht die Menge vor den Schüssen. Ein Mann, scheinbar schon verletzt, kann nicht mehr weiter. Er drückt sich an die Mauer. Ein Wachmann geht auf ihn zu, der Arbeiter steht reglos an der Wand und hebt die Arme hoch. Der Wachmann, der übrigens gar keine

Nummer trug, schießt ihm mit seinem Revolver zwischen die beiden Oberarme und sagt dazu: »Gelt, Schuasta, da schaugst!«
In der Museumstraße fand ich eine Tragbahre, die elf Einschüsse aufwies. Ein Teil dieser Schußlöcher war blutig umrandet. – –
In den Hof der Inva hatte sich eine große Menschenmenge, vor allem Frauen, geflüchtet. Auch befanden sich dort sehr viele Verwundete und etliche Tote. Die Wache drang in den Hof ein und räumte ihn mit Revolvern und Gewehrkolben. Eine Frau, die von einem hysterischen Weinkrampf befallen war, riß ein Wachmann derart an den Haaren, daß ihre Kopfhaut blutete. Als der Hof geräumt und die Menge etwa zwanzig Schritt von dem Gebäude entfernt war, stellte sich die Wache im Tore auf und schoß den Leuten nach.
Auf zwei Bahren wurden zwei Verwundete zur Inva gebracht. Bei ihnen befand sich ein Arzt im weißen Mantel. In der Nähe stand eine Gruppe von Wachleuten mit Gewehren. Der eine der beiden Verwundeten ballte gegen die Wache die Faust. Daraufhin wurden beide Verwundeten von den Bahren heruntergerissen. Die Träger und der Arzt wurden mit Kolbenhieben bearbeitet, die Verwundeten mit den Füßen nahezu zertreten. – –

Ein Disponent schreibt: – – Es entstand eine fürchterliche Panik, und die nichts ahnenden Passanten, unter denen auch ich mich befand, schlossen sich den Flüchtenden an. Nach ungefähr fünf Minuten rasten zwei große, staubgraue, geschlossene Polizeiautos die Ringstraße von der Oper gegen das Stadtschulratsgebäude heran. Ungefähr in der Höhe des Kunsthistorischen Museums wurde die Fahrt langsamer, und bevor die zwei Autos noch ganz stillstanden, eröffnete die Polizeimannschaft ein wahnsinniges Trommelfeuer gegen alles, was sich auf der Straße befand. Von einer Warnung vor Beginn der Schießerei war keine Rede. Die Panik, die nun entstand, läßt sich nicht schildern. Gleich zu Beginn des ungefähr fünf Minuten dauernden Trommelfeuers fielen Menschen, die zufällig des Weges kamen, zu Boden.

»Ein höherer Polizeioffizier« in der Reichspost:
– – Einzelne meiner Leute schießen; immer wieder müssen wir verfügen: Sparen, sparen, wir haben wenig Munition. Plötzlich erscheint in unserer Mitte Polizeivizepräsident Dr. Pamer, ruhig, gefaßt, und spricht uns Mut zu. Ich weiß nicht, wo er hergekommen ist. – –

Neues Wiener Tagblatt:
Die dem Polizeipräsidenten Schober seit dem 15. d. zur Verfügung gestellten Spenden erreichen bereits eine beträchtliche Höhe. Es spendeten unter andern der Bankenverband 60 000 S, der Hauptverband der Industrie im Verein mit dem Industriellenklub 100 000 S und die Handelskammer 50 000 S.
– – Mitten in einer Gruppe entsetzter Flüchtlinge duckte ich mich, so gut es ging, hinter dem steinernen Untersatz des Volksgartengitters, das hier zum Burgtor einschwenkt. Die Eingänge waren geschlossen, Flucht unmöglich.
Plötzlich fahren hinter uns zwei Mannschaftsautos auf, werfen etwa dreißig Mann Polizei aus, die das verängstigte Häuflein Menschen – unter ihnen mehrere Frauen mit Kindern – aus dem Unerwarteten anspringen.
Keine Warnung, keine Aufforderung, keine Verhaftung, nur ein Kommando: »Feuer!« Zwei Salven krachen, ich sehe, wie eine Bürgersfrau, die sich hinter ihrem aufgespannten Regenschirm zu decken versucht – Tragikomik des Entsetzens! –, zusammenbricht. Wir werfen uns hinter einen Haufen Feinschotter, der zufällig entlang des Gehsteiges aufgeschüttet ist, über uns donnert minutenlang und ohne Pause Salve auf Salve, dann werden wir »Hände hoch« mit geschwungenen Kolben gegen den Opernring gejagt, immer wieder bedroht von Gewehren im Anschlag...

Drei Menschen, verwundet oder ohnmächtig, blieben auf dem Platze.

Neue Freie Presse, Bericht aus Paris:
... Die Polizei, die plötzlich den Befehl erhielt, die Boulevards frei zu machen, drang **mit ungewöhnlicher Roheit** auf die Menge ein, unter der sich zahlreiche **Spaziergänger** befanden. Die Kaffeehausterrassen, die mit zahlreichen Neugierigen und harmlosen Gästen besetzt waren, wurden von der Polizei im Sturm genommen. Dutzende von Personen wurden zu Boden gerissen und mit Füßen getreten.

Neue Freie Presse:
Wir haben **viel** Trauriges **erduldet und mitansehen müssen**, wie das Mitgefühl mit der menschlichen Kreatur tief verletzt wurde, wie **Ströme des Blutes** vergossen wurden, wie alle Überlieferungen der Kultur plötzlich ihre Geltung und ihren Wert verloren. Es ist aus diesem Grunde doppelt bemerkenswert, daß der Fall Sacco und Vanzetti die Gemüter so sehr erschüttert, so lebhafte Diskussionen und so viel seelische Unruhe auslöst. Noch ist eben glücklicherweise nicht alles verloren, noch gibt es einen Menschheitsgedanken und ein Menschheitsgefühl, **und es wäre nur zu wünschen, daß diese humanen Regungen viel stärker hervortreten, daß sie sich immer einstellen, wenn Unrecht geschieht oder zu geschehen droht, wenn die Gewaltsamkeit triumphiert und die Brutalität einen Vorstoß wagt oder einen Sieg zu verzeichnen hat.**

Neue Freie Presse:
Aber was bedeutet das alles gegenüber der Tatsache, daß man **in Massachusetts,** also in einem demokratischen Rechtsstaate, den Vorwurf leicht nimmt, die Justiz dem Parteivorteil untergeordnet zu haben ...

Neue Freie Presse:
Der Kampf gegen den Justizmord, der in dem fernen Massachusetts begangen werden sollte, diese spontane Kundgebung der Solidarität aller Anständigen, aller Pflichtbewußten, aller Widersacher des Unrechtes beweist jedoch, daß eines Tages die Geduld der Geduldigsten reißt, die Unbekümmertheit verschwindet und die Erkenntnis dessen, was im eigenen Interesse und im Interesse der Allgemeinheit geboten erscheint, durchbricht. Überall dort, wo man mit der Apathie, mit der Abgestumpftheit der Völker, der Menschheit rechnet, möge man deshalb gewarnt sein. Diesmal sind die brausenden Stimmen über den Ozean hingeklungen, um zwei Unglücklichen Hilfe zu bringen, ein andermal werden sie ein anderes Ziel erwählen, wenn die Notwendigkeit es erfordert. Wer das Recht mit Füßen tritt, hat fortab die Abwehr der Welt zu fürchten. Das ist ein sehr wesentliches Ergebnis der internationalen Protestbewegung, deren Zeuge wir in den jüngsten Tagen waren.

Neue Freie Presse:
Viele von denen, die sich für Sacco und Vanzetti teilnahmsvoll ereifern, würden besser tun, vor der eigenen Tür zu kehren und uns eine häßliche Tartüffszene zu ersparen. – –

Neue Freie Presse:
[Vor der Hinrichtung von Sacco und Vanzetti.] »Das Weltbild« bringt in seiner soeben erschienenen Nummer ein Momentbild von einer Demonstration für die Freilassung der beiden Verurteilten. Die reich illustrierte Nummer enthält noch folgende spannende Aufsätze: »Der gute Chester« von Decobra, »Herr Honigsaft, der Lump...« von Ignat Herrman, »Die Sommerwohnung« und »Reise an das Meer« von Jo Hanns Rösler sowie die Erlebnisse Frank Highmanns »Unter internationalen Mäd-

chenhändlern«. »Das Weltbild« ist um 40 G. überall erhältlich.

– – Der Mann blutete außerordentlich stark und wurde quer durch den Schmerling-Park von sechs seiner Genossen im Laufschritt getragen. Zwei hielten je einen Fuß, zwei je einen Arm, einer stützte den Kopf, einer den Rücken. Als dieser Transport die Stiege erreicht hatte, über die man in den Ministertrakt des Parlaments gelangt, trat ihnen ein Mann mit einer Kamera in der Hand entgegen und wollte den Verwundeten photographieren. – –

Neue Freie Presse:
»– – ›Mein lieber Sinclair Lewis, Sie sind Romanschriftsteller. Das ist ein total unromantischer und langweiliger Beruf. Journalist sollten Sie einmal sein. Da würden Sie endlich wissen, was Romantik ist, und würden vergessen, wie Langeweile ausschaut.‹ ›Aber bitte, das möchte ich ganz gern. Und am liebsten würde ich einmal über eine Revolution berichten wollen.‹ Und als nun die Meldungen aus Wien kamen, da hat mich Frau Thompson eben auf drei Tage engagiert. Für Längeres dieser Art bin ich nämlich durchaus nicht eingenommen, aber schon gar nicht. Drei Tage höchstens, das ginge noch.« – – Eine Äußerung über die Ereignisse dieser Tage lehnte Mr. Lewis mit der Begründung ab, daß er sich in der mitteleuropäischen Politik überhaupt nicht auskenne. Auf die Frage, ob nach seiner Meinung diese Vorfälle dem Fremdenverkehr nach Wien sehr schaden würden, antwortete er mit den tröstlichen Worten: »Aber gewiß nicht, die Menschen sind nicht so, in drei Monaten längstens denkt man nicht mehr daran.«

Die Stunde:
– – Leider sind die Ereignisse der letzten Tage auch an unserem Reiseprogramm nicht spurlos vor-

übergegangen: die durch sie bedingte Unterbrechung der Vorbereitungen hat nämlich eine kurze Verschiebung der Abreise erfordert. Anstatt – –

Zweihundertfünfzig Personen dem Landesgericht eingeliefert.
Im Zusammenhang mit den Julieereignissen.

Einstellung des Strafverfahrens gegen Leon Sklarz und Siegfried Neuhöfer.

Neue Freie Presse:
Nunmehr, da seit den folgenschweren Unruhen vom 15. und 16. d. eine völlig ruhige Woche verflossen und eine sachgemäße Beurteilung der Ereignisse möglich ist, hatte Polizeipräsident Schober die Freundlichkeit, einen unserer Redakteure zu empfangen und sich im Rahmen einer Unterredung folgendermaßen zu äußern:
»Sie dürfen es mir glauben, daß die schrecklichen Opfer, welche die Tage der Unruhe an Leben und Gesundheit der Bevölkerung gefordert haben, keinem tiefer ans Herz gegriffen haben können als mir. – –
Trotzdem hoffe ich, daß das, was ich in meinem Tagesbefehl gesagt habe, zur Wahrheit wird, daß die fürchterlichen Opfer dieser Tage allen die Augen öffnen werden, den Abgrund zu sehen, an den unser Staatswesen durch die Zwietracht der Bürger geführt wird.«

Verteidiger: Nach Ihrer Verhaftung sind Sie auf die Wachstube Elisabethstraße gebracht worden. Was ist dort mit Ihnen geschehen? – Angekl.: Es wurde ein Protokoll aufgenommen. Wie der Beamte fertig war, hat er gesagt: »So, jetzt in die Watschenmaschine.« Da sind die Wachleute über mich hergefallen und haben mich blutig geschlagen. Bevor man mich der Polizeidirektion überstellt hat, hat man mich abgewaschen.

An die verehrliche Redaktion der »Neuen Freien Presse« in Wien.

19. August.

– – 3. Was die von der »Arbeiterzeitung« schon mehrmals gemachte Behauptung anbelangt, daß der Polizeipräsident an seiner Stelle klebe usw., so wird wohl die Feststellung genügen, daß der Polizeipräsident im Jahre 1918 nach dem Zusammenbruche der Monarchie sofort seine Entlassung erbeten hat ... **Der gegenwärtige Polizeipräsident** hat den seit November 1918 in Österreich bestandenen Regierungen im Jahre 1919 fünfmal die Bitte um Enthebung vom Amte und im Jahre 1920 zweimal Pensionsgesuche vorgelegt. Auch seither hat der Polizeipräsident der Regierung Mayr und der ersten Regierung Seipel, ebenso später der Regierung Dr. Ramek wiederholt die Bitte um seine Versetzung in den Ruhestand unterbreitet. Übrigens erliegt auch bei dem gegenwärtigen Herrn Bundeskanzler Dr. Seipel ein schon lange vor den Ereignissen vom 15. Juli 1927 eingebrachtes Gesuch des Polizeipräsidenten um seine Pensionierung.

– – Ich bitte als Chef der Polizeidirektion die verehrliche Redaktion um Aufnahme dieser Mitteilung, da ich bei dem Hasse, den die Haltung der »Arbeiterzeitung« in den letzten Wochen offenbart, auf eine Berichtigung in der »Arbeiterzeitung« selbst kaum rechnen kann und mir übrigens **diesbezüglich** auch die Selbstachtung Zurückhaltung auferlegt, **denn, wie Friedrich Rückert sagt**: »Nicht Achtung kannst du dem, der dich nicht achtet, schenken. Oder du mußt sogleich von dir geringer denken!«

Mit dem Ausdruck vorzüglicher Hochachtung
Schober

Ein Arzt teilt mit: Ich führte am Freitag ein Sanitätsauto, in dem sich Verwundete befanden. In der Nibelungengasse schoß die Wache auf uns; ich ging auf den Kommandanten zu und rief: »Um Gottes willen, schießen Sie doch wenigstens nicht auf Sanitätsautos! Nicht einmal im Kriege hat man auf das Rote Kreuz geschossen!« Der Polizeioffizier erwiderte: »Mit Verlaub, ich scheiß auf das Rote Kreuz! – –«

Reichspost:
Ein kräftiges Wort der Soldaten aus Neusiedl.
Von der Landgruppe Burgenland des »Wehrbundes« erhalten wir ein Schreiben, in dem es u. a. heißt:
»In der ›Arbeiter-Zeitung‹ vom 22. d. erschien ein Artikel über unsere Garnison unter dem Titel ›Kopflose Offiziere‹. Wir wollen feststellen, daß nicht ein einziger Offizier, am allerwenigsten aber unser verehrter Kommandant den ›Kopf verloren‹ hat.
In dem Artikel ist übrigens nur eines richtig: ›Wir haben geglaubt, man wird uns abmarschieren lassen.‹ Ja, dies wollten alle unsere braven Leute, und dieser Satz gereicht unserem schönen Baon und der Schwadron zu Ehren.«

Treue um Treue!
Nehmen wir uns ein Beispiel an dem Vorbild an Selbstlosigkeit, Mut und Widerstandskraft, das uns ›die Reichspost‹ selbst in diesen Tagen gegeben hat. Unerschütterlich und treu seiner Pflicht hielt ihr Stab in einem Hause, das halb zur Ruine geworden ist, zwischen den zerstörten Einrichtungsgegenständen und dem Wust, den die Wut des Hasses angerichtet hatte, aus und erfüllte, ohne auch nur einen Tag des Atemholens nach den Schrecken, seine Aufgabe im Dienste des christlichen Volkes weiter, der ihm stets vor allem andern ging.

Diese Panzerautos, erzählt die Polizeidirektion, »sind mit schußsicheren Panzerplatten gewappnet und beherbergen zwei bis vier Maschinengewehre und zehn bis zwanzig mit Gewehren ausgerüstete Polizisten in ihrem Innern«. »Nur die Mündungen der Gewehre und der Maschinengewehre blinken aus dem Panzer hervor.«

Die Stunde:
Polizeipräsident Schober gab schließlich seiner Überzeugung Ausdruck, daß die Polizei seit Freitag abends die Lage mit Sicherheit beherrsche. Bisher seien erst ungefähr 600 Polizisten mit Karabinern bewaffnet worden, und schon diese Zahl habe genügt – – Die Zahl der bewaffneten Polizisten könne ohne weiters auf 10 000 gebracht werden, doch werde sich nach der gegenwärtigen Sachlage hiezu schwerlich eine Notwendigkeit ergeben.

Arbeiter-Zeitung:
– – Die Herren Emmerich Bekessy und Alexander Weiß sind der Typus dieser »modernen« Journalistik, die es zuwege bringt, daraus ihr eigentliches Geschäft macht, die Synthese zwischen Sensation und Erpressung herzustellen... Auch in der Nachkriegszeit waren die großen bürgerlichen Zeitungen zur Stelle, und ihre Beherrscher haben sich immer für die eigentlichen Tragsäulen der Wiener Presse gehalten; aber in einer bestimmten Zeit, in der Zeit eben, da sich das Urteil über die Wiener Presse bildete, waren es doch die zwei Revolverjournalisten, die den Ton angaben. Man glaube nun ja nicht, daß der Ruf der Presse einer großen Stadt unversehrt bleibt, wenn Revolverjournalisten ihre Wortführer sein können. Wien, wenn man seine Presse betrachtet, bleibt doch die Stadt, die einmal zwei Revolverjournalisten in Bann gehalten haben, und danach schätzt man dann das, was man öffentliche Meinung nennt, in Wien eben ein.

– – Das Gespräch wurde ausschließlich mit dem Polizeipräsidenten geführt; sonst war niemand dabei... Nur das Revolverblatt des Alexander Weiß konnte über die Besprechung, und zwar schon am andern Tage, einen Bericht bringen; von welcher Seite konnte es von dem Stattfinden und von dem Inhalt der Besprechung Kunde erhalten haben?... In allen jenen Tagen dürften diese Besprechungen die einzigen gewesen sein, welche sozialdemokratische

Abgeordnete mit dem Polizeipräsidenten gehabt haben: von beiden hat das Revolverblatt Kenntnis erhalten.... sind wir danach nicht berechtigt, zu sagen, »daß über Gespräche, die sozialdemokratische Abgeordnete mit dem Herrn Polizeipräsidenten gehabt hatten, Mitteilungen an das Revolverblatt des Alexander Weiß gelangt sind«? ... Die Verbindung der Polizeidirektion mit den Revolverblättern steht also fest...

– – Auf die Frage, ob sie sich schuldig bekenne, antwortete die Angeklagte: »Ich weiß von gar nichts mehr. **Ich wurde auf der Polizei derart geschlagen, daß ich überhaupt nichts mehr weiß. Mir ist das Blut aus Mund und Nase geströmt,** dann bin ich drei Tage bewußtlos gelegen.«
Richter: Haben Sie eine Anzeige wegen der behaupteten Mißhandlungen erstattet?
Angekl.: Nein. Ich wurde ja eingesperrt. Und **wie sollte ich das denn beweisen?** Ich wurde ja ganz blöd geschlagen. Ich habe unzählige Ohrfeigen abgefaßt.

Ein schwerverwundeter Arbeiter ist zu uns gekommen und hat uns erzählt, wie es ihm erging. Er lief, mitten in einem Haufen fliehender Menschen eingekeilt, durch die Mariahilferstraße, wo ebenfalls geschossen wurde, gegen den Ring. Auf einmal sah er, in einem Haustor versteckt, einen Polizisten, der das Gewehr gegen ihn anlegt; ein Schuß krachte, der Mann war getroffen, sein linker Arm zerschmettert. Einige Arbeiter wollten ihn zur Sanität führen, aber die Polizei bemächtigte sich seiner und schleppte ihn in die Wachstube auf dem Schillerplatz. Dort trat ein Inspektor dem Schwerverletzten entgegen und schrie ihn an: »Sie waren ja auch dabei!« – »Ich bin nur gelaufen, ich habe nichts gemacht!« erwiderte der Mann; anstatt einer weiteren Antwort fiel man über ihn her und **schlug ihn ins Gesicht,** so daß er vor Schmerzen weinte. Dann schrieb man seinen Namen auf und warf ihn mit Fußtritten über einige Stufen hinab, hinaus auf die Gasse. Ein andrer, der eingeliefert worden war, wurde mit Füßen getreten und mißhandelt.

Das Grand Hotel teilt mit: Wir legen das größte Gewicht darauf, Ihnen mitzuteilen, daß die höchst bedauerlichen Ereignisse, die, wie auch in anderen Staaten, diesmal bei uns von den Kommunisten planmäßig in Szene gesetzt wurden, auf die Sicherheit und Bequemlichkeit der ausländischen Gäste in den Hotels von gar keinem Einfluß gewesen sind, was Sie durch Rundfrage selbst feststellen können. Wir bitten Sie daher im Interesse unseres Landes und im Interesse des Reiseverkehrs, dies in Ihrem Blatte ausdrücklich feststellen zu wollen, wofür Ihnen die ohnedies in Mitleidenschaft genommene ganze Öffentlichkeit zu tiefstem Dank verpflichtet sein wird.

Ein Oberbeamter der Versicherungsgesellschaft Phönix berichtet: – – Vor der Bellariastraße ließ der Herr die Abteilung halten, trat an die rechte Seite der Schwarmlinien und kommandierte, ohne daß irgendein Grund vorhanden war, Feuer. Die Wachmannschaft gab mehrere Salven ab. Die Wirkung dieser Gewehrsalven war entsetzlich. Ich betone nochmals, daß zu diesem wahnsinnigen Feuer gar kein Anlaß bestand. Ich lege deshalb so großen Wert auf diese Feststellung, weil der reichsdeutsche Herr von der ›Neuen Freien Presse‹, den Sie sehr richtig als Ordnungsbestie bezeichneten, von einer Bedrohung der Wache bei der Bellaria faselte. – – Eine Frau, die ich ganz fassungslos im Stadtschulratsgebäude traf, erzählte, sie sei von einem Wachmann angerufen worden, sofort in das Haus zu gehen, sonst schieße er. Sie konnte das Tor nicht öffnen, vielleicht war es gesperrt, vielleicht versagten ihre Hände. Der Wachmann

schoß, traf aber zum Glück nicht die herzkranke
Frau, die zusammenstürzte und dann gelabt werden
mußte.

Herr Fritz Brestan schreibt: In der Arbeiter-Zeitung wurde
der Name des Kommandanten (Franz Schuster)
genannt, der die Polizeiabteilung befehligte, die am 15. d.
gegen ¾7 Uhr abends die Lastenstraße gegen die Babenbergerstraße abzuriegeln hatte. Ich war Zeuge, wie diese Abteilung ohne jeden Grund in Passanten brutal und ohne
jede Warnung hineinschoß, worauf drei Männer
tot oder schwer verletzt liegen blieben. – – Ich habe
gesehen, daß der Kommandant, obwohl er von den Passanten mindestens dreihundert Meter entfernt und der Raum
dazwischen leer war, durch Gesten und wahrscheinlich auch
durch Kommandoworte den Befehl zum Schießen
gab, worauf seine Leute ganz gemütlich, langsamen
Schrittes vorgehend, in die aus nicht mehr als 150 Menschen
bestehende Zuschauermenge hineinschossen. Einige schossen hoch, einige in spitzem Winkel aufs Pflaster und einige
geradeaus in die flüchtende, nichts ahnende Menschenmenge.

Feuerwehrleute, die bei der Löschaktion in der Lichtenfelsgasse Dienst machten, schreiben: – – Ein junger Schutzbündler, der im Vertrauen darauf, daß er der Feuerwehr bei
der Rettungsarbeit geholfen hatte, stehengeblieben war, hob
zum Zeichen seiner friedlichen Absicht, als die Polizei heranstürmte, beide Hände hoch. Sieben Polizisten
schlugen mit ihren Gewehrkolben auf ihn ein,
bis er liegen blieb. Dann schossen sie ins
Rathaus hinein, weil hinter dem Gittertor einige Menschen »Pfui!« gerufen hatten.

Ein Chauffeur erzählt: Freitag zwischen ¼5 und ½5 Uhr
ging gegenüber dem Stadtschulratsgebäude Polizei in
Schwarmlinie vor. Die wenigen Leute flüchteten und deck-

ten sich, so gut es ging. Zwei Wachleute nahmen **einen hinter einem Baum gedeckt stehenden Mann** aufs Korn und **schossen ihn nieder**. Man hatte den Eindruck, als ob die Wachleute sich aus dem Beschießen der Menschen ein Theater machten, denn nachdem der Mann zusammengebrochen war, rief ein Polizist mir, der ich mit meinem Auto hinter der Schwarmlinie stand, zu: »**Dort liegt aner, holts euch ihn! – –**«

– – Wenn wir das einmal erreichen, dann wird vielleicht auch so manchem von Ihnen zum Bewußtsein kommen, daß am entscheidenden Freitag, am 15. Juli des Jahres 1927, zur Herbeiführung wirklich geordneter Zustände in unserem Österreich die Polizei **wacker und treu beigetragen** hat. (Lebhafter, anhaltender Beifall und Händeklatschen rechts. Der Vizekanzler wird beglückwünscht.)

Neue Freie Presse:
– – Der Bericht, der erste, **wirklich authentische** über den Verlauf der Unruhen – –

Vizekanzler Hartleb: »**Sie werden niemandem weismachen, daß Wachleute vom Auto aus geschossen haben!**«

Ein Reisender schreibt: – – Plötzlich wurde ein zweites graues Auto sichtbar, auf dem nur ein Chauffeur und ein Zivilist vorn saßen. Es war ein sogenannter Schubwagen, kastenförmig, geschlossen. Die Menge legte diesem Auto keine weitere Bedeutung bei, da es ganz harmlos schien. Plötzlich stellte es sich schräg über die Straße, rückwärts wurde eine Tür sichtbar, die eine **mit Eisenstäben vergitterte Öffnung** zeigte. Plötzlich gellen **scharfe Schüsse – ohne vorherige Warnung!** Mehrere Salven werden aus dem Innern dieses Wagens – an den Eisenstäben des Gitters vorbei – abgefeuert. Verwundete und Tote liegen auf der Straße. Nach diesen Schüssen saust das Auto wieder weiter in der Richtung zum Parlament.

Ein Arbeiter schreibt: Ich war Freitag vormittag durch einen Zufall in der Nähe des Justizpalastes und habe dort manche herzzerreißende Szene miterlebt. Für zwei Uhr nachmittags hatte ich mit meiner Frau eine Verabredung bei der Bellaria. Ich traf sie vor dem Stadtschulratsgebäude, wo sich eine Sanitätsstation befand. Eben trug man einen Schwerverletzten auf einer Tragbahre herbei. Meine Frau, die während des Krieges Pflegedienst versehen hatte, sprang hilfsbereit hinzu, um ihre Kenntnisse zur Verfügung zu stellen. In demselben Moment aber kamen vom Schwarzenbergplatz her im schnellsten Laufschritt Polizisten mit Gewehren, und obwohl hier gar kein Auflauf war, ja nicht einmal Rufe gegen die Polizeimannschaft ausgestoßen wurden, begann diese eine wilde Schießerei. Vergeblich suchten die Leute der Sanitätsstation, die durch ein rotes Kreuz kenntlich gemacht war, mit Zurufen und Händehochheben die Polizisten zu besänftigen, diese schossen aber wie toll just in die Station hinein. Eine wilde Panik entstand. Ich wurde von meiner Frau weggerissen und fand gerade noch hinter einer Säule Deckung. Das letzte, was ich von meiner Frau sah, war, daß sie sich über einen Verwundeten beugte.
Als sich der Feuersturm verzogen hatte, kam ich wieder hervor und hielt Ausschau nach meiner Frau. Ich fragte einen mir bekannten Genossen, der beim Stadtschulratsgebäude Dienst hatte, ob er denn nichts von meiner Frau wisse. Der aber gab mir eine ausweichende Antwort. In qualvoller Angst fuhr ich darauf in meine Wohnung in die Simmeringer Hauptstraße Nr. 201. Meine Frau war nicht zu Hause! Ich kehrte wieder um und fuhr zurück zur Bellaria. Nichts zu sehen von meiner Frau. Viermal machte ich den Leidensweg Bellaria–Simmeringer Hauptstraße Nr. 201 und

immer wieder zurück und immer wieder vergeblich! Was dann folgte, war die entsetzlichste Nacht meines Lebens.
Am nächsten Vormittag ging ich ins Allgemeine Krankenhaus. Es waren 48 Tote dort, unter ihnen eine einzige Frau. Diese Frau war die meine. Hier also fand ich sie wieder, hier also fand ich die fürchterliche Wahrheit.
Später erzählte mir der Genosse, den ich am Abend vorher nach meiner Frau gefragt hatte, daß er mir aus Mitleid die schreckliche Nachricht verschwiegen habe. Gerade als sie sich über den Verwundeten geneigt habe, sei die tödliche Kugel gekommen und habe ihr den Hinterkopf zerschmettert.
Wer soll nun all das Leid tragen? Ich muß für ein achtjähriges Kind leben – sonst folgte ich sofort meiner armen Frau in den Tod.

  Mit Freundschaft Ihr unglücklicher
          Franz Bolzer.

Neue Freie Presse:
Wenn man selbst zugeben würde, daß einzelne Verfehlungen vorgekommen sind, was aber bisher durch nichts bewiesen ist, selbst dann müßte man doch sagen – –

... der Walzer »Du mein Herz«, der wertvollste Einfall der Operette, ein richtiges Heurigenlied »So a Wein«, der vergnügt wirbelnde Marsch »San m'r lustig« und der Polkaschlager »So ein kleines Tanzerl«. Das alles ist stellenweise erfrischend und animierend wie ein Feingespritzter...

Jetzt genügt der Blick auf die Esplanade, in zwei oder drei Kaffeehäuser und zum berühmten Zuckerbäcker Zauner, um Ischl komplett beisammen zu haben. Alle seit vier Wochen wegen Schönwetters abgesagten Rommypartien sind bereits wieder in Gang. Librettisten halten Konzilien ab. Theaterdirektoren verkünden ihre winterlichen Aktionsprogramme und lassen sich dazu noch einen Indianerkrapfen geben. Und majestätisch tosend fährt das neueste Auto eines Operettenhierarchen vor.

Der Schlager:
    So ein Weiberl, zum Küssen, pickfein,
    Und dazu noch ein gut's Glaserl Wein,
    Sodann noch ein Braterl, ein feines,
    Vom hintersten Teile des Schweines.
    Dann ein Backhenderl, nur nicht zu klein,
    Und dann wieder ein gut's Glaserl Wein,
    Ein herziges Fußerl, ein saftiges Busserl,
    Ein bisserl a Geld!
    Nur so sieht man immer im rosigen Schimmer
    Die schöne Welt.

Bericht der Untersuchungskommission des Gemeinderates:
– – Achtundachtzig Todesopfer sind zu beklagen, unter ihnen auch Frauen. Zeugenaussagen berichten von furchtbaren Szenen außerhalb des eigentlichen Schauplatzes der Demonstration. So wurde zeitlich nachmittags das Dienstgebäude Babenberg der Straßenbahn beschossen, während Mannschaft dort im Dienste war. Eine kleine Gruppe neugieriger Menschen wurde um ½8 Uhr abends Ecke Eschenbachgasse und Gumpendorferstraße angeschossen. Wache legte dort das Gewehr zum Schießen selbst auf die Leute an, die einen Toten forttragen wollten. Vor 5 Uhr nachmittags wurde bei der Goethegasse geschossen, ohne daß es dort eine Demonstration gegeben hätte. Gegen ½6 Uhr gab es Schüsse beim Schottentor. Um 7 Uhr abends wurde die Mariahilferstraße hinauf geschossen, ohne daß von einer Bedrängung der Wache gesprochen werden konnte. Um 4 Uhr nachmittags geriet ein Auto mit Sanitätszeichen, das zwei verwundete Frauen in das Wiedener Krankenhaus

bringen sollte, vom Museum her in Gewehrfeuer. Zwei Sanitäter wurden verwundet, eine der Frauen getötet. Gegen 7 Uhr gab es bei der Kreuzung der Siebenstern- und Stiftgasse eine Schießerei. Gegen 3 Uhr wurde von der Lerchenfelderstraße in die Langegasse auf die Passanten geschossen. Um ½ 7 Uhr schoß Wache vom Getreidemarkt gegen die Gumpendorferstraße. Einigen wenigen Leuten, die »Pfui!« riefen und sich in die Fillgradergasse flüchteten, wurde noch nachgeschossen. Fliehenden Leuten wurde über die Rahlstiege nachgeschossen. In das Deutsche Volkstheater wurde hineingeschossen. Gegen Mitternacht wurden bei der Stafa wegen Pfuirufe drei Salven gegen den Gürtel abgegeben. Nach 2 Uhr nachmittags wurde die Menge, die auf der Bellaria stand und aus der Pfuirufe ertönten, beschossen. In der Babenbergerstraße wurde auf kleine Menschengruppen geschossen. In der Universitätsstraße schoß Wache auf eine fliehende Menge. Auf dem Ring wurde gegen 7 Uhr auch in der Richtung Oper geschossen, obwohl nur wenig Menschen auf der Straße waren. Um etwa 9 Uhr abends gab es eine Salve gegen die Paulanerkirche zu, um 8 Uhr abends von der Sezession her auf den fast menschenleeren Naschmarkt. In der Lerchenfelderstraße und in der Lichtenfelsgasse wurde wiederholt geschossen, auch wenn nur wenig Menschen auf der Straße standen. Ecke Hütteldorferstraße und Breitenseerstraße kam es Samstag den 16. Juli abends zu einer Schießerei. Daß bei so vielen schießenden Abteilungen die Menschen auch in ein Kreuzfeuer gerieten, ist nicht verwunderlich. Solche entsetzliche Fälle werden berichtet, als das Schießen vor dem Justizpalast begann, dann auch von der Gegend Universitätsstraße und Ebendorferstraße zwischen 5 und 6 Uhr, aus der Gegend Herrengasse und Mölkerbastei um ungefähr 7 Uhr. Daß bei solchem Schießen auch Verwundungen von Wachleuten durch Schüsse der Wache entstanden sein können, ist klar.

Eine Frage, die die Kommission darüber an die Polizeidirektion gestellt hat, ist **unbeantwortet** geblieben. Als besonders schrecklich wird geschildert, daß die Wache **aus fahrenden Autos auf die Straße schoß**. Dies wird von der Opernkreuzung zwischen 5 und 6 Uhr nachmittags, von der Babenbergerstraße um ¾4 Uhr, von der Ottakringerstraße am 16. Juli um ½4 Uhr nachmittags berichtet. Die Polizeidirektion wurde, da derlei Fälle in ihrem Bericht nicht erwähnt sind, darüber befragt. Auch auf diese Frage wurde **die Antwort verweigert**. Einige Beobachter sagen, daß die Straßen nicht abgesperrt wurden und immer wieder, sobald Menschen angesammelt waren, **geschossen** wurde.

Daß es dabei auch zu Akten der Grausamkeit, begangen von einzelnen, gekommen ist, wird von mehreren Zeugen berichtet. Krasse Fälle: Auf einen **niedergestürzten Studenten** (neben dem Volkstheater) legt ein Wachmann das Gewehr **auf zwei Meter Distanz** an; der Schuß geht nicht los, offenbar ist kein Magazin mehr im Gewehr. Da haut er mit **Kolbenhieben auf den Hinterkopf des Studenten** so, daß dieser mit dem Kinn auf das Pflaster aufschlägt. Selbst ein **Auto der Rettungsgesellschaft**, das durch die Lerchenfelderstraße fuhr, wurde, obwohl der Lenker vorher die Wache fragte, ob er passieren könne, **beschossen**. Nach der Säuberung der Bartensteingasse stellte sich **ein einzelner Mensch** mit ausgebreiteten Armen auf den Sandhaufen Ecke Stadiongasse. Er wurde nicht weggejagt, sondern **erschossen**. Beim Anzengruber-Denkmal war ein **einzelner Mensch**, der dort Deckung suchte. Von der Ecke des Parlaments her **zielte** ein Wachmann auf ihn; **von den drei Schüssen traf ihn einer**. Vor dem Stadtschulratsgebäude wurde **eine Frau, die sich als ehemalige Krankenpflegerin über einen Verwundeten beugte, erschossen**.

Der Polizeibericht erklärt ganz allgemein »die Behauptungen, daß vielfach Gewehrschüsse in ruhige, ja sogar flüchtende Demonstrantengruppen abgefeuert worden wären«, für unrichtig. Alle diese Aussagen, die der Kommission vorlagen, wurden der Polizeidirektion zur Äußerung übermittelt. Sie verweigerte die Antwort darauf, versprach allerdings, selbst untersuchen zu wollen, ob es schuldtragende Organe gibt, die zur Verantwortung zu ziehen wären.

»– – Die Sache steht nun so, daß der Tag, der ein Urteilstag über die Wiener Polizei werden sollte, ein Ehrentag für die Polizei, für den Polizeipräsidenten und für den Bundeskanzler geworden ist.« (Stürmischer Beifall.)

Bericht der Untersuchungskommission des Gemeinderates: Geradezu sonderbar ist, wie der Polizeibericht den Abschluß dieses Ereignisses schildert: »– – Die Sicherheitswachebeamten mußten hierbei, da sie ihre Revolvermunition bereits verschossen hatten und daher wehrlos waren, Zivilkleider anlegen, um nicht erkannt zu werden und der sinnlos wütenden Menge zum Opfer zu fallen.« Woher bekamen die dreißig Wachleute die Zivilkleider? Der Polizeibericht erwähnt nicht mit einem Wort... die heldenhafte Aktion des Schutzbundes zur Rettung der in der Verbrennungsgefahr befindlichen Wachleute im Justizpalast, er spricht kein Wort darüber, daß die Schutzbündler ihre Kleider hergaben, um die Wachleute gegenüber einer wutentbrannten Menge unkenntlich zu machen, und sich dafür selbst Prügel und Verwundungen holten. Der Polizeibericht weiß nichts von dem umfassenden Sanitätsdienst zu berichten, den die Schutzbundabteilung eingerichtet hatte und der Dutzenden Wachleuten... zugute gekommen ist, manchen vielleicht das Leben gerettet hat... Er weiß nichts darüber zu berichten, daß diese Sanität auf Bitten der Wache zweimal zum brennenden

Justizpalast vordrang, um verwundete Wachleute zu bergen. Er weiß nichts davon, daß sechs Wachleute von diesen Elektrizitätsarbeitern vor der Wut der Menge gerettet wurden, indem sie ihnen ihre Monturen und Kappen gaben. Der Polizeibericht weiß nichts davon, daß Polizeiabteilungen auf Schutzbundketten, die im Dienste der Ordnung zum Beispiel den Justizpalast absperrten oder die Stadiongasse abriegelten, geschossen haben. Er weiß nichts davon, daß elf Schutzbündler am 15. Juli in Ausübung ihrer Pflicht den Tod gefunden haben... zum Beispiel der Fall des Ordners Bezpalec, der beim Justizpalast einen durch Schläge halb bewußtlosen Wachmann zum Wachkordon brachte und, als er sich umdrehte, um zurückzugehen, zwei Schritte entfernt, durch einen Schuß so schwer verletzt wurde, daß er an der Verwundung starb. Der Polizeibericht weiß nichts davon, daß einer der fünf Schutzbündler, die mittags den Eingang des Hauses Lichtenfelsgasse, in dem die ausgebrannte Wachstube ist, bewachten, von heranrückender Sicherheitswache mit Kolbenhieben derart mißhandelt wurde, daß er zweimal zu Boden sank. Der Polizeibericht weiß nichts darüber, daß ein Schutzbündler, der der Feuerwehr geholfen hatte, Wachleute in der Lichtenfelsgasse in ein Nachbarhaus hinüberzubringen, um sie vor der Wut der Menge zu retten, hinterher, um 3 Uhr, als einzelner, auf der Straße stehender Mann mit Kolbenhieben traktiert wurde, bis er liegen blieb. Es ist sehr bedauerlich, daß die Polizeidirektion ihren Bericht für ausreichend hält, obwohl er dringend der Ergänzung und Richtigstellung bedarf.

»– – Die gesamte Bevölkerung straft Sie Lügen und ist der Bundesregierung und der Polizei bis ins Innerste des Herzens dankbar.« (Stürmischer Beifall und Händeklatschen. – Redner wird beglückwünscht.)

Ich bin kein Sozialdemokrat. Schon gar nicht bin ich ein Freund des Bolschewismus. Wenn ich aber die nachstehen-

den Erlebnisse mitteile.. so geschieht dies als flammender Protest gegen die einseitige Darstellung des Verhaltens der Bundeswachmannschaft, wie solche von der Polizeidirektion Wien, der Regierung und in den bürgerlichen Wiener Blättern produziert wird.
Ich kann nachstehende Erlebnisse auch als Zeuge vor Gericht bestätigen und stehe keineswegs allein!
– – Es herrschte keine gefährliche Stimmung. Plötzlich schoß die Wache ohne jeden Anruf, ohne jede Warnung in die angesammelte Menschenmenge. Alles flüchtete. Erst jetzt erschollen Pfuirufe und Rufe wie »Mörder« aus der Volksmenge. Es fielen verwundete Männer und Frauen. Jeder Hilfsversuch scheiterte am Salvenfeuer der in Schwarmlinie quer über die Straße nach Kosakenmanier vorgehenden Wache, die in den Rücken der Fliehenden wiederholt mehrere Salven abgab. Es gelang mir, in das Deutsche Volkstheater zu flüchten... Ohne daß irgend jemand Anlaß dazu gegeben hätte, gab die Wache auch mehrere Salven gegen uns in das Deutsche Volkstheater ab. Solcherart aus dem Deutschen Volkstheater vertrieben, liefen ich und andre in der Richtung Mariahilferstraße. Die Polizei schoß hinter uns drein. Viele Leute flohen über die von der Mariahilferstraße hinüberführende Stiege. Die Polizei schoß auch dorthin. Wieder fielen viele Verletzte! Ich und einige andre liefen weiter, in eine der Quergassen. Nun machte die Wache Front und feuerte uns in die rettende Seitengasse mehrere Salven nach. Schließlich gelangte ich zum Ring... Und abermals schoß die Wache ohne Anruf, ohne Warnung... Plötzlich kommt vom Kärntnerring ein Polizeiauto im schärfsten Tempo gefahren. Die Wachleute schießen nach allen Richtungen. In der Nähe der Tramwayhaltestelle fällt eine Frau, die dort neben einem Herrn stand. Solch mörderisches Vorgehen erfordert eine strenge Untersuchung und Sühne.

Oesterr. Automobilklub
Wien I. Kärntnerring Nr. 10

Wien, den 20. Juli 1927.

Hochverehrter Herr Präsident!
Die unter Ihrer Leitung stehende Bundespolizei hat in den Tagen des 15. und 16. Juli die härteste Probe seit den Tagen der Republik bestanden.
Recht und Verfassung dieses schwer um seine Existenz ringenden Staates wurden allein durch beispielgebende Pflichterfüllung und Opfermut der Beamten unserer Polizei geschützt und erhalten. Dankbar und stolz blickt jeder aufrechte Patriot auf jene Männer, welche solche Charakterstärke zu einer Zeit bewiesen haben, in welcher die Achtung für ideelle Werte so sehr ins Wanken geraten ist.
– – Der Oesterreichische Automobilklub hat sich durch die Zeichnung von fünftausend Schilling an die Spitze gestellt.
– – Er ist sich jedoch bewußt, damit weder seine Dankesschuld abgetragen noch eine im Vergleich zur Größe der vollbrachten Tat nennenswerte Leistung geboten zu haben. Ideelle Taten können mit materiellen Gütern niemals verglichen werden – –
Die wahrhafte Anerkennung der Bevölkerung kann den Beamten der Bundespolizei nur das herzliche und freudige Empfinden bringen, mit welchem die Gutgesinnten unserer jungen Republik fortan jedem einzelnen unserer Bundespolizei begegnen werden, die tiefe Hochachtung, welche nunmehr im höchsten Ausmaß Ihren Organen entgegengebracht werden wird.
Wir entbieten Ihnen, hochverehrter Herr Präsident, als dem vornehmsten Vertreter einer Körperschaft, welche keine Grenze der Pflichterfüllung kennt, die aufrichtigste Verehrung, mit welcher zeichnet

Das Präsidium des Oesterreichischen
Automobilklubs.

Branddirektor Anton Wagner:
Jetzt, als wir mit Hilfe der Stadträte bereits weit genug vorgedrungen waren und mit der Löscharbeit beginnen wollten, ertönten auf einmal von allen Seiten Gewehrsalven. Es entstand eine fürchterliche Panik; die Feuerwehrleute und die Geräte wurden vielfach überrannt. In unseren Geräten fanden wir dann nachträglich unzählige Einschüsse. Von den Löschmannschaften ist durch einen glücklichen Zufall niemand verletzt worden. Ich selbst erhielt von einem Geller einen Streifschuß am Stiefel. – –

Bericht der Untersuchungskommission des Gemeinderates:
– – Dieser Darstellung der Polizeidirektion stehen Aussagen entgegen, die feststellen, daß es nach allerdings sehr großen Anstrengungen des Schutzbundes bereits gelungen war, der Feuerwehr den Weg zu bahnen, und eben mit der Löscharbeit hätte begonnen werden können, als die erste Salve krachte. Der Löschwagen der Feuerwehr wurde selbst beschossen und zeigte Einschläge. Was die zweite Begründung für das Schießen anlangt, daß die Gefahr des Verbrennens der Wachleute im Justizpalast nicht anders abgewehrt werden konnte, so steht dem die entschiedene Aussage vor allem des Generals Körner entgegen, daß die Wachleute bereits in Sicherheit gebracht waren, als das Schießen begann. Er selbst hat es dem Kommandanten einer schießenden Wacheabteilung zugerufen, nachdem eine Salve vorüber war. – –

– – General Körner verwies in seiner Aussage auf das Bild einer schießenden Wacheabteilung, das in der »Woche« vom 30. Juli abgedruckt war, und schilderte, was auf diesem Bild zu sehen ist: Da steht ein Rudel von zwanzig Mann, wobei ein Soldat von jedem sagen kann, daß man dem Mann kein Gewehr in die Hand geben soll. Der eine hält es so, als ob der Verschluß verrostet wäre; der

andere so wie eine Jagdflinte; der dritte hat das Gewehr
fertig; der vierte hat den Lauf nach aufwärts. Der fünfte hat
es am Bauch und beim Fuß, zwei Rückwärtige haben es
geschultert, der rechts rückwärts hält den Lauf genau auf
den Vordermann. Das heißt man Fertignehmen. Das Fertignehmen sieht man, aber daß keine Menge vor ihnen
ist, sieht man auf den ersten Blick. Warum die Leute fertig
nehmen, ist unerklärlich.
Ich habe es später beim Herübergehen gesehen, wie schon
die Menge gelaufen ist, und hatte genau denselben Eindruck:
das ist eine Horde, ein Rudel, und ich habe mich vorn
hingestellt und habe gesagt, das ist ein Wahnsinn...
Wenn man zwanzig Mann so einsetzt, muß man sie in zwei
Glieder ordnen, sie müßten Bajonett auf haben und ordentlich vormarschieren, dann würde die Menge ohne Schuß
laufen. Aber das war ein Rudel, das gejagt hat,
das nichts vor sich gehabt hat, und ich alter Soldat habe vor
Empörung aufgeschäumt. Ich habe gesagt, das ist Feigheit
von den Leuten, zu schießen. Ich habe vor innerer Wut
gezittert.

Der Bundespräsident hat einer Reihe von Funktionären der
Polizeidirektion sowie zahlreichen Mitgliedern der Sicherheitswache Auszeichnungen verliehen. Die feierliche Über-
reichung der Dekorationen erfolgte gestern im Beisein zahlreicher Festgäste im Hofe der Sicherheitswachkaserne in der
Marokkanergasse durch den Polizeipräsidenten Schober, der
folgende Ansprache hielt:
»Die Haltung der Wiener Polizei in den Tagen des 15. und
16. Juli 1927 hat eine verschiedene Beurteilung
erfahren: Auf der einen Seite stehen diejenigen, die mit der
Polizei unzufrieden waren und sie angreifen, auf der anderen
Seite steht die Majorität der Bevölkerung Österreichs, die in
rührender und in zum Herzen sprechender Weise der Wiener Polizei ihren Dank zum Ausdruck gebracht hat. Tau-
sendfach sind die Spenden von je 1 S, den der
Geschäftsdiener, die Hausgehilfin in der Polizeidirektion

hinterlegt, bis zu den Millionen der Reichen, die auf diese Weise der Polizei ihren Dank abstatten wollen dafür, daß sie in diesen Tagen, ohne viel zu fragen, ihre Pflicht erfüllt hat! – – Was den Tadel und die Beschimpfungen anbelangt, habe ich sie mit Ihnen geteilt. Was die Anerkennungen anbelangt, weise ich sie für meine Person zurück; es war nur das Verdienst der Polizei, daß sie ihre selbstverständliche Pflicht in diesen Tagen erfüllt hat, wie sonst! – –
Und nun hat sich auch der Herr Bundespräsident entschlossen, Ihnen Auszeichnungen zu verleihen. – – Betrachten Sie die Auszeichnung nicht als eine Auszeichnung für Ihre Person, sondern denken Sie, daß jeder seine Auszeichnung für 150 andere trägt, für 150 andere brave Männer, die Auszeichnung des höchsten Repräsentanten des deutschen Volkes in Österreich. Ich will wieder ein Zitat anwenden:
›Das wahre Glück, o Menschenkind, o glaube doch mitnichten,
Daß es erfüllte Wünsche sind – es sind erfüllte Pflichten!‹
Und in diesem Sinne wollen wir heute wieder geloben, daß das deutsche Volk in Österreich, daß seine Bevölkerung keinen festeren Hort hat als die Wiener Polizeidirektion. – – Und daß dem immer so sei, das walte Gott!«

Die Liste der Dekorierten.

Es wurde verliehen: das große silberne Ehrenzeichen in Email für Verdienste um die Republik Österreich den wirklichen Hofräten Wladimir Tauber, Dr. Albert Tauß und Dr. Bernhard Pollak; – –
das goldene Ehrenzeichen für Verdienste um die Republik Österreich den Oberpolizeiräten ...;
das silberne Ehrenzeichen für Verdienste um die Republik Österreich den Polizeiräten ... Dr. Anton Kraft ... sowie den Sicherheitswacheoberinspektoren erster Klasse ... Anton Strobl ...;

das goldene Verdienstzeichen der Republik Österreich den Polizeioberkommissären ...;
das silberne Verdienstzeichen der Republik Österreich den Sicherheitswacheoberinspektoren ... Franz Schuster ...;
die goldene Medaille für Verdienste um die Republik Österreich den Sicherheitswacheabteilungsinspektoren ...;
die große silberne Medaille für Verdienste um die Republik Österreich den Sicherheitswachebezirksinspektoren ...;
die silberne Medaille für Verdienste um die Republik Österreich den Sicherheitswacherayonsinspektoren ...

Berliner Tageblatt, 31. Juli:
Von einem **süddeutschen Polizeifachmann**, der die Wiener Verhältnisse aus eigener Anschauung kennt, wird uns geschrieben: »Die Toten von Wien .. sind in erster Linie die Opfer einer **mangelhaften Polizeiorganisation**. Die Wiener Tage haben bewiesen, daß die Polizei der österreichischen Hauptstadt zu den **mittelalterlichsten Einrichtungen** gehört. Der internationale Polizeikongreß, der vor einigen Jahren in Wien abgehalten wurde und der die modernsten Polizeimänner Europas in Wien sah, ist praktisch für Wien ohne Bedeutung geblieben. – –
Die Wiener Vorgänge aber haben bewiesen, daß der Grund für das Versagen der Polizei, denn es war **ein Versagen auf der ganzen Linie**, nicht in der gesetzmäßigen Verteilung der Machtbefugnisse, sondern in dem Fehlen einer auf die Bedürfnisse einer Großstadt zugeschnittenen Organisation liegt. – –
Die Mängel sind augenfällig. – –
Alle europäischen Hauptstädte, die sich in Zeiten der Gefahr nicht auf das Militär verlassen, haben ihre besonderen Organisationen, die auf die Kontrolle großer Massenbewegungen abgestimmt sind. Der leitende Gedanke dabei ist: **Möglichst wenig Blut vergießen**. Dieser Überlegung aber kann nur auf folgende Weise gedient werden: – – Weil

man in Wien eine solche Organisation nicht kannte, eine
Organisation, die sich des hochwertigsten technischen
Materials und der hochwertigsten Beamten bedient, darum
hat man jetzt die hundert Todesopfer zu beklagen.
Daß man in Wien über alle organisatorischen Fehler hinaus
auch noch die Polizei mit sogenannter **Übungsmuni-
tion** versorgte, die eine **dumdumgeschoßähnliche
Wirkung** hatte, das spielt bei dieser Erörterung nur noch
eine untergeordnete Rolle. (Man kann dazu nur noch
bemerken, daß man in Deutschland diese Art von Halbman-
telgeschossen überhaupt nicht kennt und gebraucht. – –)
Soll ein moderner Polizeiapparat, wie er oben beschrieben,
auch wirklich funktionieren, so ist notwendig, daß die in
den hohen Alarmzeiten in Aktion tretende Polizeitruppe
eine andere ist als diejenige, die den gewöhnlichen, den
Publikumsdienst ausübt. – –
– – Aus meiner genauen Kenntnis der reichsdeutschen Poli-
zeieinrichtungen, glaube ich mit Bestimmtheit sagen zu
können, daß man eine Revolte vom Umfang der in Wien
vorgekommenen mit einer geringen Zahl von Toten hätte
unterdrücken können. **Als einen Erfolg für die
Polizei** aber kann man den Ausgang eines solchen, ja
manchmal unvermeidlichen Zusammenstoßes **nur dann
ansehen, wenn überhaupt kein Todesopfer** zu
beklagen ist.«

Wir veröffentlichen diese hochinteressanten Äußerungen
eines Mannes, dessen Sachkenntnis außer Zweifel steht...
jetzt erst, nachdem es feststeht, daß nicht durch eine parlamentarische Untersuchung wirkliche Klarheit über die Vorgänge in Wien erzielt werden wird. Wir verhehlen nicht, daß
wir die Ablehnung eines parlamentarischen Untersuchungs-
ausschusses für einen **schweren politischen Fehler**
halten. In Deutschland wäre diese Verweigerung durch die
parlamentarische Mehrheit überhaupt nicht möglich – – In
Österreich ist dem nicht so, und die Mehrheit will die
Untersuchung der polizeilichen Fehler der Polizei selbst

überlassen, ein Verfahren, das unmöglich zu einem befriedigenden Resultat führen kann. Man kann auch nicht verhehlen, daß die uneingeschränkten und von vornherein ausgesprochenen Vertrauenskundgebungen für die Polizei nach einem solchen Blutbad geradezu Befremden erregen müssen. Auch der Laie muß ja, ganz unabhängig von allen politischen Erwägungen, der Meinung zuneigen, daß ein solches Ergebnis polizeilichen Eingreifens nicht einer sachgemäßen Taktik entspringen kann. Wenn trotzdem sofort, und ohne daß noch irgendeine Untersuchung stattgefunden hat, von den verschiedensten Stellen ausgesprochen wird, daß die Polizei richtig gehandelt habe, so zwingt das fast das Urteil auf, daß aus politischen Gründen eine nähere Untersuchung vermieden werden solle. Darum ist die Meinung des Sachverständigen, die wir oben wiedergeben, von um so größerer Bedeutung.

Berliner Tageblatt, 17. August, Replik des süddeutschen Polizeifachmannes auf die Antwort des Polizeipräsidenten:
Die Angaben im Briefe der Wiener Polizeidirektion sind zum Teil irreführend, zum Teil direkt unrichtig. – – Es ist also irreführend, zu sagen – – Unrichtig ist die Behauptung – – Irreführend ist es – – Unrichtig ist es – – Irreführend ist es weiter – –
Das Resultat entsprach den allgemeinen und besonderen Mängeln: keine vorherige Kenntnis von der herannahenden Demonstration, keine geschlossenen Bereitschaften... keine moderne Nachrichtenübermittlung, keine Vorkehrung zur genügenden Verpflegung der Beamten. Folge aller dieser Fehler: die katastrophalen Opfer!

Aus dem Justizausschuß:
Schon Abgeordneter Dr. Bauer hat gegen bestimmte Wacheorgane im Hause sehr schwere Anklagen erhoben, und eine

Anzahl von Abgeordneten und sonstigen Personen hat sich als Zeugen angeboten. In elf Fällen ist gar vom Chefredakteur des ›Kleinen Blattes‹ eine Strafanzeige an die Staatsanwaltschaft erstattet worden. Der erste Fall betrifft den Meuchelmordversuch des Wachmannes Nr. 801. Der Wachmann hat vor dem Justizpalast auf einen Mann, der ruhig auf dem Straßenbahngeleise stand und ihm den Rücken zukehrte, mit einem Revolver geschossen. Für diesen Fall sowie für alle folgenden Fälle werden Zeugen angeboten. In einem zweiten Fall hat ein Rayonsinspektor auf der Ringstraße, die in diesem Moment menschenleer war, auf einen am Boden liegenden Verwundeten geschossen und ihm den Schädel zerschmettert. – –
– – Einem Verwundeten (Sanitätsplatz des Rathauses) wurde die Hirnschale weggerissen. Einem älteren Manne wurde die Brust durchschossen. Einem andern wurde das linke Auge herausgeschossen. Auch für diesen Vorfall hat sich eine Reihe von Zeugen gemeldet, unter ihnen auch die Ärzte, die den Dienst versahen.
Besonders kraß ist der Fall des Ordners Bezpalec, der am 15. Juli vor dem Justizpalast Dienst machte. Er befreite einen Wachmann aus der Menge, stützte ihn und geleitete ihn zum Wachkordon. Kaum hatte er aber der Wache den Rücken gekehrt, als ein Wachmann aus der Schwarmlinie gegen ihn das Gewehr ansetzte und ihn niederschoß.
Zwei schwer verwundete Frauen, die in einem offenen Auto über die Lastenstraße geführt wurden, wurden in der Nähe des Planetariums am Freitag nachmittags zwischen 3 und 4 Uhr von einer Polizeiabteilung, obwohl die Straße menschenleer war, unter Feuer genommen. Ein Schuß zerschmetterte einer der Frauen den Kopf und tötete sie. Die anderen Schüsse verwundeten zwei Samariter.

Am 15. Juli nachmittags 3 Uhr passierte ein junger Mann die
Lerchenfelderstraße, Ecke Lastenstraße. Als er etwa dreißig
Schritte von der dort aufgestellten Postengruppe entfernt
war, legte ein Wachmann auf ihn an und schoß
ihn nieder. Der junge Mann brach mit durchschossener
Schläfe tot zusammen.
Am Abend desselben Tages ging der Handelsvertreter Karl
Bellak durch die Wiedner Hauptstraße. Auf der Straße
waren nur Passanten und keine Menschenansammlungen.
Unweit der Paulanerkirche fielen plötzlich drei Schüsse,
deren einer Karl Bellak tötete.
Am Nachmittag des 15. Juli ging Rudolf Kreuzer mit
seiner Frau über die Ringstraße in der Richtung des Schiller-
Denkmals. Die Straße war völlig ruhig, es gab nur harmlose
Spaziergänger. Da fiel in der Nähe des Schiller-Denkmals
eine Salve. Die beiden liefen gegen die Oper. Dort fiel eine
zweite Salve. Ein Schuß traf den Hals der Frau, verletzte die Wirbelsäule und bewirkte eine allgemeine Läh-
mung. – –
Von den mehr als hundert Fällen, die uns bekannt
sind, mögen noch folgende angeführt werden: Während der
Schießerei vor dem Justizpalast hatte ein einzelner Mann
hinter dem Anzengruber-Denkmal Deckung gesucht. Ein
Wacheinspektor an der Ecke des Parlaments nahm diesen Mann aufs Korn und streckte ihn mit drei wohlge-
zielten Schüssen nieder.
– – Ein Verwundeter, der sich auf dem Gehweg vor dem
Justizpalast auf allen vieren kriechend fort-
schleppte, wurde von mehreren Polizisten in knien-
der Stellung durch Schüsse niederge-
streckt. – –
Am 15. Juli um 2 Uhr nachmittags saß ein alter Mann
auf einer Bank im Schmerlingpark. Eine Polizeipa-
trouille gab auf diesen Mann eine Salve ab. Er
brach mit einem Schuß auf der linken Rückenseite zusammen. Sechs Leute stürzten herbei und wollten ihn aufheben.

Darauf eröffnete die Polizei auf diese sechs ein Feuer. Alle sechs wurden schwer verletzt.
Der Mediziner Karl Kautsky gibt an, daß er selbst gehört hat, wie sich ein junger Wachmann gegenüber einem andern Wachmann gerühmt habe, einen jungen »Hebräer« niedergeschossen zu haben, weil er es gewagt hatte, sich zu rühren!
– – Die Leute flüchteten. Mehrere Polizisten stürzten einem Schutzbündler nach und schlugen ihn mit Gewehrkolben so heftig auf den Kopf, daß man die Schläge weithin hören konnte. – –
Samstag nachmittag fuhr ein Polizeiauto durch die Kufsteingasse. Die Polizisten sprangen heraus und begannen auf die Menschen mit dem Gewehrkolben einzuschlagen. Eine Frau namens Katharina Pokorny erhielt einen Gewehrkolbenhieb auf den Kopf und brach bewußtlos zusammen. – –
Der Student Rauchinger kam am selben Tage um etwa 2 Uhr auf die Lastenstraße. Da fiel eine Salve. Er lief, stolperte und stürzte zu Boden. Ein Polizist legte in einer Distanz von zwei Meter auf ihn an, da aber das Gewehr versagte, holte der Polizist mit dem Gewehrkolben aus und hieb auf den Kopf des auf dem Boden liegenden Mannes ein.
Alle diese angeführten Fälle sind durch Zeugenaussagen belegt. – – Der Chefredakteur des ›Kleinen Blattes‹, Julius Braunthal, der das Vorgehen der Polizei aufs schärfste kritisiert hat, wird strafgerichtlich verfolgt... Die Sache wird jedenfalls vor das Schwurgericht kommen, und es wird Gelegenheit gegeben sein, die Morde der Polizei gerichtsordnungsmäßig zu beweisen. Es liegt mir natürlich fern, alle Wachebeamten als unanständige Menschen und als Mörder zu bezeichnen, es gibt auch unter ihnen brave und anständige Menschen; aber einzelne Wachleute und Kommandanten haben am 15. und 16. Juli wie Banditen gewirtschaftet. Daß das ohne Strafe und

Sühne bleiben soll, obwohl die Anklage durch eine Menge
von Toten bestätigt wird, ist **unmöglich**.

Strafanzeige:
Ich betreibe in Hietzing ein kleines Gemischtwarengeschäft.
Mein Sohn Alexander war als Zuckerbäckerlehrling in der
Hütteldorferstraße Nr. 111A bedienstet. Am 16. Juli 1927
gegen 9 Uhr abends kam er von seiner Arbeit in mein
Geschäft und blieb, weil ich ihm das Abendessen in einem
Gefäß hingebracht habe, mit meiner Frau und meinem
zweiten Sohn Ernst zum Abendessen im Geschäftslokal. Ich
selbst ging inzwischen in die wenige Minuten entfernte
Wohnung, um mich, wie täglich, am Abend zu waschen. Ich
war gerade beim Abtrocknen – es dürften, seit ich meinen
Sohn Alexander verlassen hatte, höchstens zwanzig Minuten
vergangen sein –, als ich eine Salve krachen hörte. Gleich
darauf kam mein Sohn Ernst und teilte mir mit, daß **mein
Sohn Alexander erschossen** sei. Nach Angabe meines Sohnes Ernst spielte sich die Sache so ab: Die beiden
Burschen gingen auf dem Nachhauseweg an der Ecke Hütteldorferstraße und Breitenseerstraße vorbei, wo sich eine
Tramwayhaltestelle befindet. Der Verkehr war eher geringer, als er sonst an Samstagen zu sein pflegt. Durch die
Hütteldorferstraße kamen von der Stadt her zwei Polizeiautos, die in die Breitenseerstraße einbogen und beim Einbiegen in die Richtung auf die Tramwayhütte schossen. Meine
beiden Söhne flüchteten in die Hütte hinein, mein Sohn
Ernst warf sich nieder, während Alexander getroffen wurde
und sofort tot war. Durch einen Zufall war meine Frau
zurückgehalten worden, sie wäre sonst wahrscheinlich mit
erschossen worden.
Nach Angaben aller Zeugen war an dieser Stelle zu dieser
Stunde **nicht der geringste Anlaß zum Schießen**. Diejenigen Personen, die geschossen haben, können
dies nur in der grundlosen Absicht, zu töten, oder in einer
sonstigen feindlichen Absicht oder infolge größter Leichtfertigkeit begangen haben.

Ich stelle den Antrag, festzustellen, welche Wachepersonen am 16. Juli 1927 zwischen 9 und ½10 Uhr abends in zwei Polizeiautos schießend von der Hütteldorferstraße durch die Breitenseerstraße in die Bartholomäusgasse gefahren sind. Weiter stelle ich den Antrag auf Vernehmung der derartig eruierten Schießenden als Beschuldigte und Vernehmung folgender Zeugen über die Vorgänge auf der Straße: Ernst Schwarzer (Die Adressen aller Zeugen werden in der Anzeige mitgeteilt), Rudolf Serednicky, Georg Bauer, Karl Bauer, Karl Matzner. Vom Ergebnis der Untersuchung beantrage ich, mich zu verständigen.
15. September. Eduard Schwarzer.

St. 6425/27–2.
Die Staatsanwaltschaft Wien II findet keinen Grund zur Verfolgung der unbekannten Täter wegen Tod des Alexander Schwarzer wegen Verbrechens der §§ 134, 335 St. G. aus Anlaß der von Ihnen gegen diese eingebrachten Anzeige.
Hiervon werden Sie gemäß § 48, Zahl 1, St. P. O., verständigt.
20. September. Staatsanwaltschaft II,
Wien, 8., Hernalsergürtel Nr. 6–12.
J. Charwat m. p.

(Bundespräsident Dr. Hainisch auf der Murmeltierjagd.) Aus St. Anton am Arlberg wird uns geschrieben: Dienstag und Mittwoch weilte Bundespräsident Doktor Hainisch in Begleitung seines Kabinettsdirektors Sektionschefs Dr. Löwenthal und des Landeshauptmanns Dr. Stumpf in St. Christoph am Arlberg zur Murmeltierjagd. Am ersten Tage schossen Dr. Stumpf drei Murmeltiere, Dr. Hainisch eines. Der zweite Tag war von wundervollem Wetter begünstigt. Unten auf der Arlbergstraße knatterten die Automobile und Motorräder im Training zum Arlbergrennen, hoch oben auf der Albonalpe saß

unser Staatsoberhaupt mit Jäger Johann Falch, genoß die
Ruhe und Pracht der Bergwelt und freute sich über sein
Weidmannsheil, indem es ihm gelang, zwei Murmeltiere zu erlegen. Die Ruhe und Sicherheit seiner Schüsse erregten die Bewunderung seines
Jagdgefährten, der meinte, mit achtundsechzig Jahren
habe er noch keinen Schützen derart sicher zielen und
schießen gesehen. Wer weiß, daß Dr. Hainisch weder
Nikotin noch Alkohol genießt, wird darin wohl eine Erklärung finden. An den Abenden saß man in St. Christoph behaglich beisammen; Landtagsabgeordneter Walter Schuler und Herr Kusche leisteten den Herren Gesellschaft,
und die heiteren Gespräche drehten sich meist um die
beiden Lieblingsthemen des Präsidenten, die
Viehzucht und die Jagd. Nachdem Dr. Stumpf am Mittwoch
nachmittag nach Innsbruck zurückgekehrt war, verließ auch
Donnerstag morgen Dr. Hainisch in Begleitung des Landtagsabgeordneten Schuler und des Sektionschefs Löwenthal
den Arlberg, um sich ins Paznauntal zu begeben. Die
schlichte und herzliche Art unseres Präsidenten hat auch
diesmal ihre tiefe Wirkung auf diejenigen, die mit ihm
zusammenkamen, nicht verfehlt.

Neue Freie Presse:
Es bedarf wahrlich keiner besonderen Versicherung, um es
glaubhaft zu machen, wenn Präsident Schober den
Posten des Chefs der Wiener Polizei als keinen begehrenswerten bezeichnet angesichts der
politischen Gegnerschaft zwischen Bundesregierung und
Landesregierung. Wir wissen, daß es gerade mit eines der
Verdienste des Polizeipräsidenten von Wien ist, zwischen
diesen beiden Lagern eine Stelle zu bleiben, auf die sich
beide gleichmäßig verlassen konnten.

Plakat vom 17. bis 19. September 1927:

> An den Polizeipräsidenten von Wien
> Johann Schober
>
> Ich fordere Sie auf,
> abzutreten.
>
> Karl Kraus
> Herausgeber der Fackel

Wien, am 20. September 1927.
Sehr geehrter Herr Polizeipräsident!
Wiederholt – zuletzt am 4. April l. J. – haben Sie unter
Berufung auf Ihre durch das Übermaß der an Sie gestellten
Dienstesanforderungen geschwächte Gesundheit das Ersuchen gestellt, von Ihrem Amte enthoben zu werden.
Wenn ich Sie immer wieder in kurzem Wege gebeten habe,
auf Ihrer Demission nicht zu bestehen, so geschah es in der
Überzeugung, daß unser Vaterland Sie und Ihre
Arbeitskraft noch keineswegs entbehren
kann.
Die Richtigkeit dieser Erkenntnis hat sich mir und
meinen Ministerkollegen angesichts der Ereignisse
der letzten Monate besonders deutlich aufs neue erwiesen.
Daß auch die überwiegende Mehrheit unserer
Bundesbürger dieses Urteil der Bundesregierung teilt,
ist eine unanfechtbare Tatsache, die Ihnen Ihr schweres Amt
wohl zu erleichtern vermag.
In dieser Erwägung hat der Ministerrat auf Grund eines
Referates des Herrn Vizekanzlers Hartleb und unter
Berücksichtigung des erfreulichen Umstandes der fortschreitenden Besserung Ihres Gesundheitszustandes am
20. d. M. beschlossen, Ihnen zu eröffnen, daß er Ihrem
Pensionsgesuch nicht stattgeben kann, und Sie vielmehr
ersucht, dieses zurückzuziehen.
Empfangen Sie, sehr geehrter Herr Polizeipräsident, den
Ausdruck meiner vorzüglichsten Hochachtung.

Seipel.

An das   Dreck Schwein
                 Karl Krauß
                           Wien III
                           Hintere Zollamtsstraße 3

An den Karl Krauß mit den Affenponem. –
Sie in die Menschenhaut Hineingestohlenes Schwein. – Wer
sind Sie denn! Ein Revolver Journalist, wegen dem sich jeder
andere Reporter schämen muß. – Ersparen Sie sich Ihre
Plakatspesen, Sie sind ja in Wien nur ein gedultes Individium, welches nichts mehr zu Fressen hat. – Uberspannen
Sie nicht Ihre Frechheit, – die Watschen und Hundspeitschen sind für Sie reservirt um Ihnen Ihr Affengrieß zu
moderniesiren, Sie Dreckfrechling. –

            Viele Wiener aus den III. u. XI. Bezirk. –

Hüte dein Freches ungeputztes Dreck maul sonst wird es
Dir zum Verhängnis werden. –
Die Zeit ist eine andere geworden. – Du gehörst in Affenkäfig, angehängt. –

Verehrter Herr Kraus!
Dank, innigsten Dank für den jüngsten Beweis Ihrer unerschütterlichen Kampfbereitschaft gegen Unrecht und
Gewalt und deren Urheber. – –

Der Obmann der Vereinigung der Konzeptsbeamten der
Polizeidirektion Wien ersucht namens der Organisationen
sämtlicher Beamtenkategorien **dieser** Polizeidirektion
um die Aufnahme nachstehender Zeilen:
Der Herausgeber der ›Fackel‹, Karl Kraus, hat es für notwendig befunden, die **öffentliche Aufmerksamkeit wieder dadurch auf seine Person zu lenken,** daß er in einem an den Polizeipräsidenten von Wien
gerichteten Ukas diesen auffordert, abzutreten. Wenngleich
die **Lächerlichkeit** dieses **reklamehaften Beginnens es ernsten Menschen schwer macht, sich
damit zu befassen,** so sehen sich alle Organisatio-

nen der Wiener Polizeibeamten dennoch veranlaßt, hiezu
Stellung zu nehmen, weil diese **überhebliche Aufforderung** nur ein Glied in der Kette **hemmungsloser Angriffe
und unverantwortlicher Verdächtigungen** ist,
die sich in einem Teile der Öffentlichkeit gegen die Person
unseres verehrten Präsidenten richten, dessen zielbewußte
Führung der Wiener Polizeibeamten erst vor kurzem Bür-
gertum und Arbeiterschaft vor unabsehbarem Unheil
bewahrt hat.
Herr Kraus ist **sicherlich der letzte**, der geeignet
ist, in dieser Beziehung als Dolmetsch des Willens der
Wiener Bevölkerung aufzutreten. Er möge **dies beru-
higt den hiezu allein berufenen Faktoren
überlassen.**
Die Wiener Polizeibeamten aber, die erst in der letzten Zeit
dem Polizeipräsidenten treue Gefolgschaft gelobt haben,
benützen diesen Anlaß, um neuerlich zu erklären, daß sie in
allen sich ergebenden Situationen **voll und ganz hinter** ihrem Präsidenten Schober **stehen.**

Zuschrift eines Staatsbeamten:
Sehr geehrter Herr!
Die in den bürgerlichen Zeitungen vom 18. d. erschienene
Kundgebung der Konzeptsbeamten der Polizeidirektion
veranlaßt mich, die folgende Tatsache zu Ihrer Kenntnis zu
bringen:
B o s e l hat in den Sommern 1924 und 25 ein Stockwerk des
ihm gehörigen Hotels Kreuzstein am Mondsee den Kon-
zeptsbeamten der Polizeidirektion zur Verfügung gestellt.
Dieses Angebot wurde angenommen, und es verbrachten
eine Anzahl von Polizei-, Hof-, Regierungs- und anderen
Räten den Urlaub in Kreuzstein, wo sie von Herrn Bosel in
Pension genommen wurden. – –

Neue Freie Presse, 21. September:
S c h o b e r ist heute nicht nur eine österreichische, er ist
eine europäische Figur...

ALFRED DÖBLIN

Dies ist der Anfang des zweiten Kapitels aus Alfred Döblins 1929 erschienenem Roman »Berlin Alexanderplatz«. Die assoziativ-sprunghafte Schreibweise wird besonders deutlich. Ohne daß genau gesagt wird, wer alles beobachtet und registriert (die Hauptperson Franz Biberkopf taucht – von der Überschrift abgesehen – erst Seiten später wieder auf), ist die raunende Geschäftigkeit einer Großstadt eingefangen. Kennzeichnend für Döblins Methode ist, daß die visuellen und akustischen Eindrücke nicht einfach beschrieben werden, sondern als Zitat selbst zur Sprache kommen. Der anonyme Großstadtwanderer wird ebenso von aufgeschnappten Sätzen auf einem Bahnhof »angesprochen« wie von Zeichen, Symbolen und Schildern (»Unterrichte dich über das Liniennetz«). Wetterbericht oder Streckenplan einer Straßenbahnlinie, Geschäftsankündigungen oder amtliche Aushänge in einem Behördenschaukasten: all dies wird von Döblin wörtlich aufgenommen und kommentarlos aneinandergeschweißt. So entsteht eine Collage aus Umweltreizen, die in ihrer Munterkeit mehr an die Unsinnspoesie der Dadaisten als an die rational kalkulierten Zitatmontagen eines Karl Kraus denken läßt.

Berlin Alexanderplatz

(Ausschnitt)

Es lebten einmal im Paradies zwei Menschen, Adam und Eva. Sie waren vom Herrn hergesetzt, der auch Tiere und Pflanzen und Himmel und Erde gemacht hatte. Und das Paradies war der herrliche Garten Eden. Blumen und Bäume wuchsen hier, Tiere spielten rum, keiner quälte den andern. Die Sonne ging auf und unter, der Mond tat dasselbe, das war eine einzige Freude den ganzen Tag im Paradies.
So wollen wir fröhlich beginnen. Wir wollen singen und uns bewegen: Mit den Händchen klapp, klapp, klapp, mit den Füßchen trapp, trapp, trapp, einmal hin, einmal her, ringsherum, es ist nicht schwer.

Franz Biberkopf betritt Berlin

 Handel und Gewerbe

 Stadtreinigungs- und Fuhrwesen

 Gesundheitswesen

 Tiefbau

 Kunst und Bildung

Verkehr

 Sparkasse und Stadtbank

 Gaswerke

 Feuerlöschwesen

 Finanz- und Steuerwesen

Offenlegung eines Planes für das Grundstück An der Spandauer Brücke 10.
Der Plan für das zur Anbringung einer Wandrosette an der Straßenwand des Hauses An der Spandauer Brücke 10 dauernd zu beschränkende, in dem Gemeindebezirk Berlin-Mitte belegene Grundeigentum liegt nebst Anlagen zu jedermanns Einsicht aus. Während dieser Zeit kann jeder Betei-

ligte im Umfange seines Interesses Einwendungen gegen den Plan erheben. Auch der Vorstand des Gemeindebezirks hat das Recht, Einwendungen zu erheben. Solche Einwendungen sind bei dem Bezirksamt Mitte in Berlin C 2, Klosterstraße 68, Zimmer 76, schriftlich einzureichen oder mündlich zu Protokoll zu erklären.
– Ich habe dem Jagdpächter, Herrn Bottich, mit Zustimmung des Herrn Polizeipräsidenten die jederzeit widerrufliche Genehmigung zum Abschuß von wilden Kaninchen und sonstigem Raubzeug auf dem Gelände des Faulen Seeparks an folgenden Tagen im Jahre 1928 erteilt: Der Abschuß muß im Sommer, vom 1. April bis 30. September bis 7 Uhr, im Winter vom 1. Oktober bis 31. März bis 8 Uhr beendet sein. Dies wird hierdurch zur öffentlichen Kenntnis gebracht. Vor dem Betreten des fraglichen Geländes während der angegebenen Abschußzeit wird gewarnt. Der Oberbürgermeister als Jagdvorsteher.
– Der Kürschnermeister Albert Pangel, welcher auf eine fast dreißigjährige Tätigkeit als Ehrenbeamter zurückblicken kann, hat infolge hohen Alters und Verzuges aus dem Kommissionsbezirk sein Ehrenamt niedergelegt. Während dieser langen Zeit war er ununterbrochen als Wohlfahrts-Kommissionsvorsteher beziehungsweise Wohlfahrtspfleger tätig. Das Bezirksamt hat die Verdienste in einem Dankschreiben an Herrn Pangel zum Ausdruck gebracht.

Der Rosenthaler Platz unterhält sich.
Wechselndes, mehr freundliches Wetter, ein Grad unter Null. Für Deutschland breitet sich ein Tiefdruckgebiet aus, das in seinem ganzen Bereich dem bisherigen Wetter ein Ende bereitet hat. Die geringen vor sich gehenden Druckveränderungen sprechen für langsame Ausbreitung des Tiefendruckes nach Süden, so daß das Wetter weiter unter seinem Einfluß bleiben wird. Tagsüber dürfte die Temperatur niedriger liegen als bisher. Wetteraussichten für Berlin und weitere Umgebung.
Die Elektrische Nr. 68 fährt über den Rosenthaler Platz,

Wittenau, Nordbahnhof, Heilanstalt, Weddingplatz, Stettiner Bahnhof, Rosenthaler Platz, Alexanderplatz, Straußberger Platz, Bahnhof Frankfurter Allee, Lichtenberg, Irrenanstalt Herzberge. Die drei Berliner Verkehrsunternehmen, Straßenbahn, Hoch- und Untergrundbahn, Omnibus, bilden eine Tarifgemeinschaft. Der Fahrschein für Erwachsene kostet 20 Pfennig, der Schülerfahrschein 10 Pfennig. Fahrpreisermäßigung erhalten Kinder bis zum vollendeten 14. Lebensjahr, Lehrlinge und Schüler, unbemittelte Studenten, Kriegsbeschädigte, im Gehen schwer behinderte Personen auf Ausweis der Bezirkswohlfahrtsämter. Unterrichte dich über das Liniennetz. Während der Wintermonate darf die Vordertür nicht zum Ein- und Aussteigen geöffnet werden, 39 Sitzplätze, 5918, wer aussteigen will, melde sich rechtzeitig, die Unterhaltung mit den Fahrgästen ist dem Wagenführer verboten, Auf- und Absteigen während der Fahrt ist mit Lebensgefahr verbunden.

Mitten auf dem Rosenthaler Platz springt ein Mann mit zwei gelben Paketen von der 41 ab, eine leere Autodroschke rutscht noch grade an ihm vorbei, der Schupo sieht ihm nach, ein Straßenbahnkontrolleur taucht auf, Schupo und Kontrolleur geben sich die Hand: Der hat aber mal Schwein gehabt mit seine Pakete.

Diverse Fruchtbranntweine zu Engrospreisen, Dr. Bergell, Rechtsanwalt und Notar, Lukutate, das indische Verjüngungsmittel der Elefanten, Fromms Akt, der beste Gummischwamm, wozu braucht man die vielen Gummischwämme.

Vom Platz gehen ab die große Brunnenstraße, die führt nördlich, die AEG. liegt an ihr auf der linken Seite vor dem Humboldthain. Die AEG. ist ein ungeheures Unternehmen, welches nach Telefonbuch von 1928 umfaßt: Elektrische Licht- und Kraftanlagen, Zentralverwaltung, NW 40, Friedrich-Karl-Ufer 2–4, Ortsverkehr, Fernverkehr Amt Norden 4488, Direktion, Pförtner, Bank Elektrischer Werte A. G., Abteilung für Beleuchtungskörper, Abteilung Rußland, Abteilung Metallwerke Oberspree, Apparatefabriken Trep-

tow, Fabriken Brunnenstraße, Fabriken Hennigsdorf, Fabrik für Isolierstoffe, Fabrik Rheinstraße, Kabelwerk Oberspree, Transformatoren-Fabrik Wilhelminenhofstraße, Rummelsburger Chaussee, Turbinenfabrik NW 87, Huttenstraße 12–16.
Die Invalidenstraße wälzt sich linksherum ab. Es geht nach dem Stettiner Bahnhof, wo die Züge von der Ostsee ankommen: Sie sind ja so berußt – ja hier staubts. – Guten Tag, auf Wiedersehn. – Hat der Herr was zu tragen, 50 Pfennig. – Sie haben sich aber gut erholt. – Ach die braune Farbe vergeht bald. – Woher die Leute bloß das viele Geld zu verreisen haben. – In einem kleinen Hotel da in einer finstern Straße hat sich gestern früh ein Liebespaar erschossen, ein Kellner aus Dresden und eine verheiratete Frau, die sich aber anders eingeschrieben haben.
Vom Süden kommt die Rosenthaler Straße auf den Platz. Drüben gibt Aschinger den Leuten zu essen und Bier zu trinken, Konzert und Großbäckerei. Fische sind nahrhaft, manche sind froh, wenn sie Fische haben, andere wieder können keine Fische essen, eßt Fische, dann bleibt ihr schlank, gesund und frisch. Damenstrümpfe, echt Kunstseide, Sie haben hier einen Füllfederhalter mit prima Goldfeder.
In der Elsasser Straße haben sie den ganzen Fahrweg eingezäunt bis auf eine kleine Rinne. Hinter dem Bauzaun pufft eine Lokomobile. Becker-Fiebig, Bauunternehmer A. G., Berlin W 35. Es rumort, Kippwagen liegen bis zur Ecke, wo die Commerz- und Privatbank ist, Depositenkasse L., Aufbewahrung von Wertpapieren, Einzahlung von Banksparkonten. Fünf Männer knien vor der Bank, Arbeiter, schlagen kleine Steine in die Erde.
[...]

EDLEF KÖPPEN

Edlef Köppens Antikriegsroman *Heeresbericht* erschien 1930, zwei Jahre nach Erich Maria Remarques *Im Westen nichts Neues*. Ein großer Publikumserfolg war ihm in der kurzen Zeit zwischen Veröffentlichung und Verbot durch die Nationalsozialisten fünf Jahre später nicht beschieden (erst 1976 erschien eine Neuausgabe). In Köppens Buch sind die Zitate – anders als bei Döblin – von den erzählten Passagen durch Kursivdruck deutlich abgehoben. Schon im hier wiedergegebenen Romananfang zeigt sich die geschickte Verschränkung beider Ebenen: Der dokumentarische Teil umfaßt sowohl politische Verlautbarungen und öffentliche Texte als auch Schriftstücke, die sich auf die Hauptfigur Adolf Reisiger beziehen. Es ist festzuhalten, daß Metropole (bei Döblin) und Kriegsschauplatz des zwanzigsten Jahrhunderts (so auch bei Karl Kraus in dem Drama *Die letzten Tage der Menschheit* von 1918/19) als literarisze Sujets die Verwendung eines derartigen Montageverfahrens anscheinend nahelegen. Die kollektive und öffentliche Rede wird aufgespießt, das heißt: zitiert und so kritisiert.

Heeresbericht

(Ausschnitt)

1

Wir Wilhelm, von Gottes Gnaden Deutscher Kaiser, König von Preußen usw. verordnen auf Grund des Artikels 68 der Verfassung des Deutschen Reiches, was folgt: Das Reichsgebiet, ausschließlich der Königlich bayrischen Gebietsteile, wird hierdurch in Kriegszustand erklärt. Diese Verordnung tritt am Tage ihrer Verkündigung in Kraft. Urkundlich unter Unserer Höchsteigenhändigen Unterschrift und beigedrücktem Kaiserlichen Insiegel.

Gegeben Potsdam, Neues Palais,
       den 31. Juli 1914

Wilhelm I. R.
von Bethmann Hollweg

Mobilmachung

Ich bestimme hiermit:
Das Deutsche Heer und die Kaiserliche Marine sind nach Maßgabe des Mobilmachungsplans für das deutsche Heer und die kaiserliche Marine kriegsbereit aufzustellen.
Der 2. August 1914 wird als erster Mobilmachungstag festgesetzt.

Berlin, den 1. August 1914

Wilhelm I. R.
von Bethmann Hollweg

Deutsche Kriegsfreiwillige

Auf Grund des § 98 der Heer- und Wehrordnung kann sich jede Persönlichkeit, die ihrer Dienstpflicht noch nicht genügt hat, bei Ausbruch der Mobilmachung einen Truppenteil (Ersatzbataillon usw.) nach Belieben wählen. Wenn er dies nicht tut, wird bei der bald einsetzenden Aushebung über ihn verfügt. Als Kriegsfreiwillige können sich solche Leute bei einem Ersatztruppenteil melden, die keine gesetzliche Verpflichtung zum Dienen haben, ferner jugendliche Personen zwischen 17 und 20 Jahren, soweit sie sich nicht in solchen Bezirken aufhalten, in denen der Landsturm aufgeboten wird. (1. August 1914.)

2

Der Student Adolf Reisiger, geb. am 1. April 1893 zu Henthen, ist heute militärisch auf seine Militärdiensttauglichkeit untersucht worden.

Befund: Größe 1,72
Brustumfang: 78/87
Fehler: H B 85
   1 A 55 links
   1 A 75 Plattfüße
   H = 1
   S = mit – 66/6
Tauglich.

Dr. Jakowski, 16. Aug. 14
Kgl. Preuß. Feldartill.-Reg. 96/Ersatz-Abtg.

3

Erklärung der Hochschullehrer des Deutschen Reiches

Wir Lehrer an Deutschlands Universitäten und Hochschulen dienen der Wissenschaft und treiben ein Werk des Friedens. Aber es erfüllt uns mit Entrüstung, daß die Feinde Deutschlands, England an der Spitze, angeblich zu unsern Gunsten einen Gegensatz machen wollen zwischen dem Geiste der deutschen Wissenschaft und dem, was sie den preußischen Militarismus nennen. In dem deutschen Heere ist kein anderer Geist als in dem deutschen Volke, denn beide sind eins, und wir gehören auch dazu. Unser Heer pflegt auch die Wissenschaft und dankt ihr nicht zum wenigsten seine Leistungen. Der Dienst im Heere macht unsere Jugend tüchtig auch für alle Werke des Friedens, auch für die Wissenschaft. Denn er erzieht sie zu selbstentsagender Pflichttreue und verleiht ihr das Selbstbewußtsein und das Ehrgefühl des wahrhaft freien Mannes, der sich willig dem Ganzen unterordnet. Dieser Geist lebt nicht nur in Preußen, sondern ist derselbe in allen Landen des Deutschen Reiches. Er ist der gleiche in Krieg und Frieden. Jetzt steht unser Heer im Kampfe für Deutschlands Freiheit und damit für alle Güter des Friedens und der Gesittung nicht nur in Deutschland.

Unser Glaube ist, daß für die ganze Kultur Europas das Heil
an dem Siege hängt, den der deutsche »Militarismus«
erkämpfen wird, die Manneszucht, die Treue, der Opfermut
des einträchtigen freien deutschen Volkes. – Berlin, den
16. Oktober 1914.

4

An den Kriegsfreiwilligen Adolf Reisiger
    F. A. R. 96
      Regimentsstab   Feldpost
                                     23. Oktober 1914.

*Mein lieber Junge! Nun bist Du schon eine Nacht und einen
Tag von uns fort. Und wenn diese Zeilen Dich erreichen,
wirst Du vermutlich längst am Feinde sein. Wir wissen ja
nicht, wie lange der Krieg dauert, und ich hätte es ja am
liebsten gesehen, wenn ich Dich nicht mehr hätte herauslassen müssen, aber ich muß ja andererseits verstehen, daß es
für Euch junge Menschen keine Ruhe gibt, und ich kann nur
wünschen und hoffen, daß Du gesund zurückkehrst.*
*Mir ist der Abschied gestern doch sehr schwer geworden.
Natürlich ist das alles anders, wenn man wie gestern auf dem
Bahnhof von dem Gedanken getröstet wird, daß ich ja nicht
die einzige Mutter bin, die ihr Kind jetzt an den Feind
schicken muß.*
*Und dann hatte ich den Eindruck, daß Du mit Deinen
Kameraden auch sehr vergnügt im Zug gesessen hast. Wir
sind, als der Zug fort war, auch gleich nach Hause gefahren,
weil Vater noch zu tun hatte. Ich habe aber fast gar nicht
schlafen können. Du weißt ja, daß von unserer Wohnung aus
der Lärm, der vom Bahnhof kommt, nachts sehr laut zu
hören ist, und das war in der vorigen Nacht besonders
schlimm. Ein Transportzug nach dem anderen rollte nach
dem Westen. Man kann sich eigentlich gar nicht vorstellen,
wo diese großen Massen von Soldaten, die Deutschland jetzt*

auf die Beine bringt, alle herkommen, und wie dieser ganze Betrieb funktioniert.
In der Zeitung stand gestern abend von besonders heftigen Kämpfen nordwestlich und westlich von Lille. Du wirst verstehen, daß ich mit großer Sorge daran denke, ob Euer Transport am Ende nicht gerade dort ausgeladen wird.
Vater habe ich heute morgen nur kurz gesprochen, aber er läßt Dir sagen, daß er sehr stolz darauf ist, seinen Jungen nun auch im Feld zu wissen. (Ich hätte lieber, Du könntest weiter studieren.) Ich sprach übrigens heute mittag den Bürgermeister. Alle meinen, daß der Krieg bestimmt noch vor Weihnachten zu Ende ist.
Bitte schreib, sowie Du diese Zeilen bekommen hast, und vergiß nicht, daß Du mir versprachst, jeden Tag ein Lebenszeichen zu schicken.

In Liebe

Deine Mutter

5

Der Brief wurde dem Kriegsfreiwilligen Reisiger ausgehändigt, als er mit einem Ersatztransport das Stabsquartier des aktiven Regiments Feldartillerie 96 erreicht hatte.
Nachmittags kam man dort an.
Hundemüde wurde das Kommando in einen Garten getrieben und in zwei Gliedern aufgestellt, die Front zu einer großen weißen Villa; auf der Veranda saßen Offiziere beim Kaffee.
Wo ist denn nun der Krieg, dachte Reisiger. – Sind wir jetzt an der Front? Vor zwei Tagen mußten wir unsere Waggons verlassen, weil die Züge nicht weiter fahren durften. Dann: Fußmarsch, durch zertrümmerte Dörfer. Dann: des Nachts, in der Scheune, dumpfes Zittern in den Ohren: Hört ihr, da wird geschossen. – Und nun? Die Offiziere in Litewka, ohne Waffen? Und wo sind die Geschütze? Wo ist der Feind?

»Stillgestanden! Augen – rechts!«
Ein älterer Offizier kommt die Treppe der Veranda herab, jüngere folgen ihm. Aha, der Regimentskommandeur. Hinter ihm, ein dickes Notizbuch vor der Brust, die Wachtmeister der Batterien.
Jetzt wird man uns begrüßen, denkt Reisiger. Als Nachschub, als Kameraden, die den Kämpfenden zu Hilfe kommen.
Nein. – Der Kommandeur läßt rühren, steckt sich eine Zigarette an, besieht sich die Neulinge prüfend. Aber er sagt nichts. Kein Wort. Er winkt schließlich mit der Hand. »Also los, die Batteriewachtmeister!«
Was jetzt geschieht, gleicht einer Auktion überflüssiger und lästiger Waren. Die Wachtmeister gehen die Front ab, durchmustern die Reihe, tippen dem einen und anderen vor die Brust: »Sie kommen zur Ersten Batterie.« – »Sie kommen zur Vierten.« – »Sie kommen zur Leichten Kolonne.«
So geht das hin und her, unfreundlich, uninteressiert.
Reisiger sieht, daß alle Kriegsfreiwilligen bereits beschlagnahmt sind. Einer nach dem andern tritt aus der Reihe und stellt sich seitwärts auf. Nur er steht noch. Steht schließlich ganz allein.
Hat man mich vergessen? Ich habe mich doch freiwillig hierher gemeldet. Das ist doch nicht möglich, daß alle Wachtmeister einfach an mir vorüber gehen. Und die andern marschieren schon ab...
Der dickste der Wachtmeister steckt ihm den dicken Zeigefinger erst in den Rockkragen und dann in das Koppel: »Kriegsfreiwilliger, was? Man merkt's.«
Reisiger schießt Blut in den Kopf. Bin ich denn ein Museumsstück? Alle grinsen mich an. – Er blickt in lauter fett lachende Gesichter. Muß schlucken, um seine Erregung zu verbergen.
Der dicke Wachtmeister gibt ihm einen Stoß vor die Brust: »Also gut, ich nehme dich mit. Vielleicht kann man doch

noch einen Soldaten aus dir machen. Leichte Munitionskolonne 2, verstanden?«
Damit wendet er sich ab und redet mit dem Leutnant, der in der Nähe steht.
Reisiger hat zum erstenmal, seit er Soldat war, das Gefühl, ganz allein zu sein. Und viel zu jung und gänzlich hilflos. – Das ist also das Soldatenleben an der Front? Das ist die Kameradschaft vor dem Feind?
Er steht immer noch stramm und starrt gegen die weiße Villa.
Die Offiziere gehen gelangweilt auf die Veranda zurück. Der dicke Wachtmeister folgt ihnen.
Nach einer Weile erscheint ein bärtiger Soldat. »Na dann komm man, Kamerad«, sagt er. »Du nimmst den Karabiner. Ich trage deinen Tornister. So, ich gehe vorweg.«

H. C. ARTMANN / KONRAD BAYER / GERHARD RÜHM

Gerhard Rühm, einer der drei Kollektiv-Urheber dieses Textes, nennt das Montageverfahren »eine technik, die die gemeinschaftsarbeit besonders begünstigte« (*Die Wiener Gruppe*, hrsg. von Gerhard Rühm, Reinbek bei Hamburg 1967, S. 22). Er und seine Freunde aus der Wiener Gruppe suchten Mitte der fünfziger Jahre aus alten und entlegenen Büchern originelle Sätze gemeinsam heraus und ordneten sie neu an: etwa aus einem Lehrbuch der böhmischen Sprache von 1853 oder – wie in diesem Fall – aus einem Werk über die Kavallerie. Die so entstandenen Texte sind reine Zitatcollagen ohne weitere Zusätze der Arrangeure: »im unterschied zu den dadaistischen ›arpaden‹ wurde vorgefundenes wortmaterial nicht in ein gedicht eingesponnen oder als ›anreger‹ verwendet, sondern ganze sätze wurden als fertige bestandteile zueinander in neue, poetische beziehung gesetzt« (ebd.).

magische kavallerie

das füllen verschneiden
soldat werden
auf das pferd aufsitzen
aufs pferd springen
in den ehestand treten
die häuser plündern

es koste was es wolle
seine pflicht tun
schuhe anziehen
schuhe ausziehen
den pferden die hufeisen abbrechen
die kleider abnützen
das blut spritzt aus der wunde
speisen zubereiten

hochzeit machen
die kleider ausziehen

um weihnachten
ein tisch mit drei füssen
ein schauer überfiel mich
die kälte lässt nach
die wunde erneuert sich
alles umkehren!

er blutet aus der nase
den kopf abschlagen
den hals brechen
die milch ist geronnen
wie ist dir ums herz?

die zähne brechen (von pferden)

ein mann ein wort
es ist spät in der nacht
was hilft es!
ich sitze nicht gern mit dem rücken gegen die pferde
sich zu weit einlassen
sich auf das meer
in die welt begeben
zelte aufschlagen
feuer anmachen
die seele trennt sich vom leibe
es tagt
in verlegenheit sein
ein frost kommt mich an
aus einer hand in die andere
handgeld erhalten

ins gesicht
klein geld
feine feile

ich habe eile
er war zu bier

so lange ich dauern werde
das hat keinen bestand
zehn jahre alt sein

mode hin mode her
dies hängt von seinem willen ab
er ist dahin

den hut ab
die hand ab
die wache geht auf und ab

im finstern beim licht
was soll ich anfangen
dem amte entsagen
wunderschön! schön zum erstaunen
ein hufeisen aufschlagen

den huf abnehmen
den eid abnehmen
die zahl der feinde nimmt ab

fetter werden
es heitert sich auf
der tag nimmt zu nimmt ab
er pocht auf sich

das brod zu essen anfangen
sich den tod geben
was geht hier vor?
das pferd schnaubt

ich habe langeweile
die tür wirft sich auf

auf dem linken fuss hinken
das leben verwirken
das gilt nichts
das gilt

uneheliche kinder
kreuzweis zusammenbinden
der winter steht bevor

widerstand leisten
das brod kneten
jemanden hassen
die beine auseinanderspreizen
dem kaiser huldigen

er hat mich gern
ich habe mich am fleische abgegessen
über hals und kopf
sich heiser schreien
verwandt von vaters seite
von mutters seite
mut machen

ein funkelnder rock
die böhmische sprache erlernen
stehet im kreise

die fenster fangen an zu frieren
bald sogleich
täglich jährlich
in kriegszeiten
zur rechten zeit
zu seiner zeit
eine zeit lang
sogleich nach dem tode

mit einem hiebe
eine mühle von zwei gängen

das waldhorn auf bürgschaft entlassen
als geisel sein
der nachsommer

es dämmert
schaden leiden
hin ist hin
es fällt mir ein
in trauer gehen
hand in hand gehen

schlachten gewinnen
schlachten verlieren
in der schlacht fallen
blinder lärm
zum tore hinaus gehen
etwas ausposaunen
das seinige verlangen
federbusch tragen
hinken
zeit haben
weit gefehlt
es neigt sich zum regen

(2. 9. 1956)

GERHARD RÜHM

Man kann sich das so vorstellen: Der Arrangeur dieses Textes hat seine Fundstücke einer Tageszeitung entnommen. Er bringt die Zitate aus Politik- und Anzeigenteil in einen möglichst abwechslungsreichen Zusammenhang. Und er zieht einen roten Faden durch das Ganze, auf den der Titel anspielt: Die Fragmente der Kolportagegeschichte um das Schicksal von Sylvia tauchen in unregelmäßigen Abständen auf und bauen ein beziehungsreiches Spannungsfeld zu den übrigen Bruchstücken auf. Sylvias Geschichte (oder das, was davon übrigbleibt) läßt sich recht gut aus der Collage herausfiltern, wenn der Autor auch einige Fallen für den Leser aufgestellt hat (vgl. zum Beispiel die letzten beiden Sätze und die Funktion des Briefes). Tatsächlich entstammen die Ausschnitte einer Nummer der *Mindener Tageszeitung*, die Rühm als Einwickelpapier auf den Tisch bekommen hatte.

Sylvias Ballkleid

Kein Tag ist wie der andere
In ständig wechselnden Situationen ist mit Routine und Schema F nichts zu machen. Gesunder Menschenverstand – darauf kommt es beim Polizeibeamten an.
Nordsee: Stark wolkig, zeitweise leichter Schneefall. Um 2 Grad. Mässiger Nordostwind.
Ostsee: Überwiegend bedeckt, gelegentlich leichter Schneefall. Am Tage null bis + 2 Grad. Mässiger bis frischer Wind aus östlichen Richtungen.
Als er die Museumstrasse hinanstieg, der Morgartenvilla zu, kam ihm der Briefträger entgegen, der oben gerade die Morgenpost abgeliefert hatte.
Sein Mund war ausgetrocknet, er fuhr sich mit der Zunge über die Lippen.
Risse in Ihrer Hausfassade!
Kein schöner Anblick!

MALERMEISTER HANS SEELE
u. MALERMEISTER WILHELM SEELE
100 g Rindervit-Weide pro Tag
sind eine sichere Vorbeuge
vor der Weidetetanie der Milchkühe
Jetzt mit der Fütterung beginnen!
Stürmischer Tag am Dinkelsbühler Faulturm   Holzschnitt
Rudolf Warnecke
Wir leben so rasch und vergessen so schnell.
Ein paar Jahre später betrat er nach einer Premiere in Berlin ihre Garderobe.
»Sagen Sie es anders«, sagte da Sylvia mit einem Ernst, der die Umstehenden mit leichtem Befremden aufhorchen liess.
Und während ihre Worte nachklangen, begann sie unvermutet am Schloss ihrer Kette zu nesteln, das zunächst Widerstand zu leisten schien.
Und was Sie für uns verkaufen, das ist begehrt, das ist modern und erfolgsträchtig. Wir machen Sie fit für Ihren Erfolg – auf unsere Kosten! Die für Sie und Ihren Erfolg verantwortliche Führungskraft leitet Sie dann mit sicherer und erfahrener Hand auf den Weg in eine fundierte und bleibend einträgliche Dauerexistenz.
Das ist
DER SCHLÜSSEL
den Sie für das Tor
zum Lebens- und Berufserfolg brauchen.
Aber auch von Ihnen erwarten und verlangen wir einiges:
Vor allem:
Sie müssen sicher auftreten, überzeugend und zielstrebig verhandeln und planvoll arbeiten können. Ihr Leumund muss tadellos sein.
Nun war es erreicht; sie hatte nicht umsonst die langen Jahre durchgehalten.
Sie hauchte und hauchte an das Glas, bis sie dem Frost ein kreisrundes Loch abgekämpft hatte und ins Dunkel blicken konnte.

Etwas im Schatten der innerpolitischen vietnamesischen Schwierigkeiten verstärkten die Amerikaner in dieser Woche ihre Einheiten in Vietnam auf 240 000 Mann.
Plötzlich, für uns noch nicht fassbar, verloren wir eine unserer besten Mitarbeiterinnen
Frau Friederike Blase
Wir werden sie nicht vergessen
Dann schellte er an der Haustür, schellte ein zweites und drittes Mal.
Ein Zufall, aber ein schöner.
Aber schliesslich wiederholte sie die Antwort, die sie schon einmal gegeben hatte.
Ja, wenn man in den Mitmenschen hineinsehen könnte.
Die privaten deutschen Auslandsinvestitionen haben den Betrag von acht Milliarden DM überschritten.
In der Morgendämmerung öffnete sich leise die Tür.
Was war seitdem in ihrem Leben anders geworden?
Sie sah in seine Augen.
LUTZ
14. 4. 1966
Unser Herzenswunsch erfüllte sich heute mit der Geburt eines zweiten Sohnes
Annemarie Koch
geb. Bollmann
Siegfried Koch
Wir
verloben
uns
Ursula Steindreischer
Hans Herbert Berrar
wir haben uns verlobt
ursula krömer
fritz reising
Wir verloben uns
Hannelore Koch
Friedrich-Wilhelm Wessling
Wir werden

am 17. April 1966
um 13.00 Uhr in der
St. Marienkirche
getraut
Hans-Hermann Borgmann
Karin Borgmann
geb. Kösters
Ihre Vermählung
geben bekannt
Jacques Veysseyre
Angelika Veysseyre
geb. Prosinski
Ihre Vermählung geben bekannt
Bernd Bulmahn
Gisela Bulmahn
geb. Oetterer
LINA TÖRNER
Das führende Bestattungs-Unternehmen Mindens seit 1818
Bestattungen –
Überführungen
Erledigung aller Formalitäten
Thielking
Ruf 8 43 51
Für die vielen Beweise herzlicher Anteilnahme in Wort und Schrift, Kranz- und Blumenspenden, die uns beim Heimgange meiner lieben Frau, unserer guten, unvergessenen Schwester, Schwägerin und Tante zuteil wurden, sagen wir unseren herzlichen Dank
Bernhard Herber
und Angehörige
Fortsetzung folgt
Kopfschmerzen?
temagin hilft!
1–2 temagin helfen schnell und zuverlässig. Sie merken, wie der Schmerz nachlässt.
Unbeschwert meistern Sie den Tag.

6. Abonnementkonzert der Konzertreihe II
Kammerkonzert
Es spielt das Parrenin-Quartett, Frankreich
Werke:
Ravel   Quartett
Beethoven   Grosse Fuge, op. 133
Bartok   5. Quartett
Unsere Gaststätte wird umgebaut, trotzdem findet am
Sonntag ab 18 Uhr unser beliebter
Tanzabend
mit den Telstars statt
Sie lesen heute:
Gespräche, die wir nicht zu fürchten brauchen – Unser
Leitartikel
Minden–Frankfurt – Katastrophe in der Vogelwelt – Transport in den Süden
Schauspieltheater in Hamburg – Schuh und Raeck im Kopf-an-Kopf-Rennen – Von Peter Johannsen
Leben und Mensch – Enzyklopädie der biologischen Wissenschaften in acht Bänden – Unsere Bücherecke
Mehr sagte sie nicht, um nicht alles sagen zu müssen.
Den Widerspruch des Ehepaares fegte sie mit ein paar lebhaften Gesten hinweg und bat schliesslich fast herrisch um ihren Wagen – »denn es ist schon sehr spät für mich«.
In Wirklichkeit waren es schwere Wochen für den Forstmeister gewesen. Das Rentamt hatte auf sein Ersuchen geschrieben, das Geld sei bereits als Einnahme verbucht, eine Auszahlung sei unmöglich.
Es gibt vielleicht nicht sehr viele Menschen, deren Alltagsdenken in stiller Selbstverständlichkeit mehrere Menschenalter vorausschaut und ebenso selbstverständlich dessen bewusst bleibt, was in vielen Jahrzehnten vor seiner Zeit geschah.
Bundeskanzler Ludwig Erhard soll darüber bereits grundsätzliche Entscheidungen getroffen haben.
Bisher umfasst das Ministerium rund 20 Beamte, Angestellte und Arbeiter. Nach dem Ausbau soll diese Zahl auf rund 80

Bedienstete anwachsen, darunter 19 Beamte des höheren Dienstes.
Mit grosser Erwartung lebte Sylvia dem schicksalhaften Abend entgegen. Allmählich aber erstarb ihr Lächeln, denn sie war müde geworden.
Er legte einen geöffneten Briefumschlag auf den Tisch, den dazugehörenden Brief hielt Sylvia mit beiden Händen fest.
Dieser Brief war von harter Diktion, denn seine Autoren hatten gesagt, was gesagt werden musste angesichts der deutschen Wirklichkeit.

(mai 1966)

F. C. DELIUS

Delius hat in seinem Buch *Wir Unternehmer*, das er selbst eine »Dokumentar-Polemik« nennt, hauptsächlich Auszüge aus den Protokollen eines Wirtschaftstages der CDU/CSU vom Juli 1965 wörtlich wiedergegeben. Der folgende Ausschnitt ist typisch für das ganze Werk: Die Arrangeurtätigkeit des Autors zielt im wesentlichen darauf ab, in Form einer *Kontrastmontage* kommentierende und erhellende Einzelzitate aus anderen Quellen einzuschieben, die er durch Kursivdruck kenntlich macht. Der Verzicht auf eigene Zusätze des Autors soll die Meinung Delius' unterstreichen, »daß es zu den vorliegenden Bemerkungen aus den Reihen der Christlichen Union kaum etwas Neues zu sagen gibt« (F. C. D., *Wir Unternehmer*, S. 12).

Wir Unternehmer

(Ausschnitt)

BINDER: Meine Damen und Herren! Bitte machen Sie
von der Möglichkeit Gebrauch, Ihre Mißbilligung oder
   Zustimmung
während der Vorträge deutlich zum Ausdruck zu bringen.
SELBACH: Eine wichtige Lehre, die uns die Vergangenheit
recht drastisch vor Augen geführt hat,
ist die Tatsache, daß die Steuerlast
dem einzelnen Staatsbürger wirtschaftlich
und psychologisch zumutbar erscheinen muß,
anderenfalls fühlt er sich zur »Notwehr« berechtigt.
Aber auch heute müssen in den Unternehmungen oft
wirtschaftlich vernünftige Entscheidungen
hinter steuerlichen Erwägungen zurücktreten.
Diesem Hang zu betriebswirtschaftlich falschen,
volkswirtschaftlich schädlichen Ausgaben gilt es,
durch eine bessere Tarifgestaltung entgegenzuwirken.

Der wesentliche Ansatzpunkt, um zu einer besseren
Einkommensteuergesetzgebung zu kommen, liegt
	beim Tarif.
Es ergibt sich die Notwendigkeit,
den Tarif zu senken, zu strecken und umzubauen.
Die Eingangsstufe sollte schrittweise auf 10 %
	ermäßigt werden,
während eine Höchstbelastung von 50 %
als das Äußerste des Zumutbaren ein Grenzwert sein sollte.
*Nach Berechnungen der Deutschen Bank AG, 1965, liegen
die Höchstsätze der Einkommensteuer in Frankreich bei 71,5
v. Hd., in Großbritannien bei 88 v. Hd., in den USA ebenfalls bei 88 v. Hd. – in der Bundesrepublik bei 53 v. Hd.*
Rund ein Viertel aller im Arbeitsprozeß stehenden
Bundesbürger zahlt keine Einkommensteuer mehr.
Diese Steuerfreiheit mag für den Begünstigten sehr
	schön sein,
dürfte aber die Ungerechtigkeit noch vergrößern.
Die Überlegung, ob nicht auch hier eine
wenn auch sehr geringe Steuerbelastung angebracht wäre,
erscheint jetzt immerhin berechtigter als früher,
denn in den meisten Fällen führt nicht mehr das niedrige
	Einkommen,
sondern die hohe Abzugsfähigkeit zur Befreiung
	von der Steuer.
*Die Abzugsfähigkeit von Freibeträgen, Werbeausgaben und
anderen Sonderbelastungen vom steuerpflichtigen Einkommen wirkt sich bei kleinen Einkommen kaum oder gar nicht
aus. Nach einem Beispiel des Berliner Finanzwissenschaftlers
K. Littmann kann ein verheirateter Steuerpflichtiger mit
zwei Kindern bei einem Jahreseinkommen von DM 6.000.–
aufgrund der Kinderfreibeträge seine Steuerschuld um höchstens DM 288.– vermindern. Dagegen stellt Littmann fest:
»Sollte der Pflichtige jedoch DM 50.000.– Jahreseinkommen
erhalten, so bewirken die Kinderfreibeträge eine Minderung
der Steuerschuld um DM 1.038.– und bei Spitzeneinkommen
gar um DM 1.562.–.« So konnten gerade die Bezieher hoher*

und höchster Einkommen durch die Ausnutzung der steuerlichen Investitions- und Abschreibungsbegünstigungen des Einkommensteuergesetzes ihre steuerliche Belastung erheblich mildern. (Hamburger Jahrbuch für Wirtschafts- und Gesellschaftspolitik, Tübingen 1964, S. 122.)
Meine Damen und Herren, eine große Arbeit liegt
 noch vor uns.
Hoffen wir, daß der zukünftige Gesetzgeber
diese entscheidend wichtige, aber auch schöne Arbeit
zum Segen unseres Volkes bewältigen wird.
(Beifall)
BINDER: Bei der kurzen Zeit, die uns zur Verfügung steht, möchte ich bitten, die Gesichtspunkte und ihre Begründung so kurz und so brisant vorzutragen
wie die Entzündung einer Atombombe.
Mag einer mit einem Vergleich über die Stränge hauen: Wer die Atombombe, im Scherz oder nicht, zum Hausmittel macht, hintertreibt die letzte Vorsicht und Aufmerksamkeit, die diesem Gegenstand noch gilt: »Die durchschnittlichen Wirkungen einer Atombombe der bei Hiroshima angewandten Art sind: starker Gebäudeschaden im Umkreis von etwa 4 km; merkliche Schäden bis 6 oder 7 km Umkreis. Neben der Gefährdung durch Zusammensturz und Brand von Häusern sind Menschen auch durch die ungeheuren Strahlungen unmittelbar gefährdet. Im Umkreis von 1 km verlaufen Verbrennungen durch Licht- und Wärmestrahlen tödlich; schwere Verbrennungen treten im Umkreis von 3 km auf, leichtere bis höchstens 5 km... Schwieriger ist der Schutz gegen Gammastrahlung, die in 1 bis 1,5 km Radius tödlich wirkt, bis 3 km schädigend... Gefährlich ist das längere Nachwirken radioaktiver Strahlungen, in dem mit den Endprodukten der Explosion verseuchten Gebiet.« (Der Große Brockhaus, 16. Auflage 1952.) Wer das ignoriert, darf guten Gewissens solch einen Satz anschließen:
Nur so kommen wir wirklich durch.
MUTHESIUS: Da der Herr Bundeskanzler persönlich
 jetzt in einer

Zeitungsanzeige schreibt: »Es wird weiter gebaut«,
so dauert der Entzündungsherd fort.
Ich finde, das ist ein politisches Versagen, was hier
vorliegt.
Ich bitte, diese Kritik mir nicht übelzunehmen.
Ein kurzes Wort zu dem Slogan von der sozialen
Gerechtigkeit.
Da möchte ich einen berühmten Mann zitieren,
nämlich Thomas Hobbes: Gerechtigkeit ist ein leeres Wort;
was ein Mann sich erwirbt durch Fleiß und Risiko,
das ist sein Eigentum und muß es bleiben. –
Vielleicht ist das so ein »Atomzünder«
im Sinne von Herrn Dr. Binder.
(Heiterkeit und Beifall)
Ich möchte in Ergänzung dessen, was Herr Selbach
ausgeführt hat,
erst recht eine Atomexplosion loslassen,
derentwegen mich die hier anwesenden Steuerexperten,
die ich wahrscheinlich schockieren werde, für einen
Utopisten,
wenn nicht sogar für einen Narren erklären werden.
Wenn die eingeleitete Politik der Tarifsenkung
alle zwei Jahre fortgesetzt wird, müssen wir
mit mathematischer Notwendigkeit nach etwa 20 oder
30 Jahren
bei einem proportionalen Einkommensteuertarif
angelangt sein.
Warum nicht gleich den Proportionaltarif?
Die Experten zucken mit den Schultern.
Ein Proportionaltarif von 10 % ohne Freigrenze
und ohne jede Ausnahme strikt angewandt
würde 30 Milliarden Einkommensteuer erbringen.
Das wäre genau dasselbe, was wir jetzt
bei dem Tarif haben, der bis 53 % geht.
Stellen Sie sich bitte die Vereinfachung unseres Lebens vor,
die daraus resultieren würde.
(Beifall)

Es würde nur ein einziger Berufsstand eine Einbuße
  erleiden;
ich brauche ihn nicht zu nennen.
(Heiterkeit)
SILCHER: Man kann nach den Erfahrungen und der
  Entwicklung
der letzten Jahrzehnte sehr wohl die Frage stellen,
ob eine Sonderbesteuerung fundierter Einkommen
von der Grundidee her eigentlich noch gerechtfertigt ist.
Diese Sonderbesteuerung entstand aus der Überlegung,
daß Vermögen eine absolut sichere, unerschütterliche
  Grundlage
für Einkommen sei; wenn man nur Einkommen
ohne Vermögen beziehe, habe man diese Sicherheit
und Unerschütterlichkeit der Grundlage nicht. –
Ich glaube, ich brauche nicht weiter auszuführen,
daß die Erfahrungen der letzten Jahrzehnte
genau das Gegenteil gezeigt haben.
Die Vermögen sind dasjenige, was nicht standgehalten hat,
*»Alfried Krupp zählt heute mit einem Vermögen von mehr
als 5 Milliarden DM zu den sechs reichsten Männern der
Welt: trotz Niederlage des Deutschen Reichs von 1918, trotz
Revolution, Inflation und Krise zwischen den beiden Weltkriegen, trotz Bombenhagel, Zusammenbruch und üppig
betriebener Demontage... Es mutet wie ein Wunder an und
muß doch irgendwie zu erklären sein.«* (Kurt Pritzkoleit,
*Wirtschaftsmacht – Gespenst oder Wirklichkeit? Politikum-
Reihe, Bd. 6, Stuttgart 1962, S. 29*)
und der Arbeitsplatz, die Arbeitskraft, ist das,
was relativ gut standgehalten hat.
Man könnte also von dieser grundsätzlichen Idee her
ein Fragezeichen über die ganze Institution setzen.
ULLRICH: Es muß bei der Finanzreform die
  Gewerbeertragsteuer
auf jeden Fall in Wegfall kommen und durch eine
sogenannte Gemeindeeinwohnersteuer ersetzt werden,
damit alle diejenigen, die die gemeindlichen Einrichtungen

in Anspruch nehmen, auch mit zu deren Finanzierung
   beitragen
und dadurch zugleich in ihrer Ausgabefreudigkeit
   gezügelt werden.
(Beifall)
REGUL: Ich hüte mich sehr wohl, in diesem Kreise von
   »Planung«
zu sprechen, denn ich weiß, wo die kritischen Punkte sind.
BINDER: Meine Damen und Herren, ich darf Ihnen allen
für ihre disziplinierten Beiträge zur Diskussion
und für Ihre Ausdauer herzlich danken.

HORST BIENEK

Vorgefundene Gedichte heißt der Lyrikband, dem der folgende Text entnommen ist. Bienek schreibt in einem Vorspruch: »Diese gedichte sind nicht einmalig. Sie sind nachmachbar. Sie fordern zum suchen, zum finden, zum nach-machen auf. Ihr finder ist ihr schöpfer.« In »Verkündigung des Wetters« ist das Verfahren der Kontrastmontage fast unauffällig gehandhabt: zwei Zitate sind nach dem Prinzip »Vorher/Nachher« aneinandergefügt. Bienek gibt folgenden Quellenhinweis: »*Süddeutsche Zeitung* vom 27. Februar 1969. Die letzten drei Zeilen hinzugefügt aus der Ausgabe vom 3. März.«

Verkündigung des Wetters

Die quer durch Deutschland
verlaufende luftmassengrenze
    verlagert sich nur langsam
südwärts in Bayern stark bis wechselnd
bewölkt und vereinzelt niederschlag
    meist als regen
mittagstemperaturen
    einige grade über null
    nachts
stellenweise leichter frost. berge
zeitweise in wolken. frostgrenze
in den alpen
    zwischen 800 und 1000 metern
wintersportverhältnisse gut bis sehr gut
    am wochenende
    acht tote
    und vierundfünfzig verletzte.

PETER HANDKE

Ein Fundstück und seine Transformation oder Übergang von der Quelle zum Zitat: Handke führt drei Stufen vor, nämlich den Vorgang des Aufmerkens bei der täglichen Lektüre, sodann den von der Irritation ausgelösten Akt des Abschreibens (daher die Überschrift »Lesen und Schreiben«) und schließlich das erneute Wahrnehmen (»Und Lesen«). Was hat sich verändert? Was für ein Umschlag hat dabei stattgefunden?

LESEN UND SCHREIBEN

BERCHTESGADEN — Um einen besonders schönen Blick auf Sankt Bartholomä zu haben, stieg am Sonntag eine 22jährige Sekretärin aus Paris zusammen mit ihrem Ehemann auf die Falkensteiner Wand am Königssee.

»Um einen besonders schönen Blick auf Sankt Bartholomä zu haben, stieg am Sonntag eine 22jährige Sekretärin aus Paris zusammen mit ihrem Ehemann auf die Falkensteiner Wand am Königssee.«

UND LESEN

PETER O. CHOTJEWITZ

Im Spätsommer 1966 hat Chotjewitz, wie er selbst erklärt, »aus einigen Dutzend Zeitungen des vorangegangenen Jahres Sätze aus der Berichterstattung über den Krieg in Vietnam hintereinander« geschrieben, mit dem Effekt, daß »plötzlich in der Zusammensetzung der Teilchen ein Bild entstand« (P. O. Ch., *Vom Leben und Lernen*, S. 217). Genaue Quellenangaben macht der Autor nicht. Die Anordnung der Einzelteile ist weitgehend beliebig.

Vom Leben und Lernen

(Ausschnitt)

Man findet in Zeitungen selten einen Hinweis darauf, warum in Vietnam seit zwanzig Jahren Krieg geführt wird. Partisanen in Berlin würden nicht einmal 24 Stunden durchstehen, in Vietnam beherrschen sie drei Viertel des Landes, wenn nicht mehr. Auf einen getöteten Vietcong kommen zehn getötete Zivilisten. Die Division versucht in den Dörfern drei Stunden freiwilligen Englischunterricht die Woche zu geben. Die Soldaten gehen als bessere Menschen nach Hause. Sie können ermessen, welches Glück es ist, als Amerikaner geboren zu sein. Die Vietcong sind die Indianer, das Leben in den Lagern erinnert sie an ihre Vorfahren. Doch die Soldaten sind einsam. Seltsam, wie viele Soldaten an den Fingernägeln kauen.
Der Soldat ist kein Mörder. Er ist für die Handlungen des Gemeinwesens nicht verantwortlich. Die Soldaten sind einfach wütend auf Senatoren und andere Leute daheim, die gegen den Krieg demonstrieren. Sie können es nicht fassen, weil täglich Kameraden neben ihnen verwundet und erschossen werden.
Sechs verwundete amerikanische Soldaten sind in Vietnam von kommunistischen Truppen exekutiert worden. Die

Gebete anderer Amerikaner helfen dem amerikanischen Präsidenten die Last zu tragen, junge Männer in die Schlacht schicken zu müssen. Die amerikanischen Angriffe auf nordvietnamesische Öllager sind ein innenpolitisches, kein strategisches Manöver. Es ist unbegreiflich, wie diejenigen, die nach dem zweiten Weltkrieg die Vernichtung der Bevölkerung durch Gift und Gas und die Angriffe auf Frauen und Kinder durch Bomben als Kriegsverbrechen verurteilt haben, jetzt diese Verbrechen in Vietnam verüben. Es macht keinen moralischen Unterschied, ob man Frauen und Kinder mit Bomben tötet oder mit einem Messer, weil man nur ein Messer besitzt. Für Millionen Vietnamesen heißt Wohlstand, einen Wasserbüffel zu besitzen, der 50 Dollar kostet, oder umgerechnet einen Jahresverdienst. Einen Büffel töten ist soviel wie zehn Bauern töten. Es wurden 300 Büffel getötet.
Schon viermal haben amerikanische Flugzeuge das Schulhaus verbrannt. Drei von vier Patienten, die nach dem Angriff mit Verbrennungen durch Napalm und geliertes Gasolin in einem Hospital Behandlung suchten, waren Frauen und Kinder. Die amerikanischen Neger versperrten mit Tausenden ihrer Autos die Zufahrtstraßen zur Weltausstellung und ließen die Wasserhähne offen, um so einen Wassermangel zu erzeugen. Viele Vietnamesen haben noch nie ein Auto gesehen oder von fließendem Wasser gehört.
Je mehr Erfolg die Amerikaner in Vietnam haben, um so größer ist auf lange Sicht das Desaster. Präsident Diem sabotierte die für 1956 versprochenen Wahlen in Vietnam mit Duldung des Westens. Wenn man in Berlin über Vietnam diskutiert, wollen wir nicht vergessen, was wir den Amerikanern verdanken. Der deutsche Geschäftsträger in Saigon übergibt eine deutsche Reisspende für Flüchtlinge in Südvietnam.
Koalition mit Kommunisten oder gar Volksfront sind schmutzige Wörter. Die USA und ihre Verbündeten sind dabei, in Vietnam den Kampf gegen die Vietcong und die alten Feinde Hunger, Armut, Unwissenheit und Krankheit

zu gewinnen. Das ist der Auftakt zu einem grausamen Spiel.
Vietnamesische Mädchen tragen die Speisen auf. Ihr kindliches Lächeln zaubert eine ständige Atmosphäre der Heiterkeit in die heißen, niedrigen Räume. In der Stadt tragen die vietnamesischen Frauen ein einzigartiges Kostüm, genannt ao-dai. Das Kleid flattert im Wind, die weiß behandschuhten Hände auf dem Lenker, den Rücken gerade und meist einen weißen, steifen Hut auf dem Kopf, der mit einem roten Band unter dem Kinn zusammengebunden wird, wie ein zauberhafter Schmetterling inmitten des lauten, schmutzigen Durcheinander des Verkehrs.
Im 15. Jahrhundert gab der Kaiser Than Ton den Frauen durch ein Gesetz praktisch den gleichen Rechtsstatus wie den Männern. Die Schwestern Trung brachten im Jahre 39 n. Chr. eine Armee zusammen und verjagten zeitweilig die Chinesen.
Politische Häftlinge, die von furchtbaren Foltern berichteten, wurden in Freiheit gesetzt und zu ihren Familien gebracht. Zur peinlichen Verlegenheit des Regimes und der US-Mission brachte eine amerikanische Fernsehstation einen Film, in dem ein Vietconggefangener in Gegenwart eines amerikanischen Offiziers gefoltert wird.
Das internationale Komitee des Roten Kreuzes hat Südvietnam aufgefordert, Mißhandlungen gefangener Vietcong zu verhindern. Südvietnamesische und amerikanische Streitkräfte ließen daraufhin unter ihren Soldaten Abschriften der Genfer Konvention über die Behandlung Kriegsgefangener verteilen. Im Moment juckt es sie schon bei dem Gedanken in den Fingern, tagelang Vietcong foltern zu dürfen. Sie schlagen sehr stark, aber noch schlimmer ist die Berührung mit elektrischem Strom.
Viele Partisanen werden sofort nach ihrer Gefangennahme zu Tode gefoltert. Ngoc faßte mit der linken Hand den Daumen des Mannes und trieb die Nadel mit der rechten Hand unter den Daumennagel ins Nagelbett. Mit der flachen Bajonettklinge tippte er leicht auf den Nadelkopf. Der

Gefangene schrie gellend. Ngoc wartete, er griff nach dem Bajonett, schaute den Gefangenen fragend an und klopfte dann mit langsamen, genau berechneten Schlägen die Nadel direkt ins Daumengelenk. Das schrille Geheul, das jeden Schlag begleitete, schien nicht aus der Kehle, sondern aus dem Innersten des Häftlings zu kommen. Ngoc ließ die Rolle des geduldigen Fragestellers fallen und begann hemmungslos zu brüllen, denn den Gefangenen verließen offenbar die Kräfte. Seine Augen glänzten irr, als er das Bajonett über dem Nadelkopf pendeln und mit klatschendem Schlag zuschlagen sah. Die Nadel durchbohrte das Daumengelenk. Der Gefolterte stieß einen Schrei aus. Das ist alles nur möglich, weil der Pazifik ein amerikanisches Meer ist.
Nach dem blutigen Beilegen einer Affäre bauen die Amerikaner das Dorf wieder auf. Die Fährleute winken den hübschen Mädchen in den kleidsamen ao-dai zu. Die Pazifizierung darf nicht so radikal sein, daß die Bevölkerung nicht mehr in den Genuß des Friedens kommt. Eigentlich sehen sie alle ein bißchen glücklich aus. Sie können das Gesicht des weißen Mannes nicht mehr ertragen. Aber noch lächeln sie uns an. Ein langgedehnter, trostloser Schrei der Verzweiflung kommt aus der kleinen Kehle. Jederzeit ist dieses liebenswerte kleine Volk bereit zu lachen. In ihm hat Amerika einen Feind für immer.
Die Granaten versuchen, die in panischer Angst fliehenden Bauern am gegenüber liegenden Höhenrücken zu fassen. Es könnten Vietcong sein. Es kann nicht erwartet werden, daß die stärkste Nation der Erde auf Provokationen reagiert wie ein Volk von Schafen.
Die Planung für das Jahr 1967 enthält 1,7 Millionen Bomben, 4,8 Millionen 70-Millimeter Hubschrauberraketen, eine Milliarde Schuß Munition für Handfeuerwaffen, 16 Millionen Schuß Granatwerfermunition, 11 Millionen Artilleriegranaten.
[...]

DIETER WELLERSHOFF

Diese Collage veröffentlichte Wellershoff 1970 in einer Anthologie mit dem Titel *Trivialmythen* (herausgegeben von Renate Matthaei). Wellershoff hat seinem Text eine Liste mit Autoren beigegeben, aus deren Büchern Zitate entnommen wurden und unter denen auch er selbst gleichrangig auftaucht: »Jonas Alt, Antonin Artaud, Alex Austin, Georges Bataille, Simone de Beauvoir, Maurice Blanchot, André Breton, Elias Canetti, Blaise Cendras, Robert Creeley, Dante Alighieri, Salvador Elizondo, Carlos Fuentes, Lars Gustafsson, Norman Haire, Hans G. Helms, Ernest Hemingway, Henry James, Pierre Klossowski, Oswalt Kolle, D. E. Lawrence, Violett Leduc, Michel Leiris, Ira Levin, Henri Michaux, Henry Miller, Henry de Montherlant, Odette Newman, Frank O'Hara, Sylvia Plath, Nathalie Sarraute, Jean-Paul Sartre, Karin Schrader-Klebert, Philippe Sollers, Rüdiger Stieblitz, John Updike, James D. Watson, Dieter Wellershoff, Tom Wolfe.«

Hohe Säulen glühender Nebel

Über Liebe, Sexualität und Leidenschaft

Vergangenes Jahr habe ich ihn aufgesucht. Er benahm sich gekünstelt, wir wurden nicht warm. Ich kam mir ganz dumm vor und bin wieder gegangen. Denn eine Frau und ein Mann, die bis ans Ende der Zeiten ich und du sein müssen, werden, ohne sich jemals umzuschauen, weitergleiten bis dahin, wo der Weg sich verliert.

Es war fast beruhigend, den zweiten wiederkommen zu sehen, langsam, mit den Händen in den Hosentaschen – ein blonder Junge mit hochgebürsteter Haartolle, hellen Augen und intelligentem Blick. Sein Hemd war blütenweiß. Mit raschem Griff entriß er mir wiederum den Rock und stellte seinen Fuß darauf.

Im schrägen Licht konnte er die Öffnungen ihres Körpers

ahnen. Eine Sekunde später taumelte er zurück und überließ den Rest der Vorbereitungen Barbara und Nan. Krabbensalat, Tomaten- und Meerrettich-Sauce, Kaviar, hartgekochtes kleingehacktes Eiweiß, gehackte Zwiebel, ein bißchen Zitrone, Pumpernickel als Unterlage, Sahnekäse mit gehackten Schalotten darunter, kleine Kartoffeln und Kürbisse, gefüllt und gebacken, grüne Tomaten, gebackene Muscheln.

Sie hatte geglaubt, sie sei viel zu leer, um je von einem Mann ausgefüllt werden zu können. Heute weiß ich, daß ein wirklich liebender Mann wahre Wunder vollbringen kann.

Er führte uns immer einzeln ins Schlafzimmer und untersuchte uns dort gründlich. Es gelang ihr gerade noch, ihren Oberkörper zurückzuwerfen, während unter ihrem Rock folgendes formuliert wurde: »Was soll man von der Tatsache halten, daß eher etwas existiert, als daß nichts existiert?« Man muß hindurchgegangen sein, um die Schnelligkeit der Auslösung zu kennen, den Blitz, den haarsträubenden Automatismus.

Dann wurde in der wiedereingetretenen Dunkelheit ein undeutliches Gewirr von Stimmen hörbar. Hunderte von Frauen griffen zur Feder oder in die Tasten und schilderten ausführlich ihre Gefühle. Und wie wir manchmal Regen fallen sehen mit schönem Schnee vermischt, so schien es mir, als sähe ich ihre Worte vermischt mit Seufzern fallen. Als sie eine Weile untereinander geredet hatten, sagte mir jene Frau, die zuerst zu mir gesprochen hatte: »Wir bitten dich, daß du uns sagst, worin deine Seligkeit liegt.«

Und jetzt, was tun? Ich fühle, ich werde vor nichts zurückschrecken. Da ist etwas, das noch zu wachsen scheint. Eine richtige rhythmische Verkommenheit.

Sturmstöße, kleine Sturmstöße!

Sie kämpfte dagegen an, bis sie von unten nach oben von einem brennenden Erstaunen durchdrungen wurde. In Wallung geraten, ihrer selbst überdrüssig, hatte sie jene letzte Bewegung in einem Geisteszustand vollzogen, den sie schon

nicht mehr begriff, so daß sie sich nach allen Seiten auflöste, ein grauer, pulsierender Fleck, den ihr Gesicht hinterlassen hatte. Es mußte etwas Dringendes sein, was sie ihm sagen wollte. Wenn er nicht nachgab, würde er es treffen. Dann erlosch das oder schien zurückzuweichen, und er wußte immer noch, daß er im Bett lag, aber es hatte keine Bedeutung.
Sonderbarkeit des Schweigens.
Wenn übrigens das Fleisch nur Köder ist, ist das Wort nur Wind.
»Eine kleine Friktion«, bat er und lächelte so, daß alle seine Zähne sichtbar wurden. Mit dem Wattebausch rieb sie ihm den Nacken und die Schläfen ab, während er in vollen Zügen die aromatischen Dünste einatmete. Erfrischt schien es ihm weniger mühsam, die jüngste Vergangenheit zu rekapitulieren.
So verstand ich meine Rückzüge, meine Annäherungen, meine Preisgabe zu lesen. Die Frauen füllten das trockene Buch der Wissenschaft mit Leben.
Und abermals griffen ihre schmalen Finger, die ich so gut kannte, nach meinem Kinn.
Ich kann nicht mehr, ich rufe dir zu genug. Hör auf, mit deinem Geschlecht zu denken, sauge das Leben endlich ein, das ganze Leben. Dort – ich habe es schon vor Jahren verlangt – muß man die neue Schönheit suchen, die Schönheit, die ausschließlich den Zwecken der Leidenschaft dient.
Dieses Angebot kann sich selbst nicht genug sein.
Ihre Augen leuchteten. Ihre Haare glänzten.
Nun ist, um wieder auf die Theorie zurückzukommen, wichtig, daß das angesprochene unbewußte Verlangen sozusagen wie ein drittes Auge wirkt, ein Auge, das unablässig damit beschäftigt ist, die Umgebung nach einem Objekt abzusuchen. Irgendwann, das wird nicht ausbleiben, rastet das Verlangen dann ein, das Auge ist fixiert, und der Mann, wenn er ausreichend Gelegenheit hat, macht das Objekt zu seiner Geliebten.

Mit der Ehe dagegen siegen die Götter.
Ebenso ist es vollkommen wahr, daß die Frau – wie der Mann – ein in der Natur verwurzeltes Wesen ist.
Aber selbst im Dunkel senkte sie noch die Lider. Der Traum, dachte sie irrtümlich, hatte sich um Telefone gedreht; lauter Telefone, und alle von der gleichen Farbe: an die Farbe selbst konnte sie sich nicht mehr erinnern. Eine seltsame Unruhe trieb sie weiter. Man sollte sich einem Zauberer überlassen, der imstande war, eine echte Perle in die Silberbüchse zu legen, nachdem er die unechte entwendet hatte.
Verzeihen Sie uns dieses Verfahren, Madame, uns, die wir nur einfache Substanzen sind.
Das waren Worte auf dem halben Weg zum Verstand, mit dem Gefühl der Magenfunktionen, die wie eine Fahne im Sturmleuchten knallen. Aber verdorben, wie ihr Herz war, schuf es eine erotische Intensität, die jenen Herzen unbekannt ist, die der Schlaf nie entstellt und das Aufwachen nie auseinanderreißt. Und was ist die Versuchung schließlich anderes als die Bewegung unserer Freiheit, die uns aus uns selbst herausreißt?
Ihre Augen ergriffen mein Denken an seiner Wurzel.
Verstehen wir uns nicht?
Sie standen einen Augenblick auf der Veranda und zitterten, während ihre überhitzten Körper sich an die Kälte zu gewöhnen begannen. Der Schweiß trocknete schnell auf ihren nackten Körpern. Sie sprangen von der Veranda hinab und liefen in die Mitte des jungfräulichen weißen Gartens. Sie schrien und fielen hin, hielten sich gegenseitig fest und rollten in dem eisigen Feuer, dort auf dem tiefsten Grunde des Schmelztiegels der Menschheit, in jener paradoxalen Region, wo die Vereinigung zweier Wesen, die sich wirklich erwählt haben, allen Dingen die Werte wiedergibt, die zur Zeit der alten Sonnen ihnen verlorengingen, und wo dennoch Einsamkeit rast infolge einer der Launen der Natur, die will, daß unter der Asche rings um die Krater Alaskas der Schnee liegen bleibt.

Die Worte schwebten um sie wie dicke Fetzen Schweigen. Sie schrien sich beide die Kehlen wund, schrill, jetzt im Takt von Toms rasenden Stößen, um in dieser kalten Welt tiefer in die wärmende Tasche einzutauchen, und Elsa reagierte mit fest rangeschobenen Hüften, die sie in froher Unterstützung kreisen ließ, und sie versuchte, den glühenden Blitz, der sich in ihre eingefrorene Spalte gedrängt hatte, ganz zu verschlingen.
Der Andere besitzt ein Geheimnis: das Geheimnis dessen, was ich bin. Er bewirkt, daß ich bin, und besitzt mich gerade dadurch, und jener Besitz ist nichts anderes als das Bewußtsein, mich zu besitzen. Und ich, der ich meine Objektheit anerkenne, fühle, daß er dieses Bewußtsein hat. Um dessentwillen konstituiere ich mich als bedeutenden Gegenstand. Sie spürte, wie ihr Körper sich in einen Schrei verwandelte, bis sie beide explodierten, sich in Bruchteile der Wirklichkeit auflösten, in die Luft gerissen wurden wie die Feuerfontänen einer Weltraumrakete, von der flammende Stücke durch das All getrieben wurden, bis sie zu hohen Säulen farbiger glühender Nebel verschmolzen.
Anderntags beim Waschen dachte ich ein wenig daran. Aber in der Tiefe des Unbewußten war die vage Erinnerung an einen braunen Hut.
Die Zeit flog auf eine merkwürdige Weise unaufhaltsam dahin. Sein Leben war eine Fata Morgana mit einem Schicksal. Mein Leben war damals hektisch. Ich lebte gleichzeitig auf sechs Ebenen, daher traten Trockenperioden ein, die manchmal wochenlang dauerten. Was die Frauen eigentlich vom Leben wollen, weiß kein Mensch.
Dennoch war es, wie ich schon sagte, eine bedeutsame Stunde gewesen.
»An manchen Tagen habe ich tatsächlich geglaubt, Sie hätten Angst. Aber natürlich«, setzte sie hinzu, »hat es Tage gegeben, da wir alles für möglich hielten.«
Später folgerte er aus der charakteristischen Art, mit der sie die Augen schloß und sie, als wollte sie die Fassung zurück-

gewinnen, lange und schweigend fest geschlossen ließ, daß das einer Chance zur Flucht gleichkam.
Sie sagte zu mir: Einen Augenblick.
Ich sagte zu ihr: Ich werde Sie tragen.
Sie sagte leise zu mir: Wir wollen uns beeilen. Ich muß so schnell wie möglich ins Bett.
Kurze Nächte mit Pierrre. Pierre war Franzose, aber er zog seine Uhr auf, bevor er ins Bett stieg. Und sie fühlte sich da liegen, wahnsinnig und mechanisch wie eine Mausefalle.
Dann öffnete er mit der Ruhe eines Toten ihre Beine, als wäre sie selbst eine Leiche. Er benutzte ihren Körper so, wie ein Zauberer einen Alptraum zu seinem persönlichen Vergnügen benutzen mochte. Gegen Morgen schlief er bedingungslos, ohne Abschweifung.
Sie hatte zu oft die Zärtlichkeit erlebt, die Männer ohne Liebe verschenken, um sich nicht wenigstens in diesen kurzen Augenblicken an die Leere des Schmerzes zu klammern, den er in ihr zurückgelassen hatte. Langer Müßiggang hatte sie demoralisiert. Die elementaren Vorgänge hatten ihre Einmaligkeit eingebüßt. Was würde in zwanzig Jahren von ihr geblieben sein? Kadaver in der Sonne, von Öl und Wasser triefend, mit deiner flüchtigen Jugend! Feine Schweißperlen rannen über ihren Hals und bedeckten das runde weiche Fleisch ihrer Arme. Wo bleibt er, dachte sie, wenn ich nach einem kleinen Wink unsterblicher Energie verlange?
So war es immer in diesem Sommer. Unsere Schaukelstühle schnurrten wie Nähmaschinen.
Der Traum der passiven Hingabe, dessen einziges Subjekt der Mann ist, bestätigt der Frau subjektiv ihre psychische Fixierung auf den Mann als Naturereignis. Im allgemeinen ist dieses Gefühl nicht so tief. Aber wie traurig, daß jeder von vorne anfangen muß, um dasselbe Problem zu lösen wie zahllose andere.
Alles kam plötzlich an die Oberfläche, ergoß sich über sie beide in einer Welle stechender Abneigung. Ich habe bemerkt, daß er in solchen Momenten, wenn er draußen

nichts mehr findet, um diese Gereiztheit zu mildern, wenn er darauf angewiesen ist, in sich selber zu suchen und aus sich selber etwas Fühlbares, Lebendiges, seine echteste, innerste Substanz herauszuholen, daß er dann mit einer ihm eigenen Geste fest mit dem Gelenk seines gekrümmten Daumens sein Zahnfleisch da reibt, wo es an die Zähne stößt, und den Daumen dann unter seine Nasenlöcher hält und daran schnuppert.
Sie lächelte sehr geheimnisvoll, ich möchte sagen, verstehend. Wenn sie ihn vergessen wollte, zeigte er sich von neuem. »Übrigens haben wir uns noch gar nicht richtig begrüßt«, sagte er, als er wieder eintrat. Sie schaute ihn an. Er zog seine Hose aus, während er die ganze Zeit in den Garten hinausblickte. In derselben verträumten Art begann sie sich auch auszuziehen. Als er sich ihr zuwandte, fand er in ihren Augen einen Zweifel. Jedesmal, wenn ich Gott suche, finde ich einen Mann. Ich weiß jetzt nicht mehr, an welche Religion ich mich wenden soll. Mit einem satten Stöhnen ließ sie das volle Gewicht ihres üppigen Körpers auf ihn nieder, drehte ihre Hüften in großen langsamen Kreisen. Und da wurde mir auf einmal klar, daß ein Fehler des Mannes oft einem Einfall der Frau entsprechen kann.
Soweit wären wir also?
Soweit schon. Aber wir werden noch weiter gehen.
Er sah Feuer aufsteigen, Ketten von Feuer, die man einer Frau um den Hals hängen konnte, weißes Feuer, das hoch über seinem Kopf in falsche Sterne zerfiel, die ihn zärtlich bedeckten und schweigend in Regen und Wind verloschen.
Es war betäubend, Junge, es war schön. Betäubung ist etwas Schönes, man unterschätzt sie leicht.
Aber wenn ein Mann endlich mit den körperlichen Belangen der Liebe fertig ist, ist er gezwungen, seine Seele um so eingehender zu betrachten.
Der Garant der Erschwerung des direkten Handelns war die Ästhetik in ihrer auf den Körper einwirkenden Form.
Möchtest du duschen? fragte sie.

Der Mann fühlt sich im Urteil der Frauen vereinfacht. Was ihn kompliziert, ist das, was er für sich behält und was ihn unfruchtbar macht: das tote Holz der Persönlichkeit.
Er richtete sich auf. Eines Tages, sagte er, werden wir uns vielleicht beim Summen einer Fliege an diesen Augenblick erinnern.
Bisher hatte er keine Minute daran gedacht, seine Existenz als einen Fehlschlag zu betrachten; denn er hatte ja immer nur auf jenes Ereignis gewartet, das aus ihr einen Erfolg machen sollte: eine große vollbusige slawische Dame in einem dicken Pullover aus ungefärbter Schafwolle. Wie immer, wenn er besonders liebeskrank war in diesen Wochen, ging er zum Kühlschrank und stopfte die Leere in sich mit etwas Eßbarem.
Hör auf, so zu seufzen.
Ich seufze doch gar nicht.
Dann hast du eine unerfreuliche Art zu atmen.
Entschuldigung. Ich werde versuchen, das Atmen einzustellen.
Warum gehst du nicht vor die Tür und schaust dir die Sterne an?
Er hatte das Gefühl, als habe er in einen leeren Brunnen gespuckt. Hinter sich hörte er sie weinen. Das passierte selten, ein reizloses, geistloses Geräusch.
Schon quälten wir uns, doch ein jovialer Fuß berührte den meinen. Der Kunstgriff war zynisch, die Empfindung einzigartig. Für den abhängigen Mittelständler stellte sich das Ganze seitenverkehrt dar.
»Wie geht es dem Gatten?« fragte er, als wir wieder in das Zimmer traten.
Oh, diese Manie, Erfahrungen nochmals durchzugehen! Die Anwesenheit eines intelligenten Mannes, den man auch mit den Eierstöcken anhört, ist ein Fest und eine Hölle.
Er weckte in einem seltsame Gefühle, er verfügte über eine unbeschreibliche Geschicklichkeit, die die Situation völlig umdrehen konnte. So war es immer gewesen. Vor der Ehe hatte er sie immer in Restaurants geführt, in denen jemand

Geige spielte. Jetzt lähmte er sie durch blitzschnellen Wohnungswechsel. Er legte sie schweigend auf die feuchten Steine, und wenn sie fragend zu ihm aufblickte, strotzte er vor Argumenten: Die Verführung zielt darauf ab, beim Anderen das Bewußtsein seiner Nichtigkeit angesichts des bezaubernden Objektes wachzurufen. Mittels der Verführung beabsichtige ich, mich als eine Seinsfülle zu konstituieren und als solche anerkennen zu lassen.
Das Schlimmste war wahrscheinlich seine glaubwürdige Erscheinung, denn sie bereicherte auch noch das seelische Moment. Seine Geschlechtserregung kam bereits zustande, bevor ihm überhaupt bewußt wurde, daß sich neben ihm auf der Bank eine Dame befand. Sie sagte: »Sehen Sie mal, ich treib es wie die Kinder, ich habe wahrscheinlich an den Nägeln gekaut.« Ich war schon verwirrt genug, da hörte ich auch noch im Saal zwei Herren im Frack – beide sehr groß, sehr athletisch – beim Hinausgehen die folgenden Erwägungen austauschen: »Er ist schön, aber seine Muskeln sind nicht gut genug entwickelt.« Ich hatte die vage Empfindung, daß alles dies uns auf ungangbare Wege führen müßte. Schon an der Tür kam das Vorgefühl von etwas Ungewohntem. Ich sah Unordnung, Kleider am Boden: nun also das ist ja das Unglück, dachte ich, wie absonderlich. Plötzlich war das rothaarige Mädchen da, errötete und sagte mit strahlenden Augen: »Die Ehe bekommt Ihnen, Sie sehen fabelhaft aus.« Mein Magen ertrug das nur bis Anfang November. Ein Dunst, ein Flaum, eine Erinnerung an pudrige Achselhöhlen, sie war eine schwere Bedrohung der Geistesfreiheit. Unsere Leidenschaft glich zwei abgehackten Köpfen, die sich küssen. Sie beugte sich über ihn mit einer Traurigkeit, die sagte, daß die Liebe eine Wüste war. Für ihn war es ein dunkler Weg, der nach Nirgendwo führte und weiter nach Nirgendwo und abermals weiter nach Nirgendwo und noch einmal nach Nirgendwo, aber allmählich beruhigte ihn die Gleichförmigkeit der Welt.
Zum Beweis meiner Liebe habe ich beschlossen, dir heute eine kleine Entspannung zu gönnen, sagte er.

Er verließ sie so plötzlich wie ein Mörder, der Stimmen hört, das Messer aus der Brust seines Opfers zieht. So, sagte er, wie war das? Dann sank er zurück.
Ich entsinne mich einer Art überwältigender Schwere. Die Sinne sind nicht für solche Extreme geschaffen. Ich merkte, daß ich atmete, aber die Glieder jener vorüberziehenden Frauen, das dumpfe Aufbrechen ihrer Münder, Knöchel, Arme, Schenkel, alles rutschte schräg weg, geriet durcheinander und schwieg.
Als er die Augen öffnete, standen zwei Ziegen vor ihm und blickten ihn wie kleine verwirrte alte Männer an.
Erinnerst du dich? Bist du es oder bist du's nicht?
Die Landschaft war so leer wie die Seele eines Verrückten. Das Denken, weiß, durchsichtig, wie aus augenblicklicher Verdunstung aufgetaucht, schien sagen zu wollen: Es ist eine Frau. Du bist es. Dieses Gesicht enthält alle Gesichter. Erinnere dich, um zu vergessen.
Plötzlich war es wunderbar auf der Straße. Die Stadt war leer oder die Menschen sahen irgendwie angenehmer aus. Jenes ganz bestimmte Blau, grell, beleidigend, gemein, trug niemand mehr. Da erkannte er, daß er sich mit der Tatsache abgefunden hatte, daß sein Leben nicht mehr wichtig war.
Das Grundproblem der Sexualität kann also folgendermaßen formuliert werden: ist die Sexualität ein kontingentes Ereignis und an unsere physiologische Beschaffenheit gebunden, oder ist es eine notwendige Struktur des Für-Andere-für-sich-Seins?

WOLF WONDRATSCHEK

Diese Einleitungspassage aus *Paul oder die Zerstörung eines Hörbeispiels* zeigt beispielhaft, wie das »Neue Hörspiel« der sechziger Jahre die Möglichkeiten der akustischen Collage nutzt. Ein durch die Mittel der stereophonen Aufzeichnung geschaffener künstlicher Hörraum, in dem Geräusche, Signale, Musik und Originaleinblendungen fast gleichwertig neben dem Text des Autors stehen, löst den Illusionsraum ab, wie ihn frühere (und spätere) Hörspiele anstreben.

Paul oder die Zerstörung eines Hörbeispiels

(Ausschnitt)

Männerstimmen A B C D E F G H I
Frauenstimme
Sprecher

Die Zerstörung eines Hörbeispiels meint die Zerlegung eines Hörtextes in seine einzelnen Teile; dabei wird die Analyse der Illusion selbst thematisch.
Das Wort »Hörbeispiel« wurde gewählt, um den Begriff ›Hörspiel‹ als Kategorie zu suspendieren. Es handelt sich hier nur um *ein* Beispiel einer Realisation. Das stilistische Prinzip ist das des einzelnen Satzes, das methodische das der Unterbrechung eines vorgegebenen Zusammenhangs. Die Regie müßte beides deutlich machen.
Der Regisseur ist ein Mitautor; auch die von mir fixierte Bezeichnung der einzelnen Sprechpositionen (1–5) ist nur ein Vorschlag, der von ihm verändert werden kann. Vor den zitierten Geräuschen und Zitaten wird das Wort »Geräusch« und »Zitat« jeweils vom Sprecher gesprochen. Fettgedruckte Passagen können gleichzeitig gesprochen werden.

Ich bitte, die Geräusche nie punktuell aus der Hörmitte kommen zu lassen.
Ich bitte, verschiedene mediale Akustiken (z. B. Megaphon-, Radio-, Telefonakustiken) zu verwenden.

Positionen im Hörraum

1	2	3	4	5
(links)	(halblinks)	(Mitte)	(halbrechts)	(rechts)

Hörer

SPRECHER 3   Geräusch
(das Starten eines Lastkraftwagens, langes Motorengeräusch)

SPRECHER 3   Zitat

A 3   Zu einem Antibabyjahr hat der indische Minister für Familienplanung, Dr. Sripati Chandrasekhar, seine Landsleute aufgerufen. Zum Gedächtnis an den Staatsgründer Mahatma Gandhi, dessen 100. Geburtstag in diesem Jahr gefeiert wird, sollen sich alle indischen Ehepaare zwölf Monate lang des intimen Verkehrs enthalten. Der Minister erklärte, ein solcher Verzicht werde sowohl den Menschen als auch dem Lande nützen. Abstinenz sei noch immer die billigste und sicherste Verhütungsmethode, wenn auch vielleicht die schwerste.

Von dem asketischen Führer der indischen Freiheitsbewegung, Mahatma Gandhi, heißt es, er habe im Alter von 37 Jahren auf jede sexuelle Betätigung verzichtet. Mahatma Gandhi wurde 78 Jahre alt.

SPRECHER 3   Geräusch
(das Klappern einer Schreibmaschine, dazu und daneben das Rascheln von Papier)

B 2   5 Uhr früh und das Husten der Bauersfrauen.

	Siebenprozentiges Gefälle. Geschwindigkeitsbegrenzung. Danach wieder Steigungen. Immer wieder liest man in den Zeitungen, daß übermüdete belgische Busfahrer auf der Autobahn gegen Brückengeländer fahren.
	Schon der Großvater hieß Paul.
SPRECHER 3	Zitat
C 4	Wer hat angefangen: die Araber oder die Israelis?
SPRECHER 4	Paul oder die Zerstörung eines Hörbeispieles.
	Paul fährt einen Lkw von München nach Hamburg. Paul sieht verschiedene Dinge, er denkt verschiedene Dinge; das wiederholt sich für Paul jeden Tag.
D 3	Wildwechsel. Dauerregen. Richtung Hamburg. An der Windschutzscheibe zerplatzt ein Vogel. Scheiße. Und mittlerweile wurde es Montag.
SPRECHER 1	Geräusch
	(Schreibmaschinengeräusch synchron zum nachfolgenden Text)
SPRECHER 1	und mittlerweile wurde es Montag. Es war
E 2	einmal. Paul heißt Paul.
SPRECHER 3	Das nenne ich Paul.
F 4	Paul zieht sein Wasser aus der Hose.
	Einige wissen alles besser. Helmut behauptet, die Geheimnisse der Neger sind weiß. Peter sagt, natürlich haben die Araber angefangen.
G 5	Unter Politik stellt man sich am besten ein Leben ohne Politik vor.
H 2	Paul stellt sich unter dem Wort ›Autobahn‹ das Wort ›Politik‹ vor.
I 1	Das Wort ›Ruhe‹.
A 4	Das Wort ›Hitler‹.
B 5	Es passieren Unfälle.
C 2	Sicherheit links und rechts.

D 1   Paul stellt sich unter dem Wort ›Autobahn‹ das Wort ›Ordnung‹ vor.
Unter dem Geräusch eines fahrenden Lastkraftwagens stelle ich mir einen Mann namens Paul vor.
I 2   Der Parkplatz ist leer.
G 4   Hinter Hannover weiden die Kühe jetzt häufiger. Auf den Friedhöfen kümmern sich die Leute um frische Blumen.
H 3   Unter dem Ausdruck ›frische Blumen‹ stellt man sich das Wort ›Friedhof‹ vor oder das Wort ›Braut‹.
SPRECHER 3   Unter dem Wort ›Hörspiel‹ stellen sich die Hörer eines Hörspiels ein Hörspiel vor.
SPRECHER 3   Geräusch.
(Sendezeichen / Der Ansagetext der jeweiligen Rundfunkanstalt wird wiederholt)
B 5   5 Uhr früh. Auf der Gegenfahrbahn beginnt allmählich der Verkehr. Die Eltern kauen Wurstbrote. Die Kinder lachen. Sie schälen hartgekochte Eier und stellen sich das Meer vor. An den Tankstellen sitzen die Tiger.
C 2   Einen guten Witz spürt man überall.
D 1   Schlechte Zeiten sind gute Gesprächsthemen.
F 5   Die Zahl der Verkehrstoten hat sich gegenüber den vorangegangenen Jahren wesentlich erhöht.
G 2   München
G 1   und das Husten der Bauersfrauen in Bayern.
G 4   Paul.
G 5   Siebenprozentiges Gefälle. Geschwindigkeitsbegrenzung und
H 3   Paul zündet sich eine Zigarette an.
I 5   Edith kitzelt. Der Beifahrer schläft.
SPRECHER 3   Diese Landschaft ist links und rechts eben so üblich.
Geräusch.

(Fahrende Autos auf der Autobahn)
Paul spuckt in die Hände, um das Lenkrad besser greifen zu können.
Geräusch.
(Spucken in die Hände)
Strecke Ulm, Stuttgart, Karlsruhe, Heidelberg, Darmstadt, Frankfurt, Göttingen, Hannover.
Die Beatles.
Geräusch.
(Beatle-Song »I'm so tired«)

SPRECHER 3　Ein Hörspiel muß nicht unbedingt ein Hörspiel sein, d. h. es muß nicht den Vorstellungen entsprechen, die ein Hörspielhörer von einem Hörspiel hat. Ein Hörspiel kann ein Beispiel dafür sein, daß ein Hörspiel nicht mehr das ist, was lange ein Hörspiel genannt wurde. Deshalb ist ein Hörspieltext nicht unbedingt ein Hörspieltext. Und ein Satz in einem Hörspiel nicht unbedingt ein Hörspielsatz. Undsoweiter. Ich weiß überhaupt nicht, was sich ein anderer unter einem Hörspiel vorstellt. Ich weiß nicht, was ein Hörspiel ist. *Ein* Hörspiel ist nur *ein* Hörspiel! Dieses Hörspiel ist ein Hörbeispiel für das, was ich nicht mehr unter einem Hörspiel verstehe. Vielleicht kommt es aber dem nahe, was ein Hörspiel, wenn es aufhört, unbedingt ein Hörspiel sein zu wollen, sein kann.

A 2　Zuhause wünscht sich Paul eine Tochter. Unterwegs wünscht er sich eine Susi.

B 3　Das Wort ›Susi‹ ist eine Sache.

SPRECHER 3　Jean-Luc Godard.

C 1　Da stand einer an einer Autobahneinfahrt, ein Anhalter, er winkte, weil er mitgenommen werden wollte. Ein Wagen hielt. Der Fahrer kurbelte das Seitenfenster herunter, schaute

den Anhalter an und fragte ihn: Wer hat ange-
fangen: die Araber oder die Israelis? Der An-
halter sagte: Die Israelis! Daraufhin kurbelte
der Fahrer das Seitenfenster wieder hoch und
fuhr weg.
D 3 Paul trägt auch sonntags keine Krawatten.
E 1 Er würde seine Tochter vielleicht Edith
nennen.
F 4 Mit dem Chef läßt sich Paul auf keine Diskus-
sionen ein.
G 5 Am Anhänger seines Wagens klebt ein Plakat:
H 5 Dieser Wagen kostet jährlich 18 000 DM
Steuern.
I 2 Paul vergißt Witze immer wieder.
A 3 Bayern München spielte in folgender Aufstel-
lung:

Maier 3

Kupferschmidt 1   Pumm 3   Olk 5

Beckenbauer 2   Schwarzenbeck 4

Roth 1   Ohlhauser 2   Müller 3   Starek 4   Brenninger 5

B 3 Also
SPRECHER 3 Geräusch
(fahrendes Auto auf der Autobahn)
SPRECHER 3 Zitat
C 2 Seit meine Frau gelesen hat, wie das ist mit
dem Orgasmus, verlangt sie von mir mehr, als
ich ihr geben kann. Sie kann überhaupt nicht
mehr genug bekommen. Wenn ich nur daran
denke, kriege ich schon Angst, daß
SPRECHER 4 Paul ist ziemlich oft in München.
C 2 Ich habe einfach keine Lust mehr. Früher
D 5 In den Dörfern entstehen Gewitter.
Schweine leben auf dem Bauch.
C 2 Was raten Sie einem Mann wie
SPRECHER 3 Paul sagt ficken.
Geräusch

                    (Papier wird aus der Schreibmaschine gerissen)
        E 1   Bei hochsommerlichen Temperaturen sterben namhafte Persönlichkeiten.
        F 3   Servus!
        G 4   Paul möchte wieder einmal vierundzwanzig Stunden lang besoffen sein. Es regnet. Der Verkehr hat zugenommen.
SPRECHER 3   Zitat
                    Roth-Händle, die würzige Zigarette für den arbeitenden Menschen.
        G 4   Pauls Beifahrer heißt Hugo.
SPRECHER 3   Geräusch
                    (das Zuschlagen einer Wagentür)
        H 1   Marylin Monroe starb im August.
        I 4   Grüßgott.
                    Montag.
                    Männergesangverein.
        A 1   Paul schlägt seinen Kollegen auf die Schulter. Er bestellt in der Raststätte ein Bier.
        B 2   In Ulm sind die Operationstische bereits überfüllt.
        C 4   Unter dem Wort ›Bauersfrau‹ kann ich mir ein ganzes Dorf vorstellen. Ich stelle mir einen Knecht vor. Oder Eier. Oder Paul.
        D 3   Wahrscheinlich haben sich viele Frauen Faruk nackt vorgestellt. Die Rettungswache brachte die Frau sofort in ein Krankenhaus. Dort ist sie noch nicht aus ihrer Bewußtlosigkeit erwacht. Der Arzt stellte starke Unterkühlung und Schockeinwirkung fest; er bezeichnete den Zustand der Frau als bedenklich.
        E 5   Es gibt noch Gesichter, die an die Währungsreform erinnern.
        F 2   Es gibt noch Leute, also
        G 3   Kunstwerke erkennt man an einem roten Faden.
        H 4   Nachts stehen die Wiesen senkrecht.

15	In den Wäldern gruppieren sich die Förster. Die Polizei setzt Hubschrauber ein.
SPRECHER 3	11 Uhr 30
A 1	Auch langweilige Mädchen haben ihren Spaß an der Sache.
B 2	Stuttgart, Karlsruhe, Heidelberg, Frankfurt
C 4	Gas
D 4	Der Straßenzustandsbericht meldet.
E 5	Paul spuckt über das halboffene Seitenfenster.
SPRECHER 3	Entweder Paul oder Zitat *(Archivaufnahme einer Rede des CSU-Vorsitzenden Franz Josef Strauß vom CSU-Parteitag am 14. 12. 1968 in München / Ausschnitt 2'14")* Ich habe mich nicht mit der Frage befaßt, ob das, was wir in diesem Jahr in Deutschland und im Ausland erlebt haben, nur emotional bedingt ist, ob es eine vorübergehende Eintrübung des politischen Horizontes war. Aber es war wohl etwas mehr. Es könnte eine wirkliche Änderung der politischen Großwetterlage werden, wenn wir uns nicht erfolgreich damit auseinandersetzen, und zwar deshalb erstens, weil zweifellos einige Fehlentwicklungen und Krankheitssymptome unserer demokratischen Ordnung und Gesellschaft als Mitursache für diese Entwicklung anzusehen sind und abgestellt werden müssen. Zweitens, weil in unserem Lande öffentlich zur Revolution und Gewaltanwendung aufgefordert werden kann, ohne daß daraus eine Konsequenz entsteht. Ziel und Richtung des z. B. vom SDS angeführten Linksprotestes gehen eindeutig nicht auf Reform, sondern auf die Zerstörung unserer heutigen gesellschaftlichen Ordnung. (Bei-

fall) Was hat es für einen Sinn, sich über diese oder jene Erscheinung aufzuregen, wenn man es zuläßt, daß Revolution nicht nur theoretisch propagiert, sondern in der pragmatischen Anwendungsform systematisch, sozusagen auf dem Wege der Instruktion genährt wird. Hier muß dieser Staat so viel Vertrauen zu sich selber haben, daß er dagegen mit seinen Ordnungskräften antritt, um keinen Raum zu lassen. Und drittens, weil der linke Neo-Vandalismus des SDS und Konsorten an unseren Universitäten nicht nur allmählich zu einem unerträglichen Ärgernis für unseren ganzen Staat wird, sondern weil durch dieses Randalierertum die Freiheit von Forschung und Lehre ernsthaft in Frage gestellt wird. (Starker Beifall)

ALFRED BEHRENS

Eine amerikanische Spielform der literarischen Collage ist das Cut-up-Prinzip, auf das der Autor schon im Titel hinweist. Der Propagandist dieser Methode, William S. Burroughs (auf dessen bekannteste Romane *Naked Lunch* und *Nova Express* in diesem Text angespielt wird), gab Anfang der sechziger Jahre die Parole aus: »Was tut ein Schriftsteller im Grunde anderes, als vorgegebenes Material zu sortieren, redigieren & arrangieren?« (*Cut up*, hrsg. von Carl Weissner, Darmstadt 1969, S. 21.) Und er erklärte das Cut-up-Verfahren so: »Eine Textseite (von mir selbst oder von einem anderen) wird in der Mitte der Länge nach gefaltet und auf eine andere Textseite gelegt – Die beiden Texthälften werden ineinander-›gefaltet‹, d. h., der neue Text entsteht, indem man halb über die eine Texthälfte und halb über die andere liest« (ebd., S. 20). Ganz streng scheint sich Behrens in seiner Collage nicht an diese Regel gehalten zu haben: die zitierten Fundstücke etwa sind weitgehend unversehrt auf den Leser gekommen. Quellenangaben finden sich im Text und am Ende. Übrigens: das Industrieunternehmen, das denselben Namen trägt wie der amerikanische Autor, gibt es.

Burroughs cut-up Burroughs cut-up Burroug

With your help we can occupy The Reality Studios and retake their universe of Fear Death and Monopoly –
»(Signed) Inspector J. Lee, *Nova Police*«

B Burroughs
Weltfirma für Datenverarbeitung

Wir stellen ein:
KUNDENDIENSTTECHNIKER
für unsere weltbekannten
mechanischen
elektromechanischen

und elektronischen
Burroughs-Buchungsautomaten
und -Elektronenrechner

Wir erwarten:
- gute Schulbildung
- gute mechanische Fähigkeiten
- starkes technisches Interesse
- möglichst Kenntnisse der Elektronik
- englische Sprachkenntnisse
  erwünscht, aber nicht Bedingung
- abgeschlossenen Wehrdienst

Wir bieten:
- kostenlose Spezialausbildung
  in Deutschland bzw. England
- ein den Fähigkeiten entsprechendes Einkommen
- Selbständigkeit
- gute Aufstiegsmöglichkeit
- Naked Lunch

Kurze schriftliche oder telefonische Bewerbung
erbeten an
DEUTSCHE BURROUGHS-RECHENMASCHINEN GMBH
6 Frankfurt/Main, Große Gallusstraße 1–7
Telefon 29 00 01

Den Titel schlug Jack Kerouac vor. Was er bedeutet, ist mir erst vor kurzem klargeworden. Er sagt genau das, was die Worte ausdrücken: NAKED LUNCH – eine erstarrte Sekunde, wenn jeder erkennt, was auf der Spitze jeder Gabel liegt.

Dogs must be carried

Go man go

Hunde müssen getragen werden

Ich kenne einen Straßenverkäufer, der geht umher, summt eine Melodie, und jeder, an dem er vorübergeht, nimmt sie auf. Er ist so grau und geisterhaft und anonym, daß sie ihn gar nicht sehen und glauben, sie summten diese Melodie von sich aus. So stellen sich die Kunden ein, bei Hey Mr. Tambourin Man, Fly Translove Airways, Let's all go to San Francisco, A Whiter Shade of Pale oder A Day in the Life oder was auch immer der Schlager des Tages sein mag.
(Melancholy Baby stirbt an einer Überdosis ZEIT oder an einer abrupten Entwöhnung des Denkens.)
Die Krankheit ist Rauschgiftsucht. Fünfzehn Jahre lang war ich süchtig. Wenn ich von einem Süchtigen spreche, meine ich jemanden, der Opiaten (Gattungsbegriff für alle Massenmedia) verfallen ist. Opiate habe ich in vielfacher Form genommen: Morphium, TV, BILD, TIMES, PARIS MATCH, Heroin, TIME, LIFE, PETRA, NEUES DEUTSCHLAND, Dilaudid, PLAYBOY, TWEN, OBSERVER, Eukodal, JASMIN, BILD AM SONNTAG, DAILY MIRROR, Pantopon, FIGARO, GUARDIAN, HAMBURGER ABENDBLATT, Dicodid, HÖR ZU, QUICK, NEWS OF THE WORLD, Diosan, NEW YORK TIMES, DIE ZEIT, WASHINGTON POST, WOMAN'S OWN, Opium, DER SPIEGEL, BRIGITTE, CONSTANZE, ASAHI SHIMBUN, Demerol, NEWSWEEK, DIE WELT, FAZ, PRAVDA, Dolophin, NOVA, QUEEN, SÜDDEUTSCHE ZEITUNG, Palfium. Ich habe sie gesehen, gehört, gelesen, geraucht, gegessen, geschnupft, in Venen, Haut und Muskeln injiziert und als rektale Suppositorien eingeführt. Die Nadel spielt keine Rolle.
Ob man das Zeug schnupft, raucht, ißt oder sich in den Arsch schiebt, das Ergebnis ist immer dasselbe: Sucht.
Wenn ich von Rauschgift spreche, klammere ich Keif und Marihuana aus, ebenso alle Haschisch-, Meskalin-, Banisteria caapi- und LSD 6-Präparate, Heilige Pilze oder sonstige Drogen der halluzinogenen Gruppe ... Nichts deutet darauf hin, daß der Genuß von Halluzinogenen zu physischer Abhängigkeit führt. Die chemische Wirkung dieser Drogen ist der der Media psychologisch entgegengesetzt. Fünfzehn Jahre der Sucht hindurch habe ich das exakte Vorgehen des

Mediavirus beobachtet. So zum Beispiel in der Pyramide der
Media, in der eine Ebene die tiefergelegene frißt (es ist kein
Zufall, daß die Hintermänner im Mediageschäft immer fett
sind und der Süchtige auf der Straße immer mager) bis zu der
oder den Spitzen, denn es gibt viele Mediapyramiden, die
sich an den Völkern der Erde mästen, und alle sind sie nach
den Grundprinzipien der Monopolstellung aufgebaut:

1 – Gib niemals etwas umsonst her.
2 – Gib niemals mehr, als du geben mußt (schnapp dir den
Käufer immer dann, wenn er hungrig ist, und laß ihn
warten).
3 – Hol dir alles zurück, wenn du nur irgend kannst. Und
stets bekommt der Händler alles zurück. Der Süchtige
braucht mehr und mehr Media, um eine menschliche Gestalt
zu behalten . . . kauf dich vom Affen los.

Media sind der Schimmel der Monopole und des Besitzes.
Der Süchtige steht dabei, während seine KICKER-Beine ihn
direkt in den Bannkreis der Media hineintragen, dem Rück-
fall entgegen. (Melancholy Baby stirbt an einer Überdosis
BILD oder an einer abrupten Entwöhnung des Denkens.)
Media sind quantitativ genau meßbar. Je mehr Media man
nimmt, desto weniger hat man, und je mehr man hat, desto
mehr nimmt man. (Musik aus »I am an American . . .«)
Anfangstöne des East-St.-Louis-Toodleoo
   Time really has ceased
   sagte Lee (Harwood) gestern noch einmal auf
   der LP
   & the simple mechanism of the revolver is stuck
vor weniger als einem Jahr der Wunsch (Wunsch?) Bücher
zu schreiben wie Godard Filme dreht
vor genau 16 Monaten (ich hab nachgesehen) der anonyme
Comic Strip in der International Times: ». . . Wollen wir ins
Kino gehen? Nein, da läuft ja doch nur 'n Godard und der is
bloß 'n anderer blöder Beatle. Kommt, gehen wir zurück zu
mir . . .«

AMERIKANISCHE GESELLSCHAFT
seit langem in Frankfurt ansässig, sucht zum baldigen Eintritt
VERSIERTE BÜROKRÄFTE
für interessante Aufgaben.
WIR BIETEN
ein attraktives Gehalt, gute Sozialleistungen, helle Büroräume im Stadtzentrum, Fahrgeldzuschuß für Nova Expreß-Benutzer, Naked Lunch etc.

Bewerbungen, mündlich oder schriftlich, erbeten an

BURROUGHS GMBH
6 Frankfurt/Main, Große Gallusstraße 1–7
Telefon 29 00 01

noch einmal Lee Harwood:
Pictures of loving couples had been enlarged beyond all recognition
In dem Moment, in dem ich dies schreibe, möchte ich mit Marie Bernardo Bertoluccis PRIMA DELLA RIVOLUZIONE (Vor der Revolution) sehen; im Academy 3; im Electric Cinema Club in der Portobello Road – »it hasn't started yet«, says Diane, (she's selling the tickets) / (»they didn't explode«) »just walk in and dig the sounds and the lights . . .«
13. Juni 1969 / I want Mick Jagger on screen singing what a drag it is getting old it's all different today I hear every mother say mother needs something today to calm her down and though she's not really ill there's a little yellow pill she goes running for the shelter of her mothers little helper
I want fo fall in love with Marie and Adriana Asti at the same time
und ich hab Angst diese Story wird auch nicht besser als LE GAI SAVOIR

Media sind die idealen Produkte ... die letzte Ware. Man braucht den Käufer nicht zu beschwatzen. Der Kunde wird durch eine Kloake kriechen und darum bitten, kaufen zu dürfen ... Der Mediahändler verkauft sein Produkt nicht an den Konsumenten, er verkauft den Konsumenten an sein Produkt. Er verbessert und vereinfacht seine Ware nicht. Er entwürdigt und vereinfacht den Kunden. Er bezahlt seine Angestellten in Media.
Dogs must be carried
Go man go
als der Film aus war spielte Diane Dylan's TAMBOURIN MAN
GEBT ROT – Gebt das Rot das ihr für eure lügnerischen Fahnen und eure Coca-Cola Schilder gestohlen habt zurück.
»Die Sucht zu verkaufen besitzt dich mehr als die Droge«, sagt Axel. Verteiler, die nicht süchtig sind, stehen unter dem Zwang, Kontakte zu suchen; da nutzt keine Entziehungskur.
NAKED LUNCH kann man an jedem Absatz zu lesen anfangen ...
Ich habe viel Vorworte geschrieben. Sie atrophieren und amputieren sich spontan, wie der kleine Zeh, der sich bei einer westafrikanischen Krankheit, die sich auf die negroide Rasse beschränkt, spontan amputiert.

Schon mal DIE ZEIT in die Venen gejagt? Es haut direkt ins Gehirn und aktiviert die Bahnen der reinen Lust. Der Genuß beim STERN liegt in der Viszera. Nach einer Spritze horcht man in sich hinein. Aber DIE ZEIT ist Elektrizität im Gehirn, die Sucht ergreift nur das Gehirn, ein Verlangen ohne Körper und ohne Gefühl.
Was weiß ich denn schon von diesem gelben verdorbenen jungen Gesicht eines Süchtigen, der von rohem TV lebt? Ich versuchte, es ihm zu erklären: »Eines Morgens wirst du aufwachen und deinen Kopf im Eimer finden.« Ich versuchte, ihm zu zeigen, wie man rohes TV aufbereiten kann,

so daß es kein reines Gift mehr ist. Aber seine Augen
wurden glasig, er wollte es nicht wissen. Süchtige sind so,
die meisten wollen gar nichts wissen . . .
und sie lassen sich nichts sagen . . .
Lemmy Caution gegen IBM
Die Ansagerin ließ den Schirm aufkochen. »Wenn man einst
im Jenseits unsere Namen aufruft, werden wir dasein,
stimmt's?« sagte sie und tastete das Auge des Jungen ab. Mit
sanften Jungmutterfingern schob sie sein Lid hoch und ließ
den Bildstrahl hineingleiten. Eine schwarz-weiß gezähnte
Windrose blühte auf. Petra drückte weiter den roten Knopf
und beobachtete, wie die Nachricht, von der schweigenden
Leere des Hirns aufgesogen, in die Pupille des Jungen
strömte.

Unseren ersten Anhaltspunkt fanden wir in London. Über-
blendung in ein schäbiges Hotel in der Nähe von Earls
Court. Einer unserer Agenten gibt vor, Schriftsteller zu
sein. Er hat einen sogenannten pornographischen Roman
mit dem Titel Naked Lunch geschrieben. (». . . alle erzähl-
ten Geschichten sind Alibis, um über sich selbst zu sprechen
. . .« / Bernardo Bertolucci, Filmkritik 7/68)
Das Original erschien im Verlag der Olympia Press, Paris
Deutsch von Katharina und Peter Behrens
Dritte auf 2000 limitierte Auflage 1967
Auf Anregung des Autors blieben einige Stellen in der
deutschen Ausgabe unübersetzt. Sie sind im Originaltext
wiedergegeben, so daß nicht der Eindruck einer verstüm-
melten Ausgabe entstehen kann.
Alle Rechte vorbehalten
Copyright William Burroughs, 1959; für die deutsche Aus-
gabe Limes Verlag, Wiesbaden, 1962
Umschlagentwurf: Rolf-Gunter Dienst, Baden-Baden
Printed in Germany
Show them the rigged wheel of Life-Time-Fortune.
Stürmt das Realitätsstudio, wo die kastrierten Vertreter den
IBM-Song grölen.

INTERNATIONAL TIMES: Der Hauptgrund für die bürgerliche Angst vor den Kommunen scheint in der Furcht begründet zu sein, daß die ganze Industriegesellschaft zusammenbrechen könnte – obwohl es eine viel humanere Art zu leben ist, mit mehr direktem Kontakt.
BURROUGHS: Sicher, das ist ein Punkt. Außerdem würde das gesamte, auf Massenproduktion und -konsumtion basierende Wirtschaftssystem zusammenbrechen. Wenn Leute anfangen, ihre eigenen Kommunen aufzubauen, dann ist es damit aus. Anders ausgedrückt – es ist ein Schlag gegen das ganze ökonomische System.

AMERIKANISCHE GESELLSCHAFT
seit langem in Frankfurt ansässig, sucht zum baldigen Eintritt
KONTORISTEN/KONTORISTINNEN
für interessante Aufgaben
WIR BIETEN ein attraktives Gehalt, gute Sozialleistungen, helle Büroräume im Stadtzentrum, Freitee, Fahrgeldzuschuß für Nova Expreß-Benutzer, Naked Lunch etc.

Bewerbungen, mündlich oder schriftlich,
erbeten an
BURROUGHS GMBH
6 Frankfurt/Main, Große Gallusstraße 1–7
Telefon 29 00 01

INTERNATIONAL TIMES: Als Mitarbeiter der Underground-Media frage ich mich oft, ob wir nicht auf die gleiche Art von Kontrolle zusteuern wie die Overground-Media – bloß eben mit anderen Leuten dahinter.
BURROUGHS: Nein, die Underground-Zeitungen sind zweifellos eine sehr wirksame Waffe gegen die Macht der Presse. Die Leute, die heute die Massenmedia kontrollieren, sind die eigentlichen Herrscher – die Presse manipuliert die Meinung der Mehrheit und entscheidet auf diese Weise effektiv über das Handeln der Regierung.

Die Untergrundpresse ist jetzt an einen Punkt gelangt, an dem sie ein wirksames Gegengewicht darstellt, weil sie eine hohe Auflage erreicht hat. Soweit die Untergrundblätter sich um die Aufhebung der Kontrolle (»to de-control«) und Konditionierung (»de-conditioning) bemühen, ist das ein Gegenzug.
IT: Außerdem könnten wir auf ein 2-Weg-Fernsehsystem hinarbeiten, wie Buckminster Fuller es vorgeschlagen hat –
B: Richtig, sicherlich. Pardon, ich muß mal den Tee eingießen.
IT: Könnten Sie mir sagen, woran Sie gegenwärtig arbeiten?
B: Ich arbeite an einem Drehbuch.
IT: Wenden Sie beim Schreiben noch die Cut-Up-Technik an?
B: Mehr oder weniger. Im Film verwendet man natürlich schon seit langem Cut-Up-Techniken. Die meiste Arbeit wird im Schneideraum gemacht. Der Film, an dem ich jetzt arbeite, ist ein Streifen über Dutch Schultz, den Pferdelottogangster. Wir verwenden eine Menge altes Filmmaterial und erzielen damit eine bestimmte Wirkung. Jede Cut-Up-Technik bringt sehr viel Experimentierarbeit mit sich, d. h., ich laß einfach die alten Streifen in beliebiger Folge durch den Projektor laufen und sage: »All right, genau da, das können wir brauchen!« Aus 60 Minuten Film kriegt man vielleicht 5 oder 10 Minuten, mit denen man was anfangen kann. IT 57, May 23-June 5, 1969 IT is published fortnightly by KNULLAR (Publishing, Printing & Promotions Ltd). Copyright 1969 (UPS Member)

Melancholy Baby stirbt an einer Überdosis ELTERN oder an einer abrupten Entwöhnung des Fühlens
Melancholy Baby stirbt an einer Überdosis HÖR ZU oder an einer abrupten Entwöhnung des Hörens
Melancholy Baby stirbt an einer Überdosis DER SPIEGEL oder an einer abrupten Entwöhnung des Lesens

Melancholy Baby stirbt an einer Überdosis TV oder an einer
abrupten Entwöhnung des Sehens
Melancholy Baby stirbt an einer Überdosis PLAYBOY oder an
einer abrupten Entwöhnung des Tastens
Melancholy Baby stirbt an einer Überdosis TWEN oder an
einer abrupten Entwöhnung des Erigierens
Melancholy Baby stirbt an einer Überdosis JASMIN oder an
einer abrupten Entwöhnung des Fickens
melancholy baby is dying all the time
(Resignation und Melancholie bedeuten dabei verschiedene
Punkte auf einem Kontinuum menschlichen Verhaltens, das
sich von »Welt« abwendet. Resignation ist das Erlebnis der
Vermissung, Enttäuschung und der Niederlage; Melancholie
der auf Dauer gestellte emotionale und affektive Zustand,
der diesem Moment der Resignation folgt.)
melancholy baby is dying all the time
(Die Institutionen, die Melancholie vertreiben, tun dies
noch immer im Interesse von Herrschaft.)
Melancholy Baby stirbt an einer Überdosis Third Pro-
gramme, Cahiers du Cinema, Akzente, 40 Minuten Jazz des
Dritten Programms des Norddeutschen Rundfunks und des
Senders Freies Berlin, TIMES LITERARY SUPPLEMENT, ever-
green review, das kunstwerk oder an einer abrupten Entwöhnung des Handelns
(Erzwungene Hypertrophie der Reflexionssphäre, Ausschluß von der realen Machtausübung und der daraus resul-
tierende Druck zur Rechtfertigung der eigenen Situation
erzeugen Weltschmerz, Melancholie, Hypochondrie.)
melancholy baby is dying all the time
(Wo der ennui noch vertrieben werden soll, handelt es sich
um jene organisierte Freizeit, deren Kehrseite die unverän-
derte Monotonie der Arbeitswelt bildet.)
Melancholy Baby stirbt an einer Überdosis NAKED LUNCH
oder BURROUGHS CUT-UP BURROUGHS ODER AN EINER
ABRUPTEN ENTWÖHNUNG DES
(Ob hier vom Dichter oder Hofnarren die Rede ist, macht

keinen Unterschied: die Narrenfunktion der Literatur steht außer Zweifel.)
Man kann darüber schreiben, man kann es hinausbrüllen, man kann darüber jammern . . . es malen . . . es darstellen . . . man kann es als Mobiles ausscheißen . . . SOLANGE MAN NICHT LOSGEHT UND WIRKLICH HANDELT . . .

THE MEDIUM IS THE MESSAGE AND THE MESSAGE OF LEADERSHIP IT/58

Ich sehe an meinen sauberen Hosen herunter, seit Monaten habe ich sie immerzu gewechselt . . . Mit einem langen Tintenfaden an einer Zeitungsleiste aufgereiht, gleiten die Tage vorüber . . .
ich vergesse Sex und alle wilden Vergnügungen des Körpers – ein grauer mediagebundener Geist. Die spanischen Jungs nennen mich EL ESCRITOR INVISIBLE – den UNSICHTBAREN SCHRIFTSTELLER . . .
Der kritische Zeitpunkt einer Entziehungskur ist nicht die erste Phase akuter Sucht, sondern der letzte Schritt, mit dem man sich von den Media freimacht . . . Es gibt ein Zwischenspiel der Angst, eine aus jeder einzelnen Körperzelle strömende Panik, das Sein schwebt zwischen zwei Welten
All right, ihr Vorstandsgangster, und ob wir euch die »Operation Totale Entlarvung« zeigen werden. Daß alle es sehen können. Auf dem Times Square. Am Piccadilly Circus. In der Großen Gallusstraße.
NOVA EXPRESS
A PANTHER BOOK
First published in Great Britain
by Jonathan Cape Limited 1966
Panther edition published 1968
Copyright William Burroughs 1964
Melancholy Baby, wenn du die Mediapyramide auflösen willst, dann mußt du mit der Basis anfangen: MIT DEM SÜCHTIGEN AUF DER STRASSE. Es hat keinen Sinn, quijotesk gegen die sogenannten »Drahtzieher an der Spitze« anzu-

stürmen, von denen ist jeder sofort zu ersetzen. DER EIN-
ZIGE NICHT AUSTAUSCHBARE FAKTOR IN DER MEDIAGLEI-
CHUNG IST DER SÜCHTIGE AUF DER STRASSE, FÜR DEN MEDIA
LEBENSNOTWENDIG SIND. WENN ES KEINEN SÜCHTIGEN
MEHR GIBT, DER MEDIA KAUFT, FÄLLT DER HANDEL MIT DEN
MEDIA WEG.
BURROUGHS CUT-UP BURROUGHS kann man an jedem
Absatz zu lesen anfangen bla bla bla bla bla bla bla bla bla bla
bla bla bla bla bla

Man kann darüber schreiben, man kann es hinausbrüllen,
man kann darüber jammern ... es malen ... es darstellen
... man kann es als Mobiles ausscheißen ... SOLANGE MAN
NICHT LOSGEHT UND WIRKLICH HANDELT ...
RADIO LUXEMBURG-Babies der Weltvereinigung. Wir haben
nichts zu verlieren als unsere Händler. Und Die sind Überflüssig.
Blick hinunter, blick jene Straße der Media hinunter, bevor
du sie entlangreist und dich mit dem Falschen Haufen
einläßt ... Wer schlau ist, läßt sich das gesagt sein.
Neben den bereits im Text angegebenen Quellen wurden
folgende Drucksachen verwendet:
Wolf Lepenies, *Melancholie und Gesellschaft*, Frankfurt
1969
Lee Harwood, *The White Room* und *Landscapes*, beide
London 1969
Der Stellenanzeigenteil der *Frankfurter Rundschau*, Früh-
jahr 69

PS: Die Weltpremiere von Jean-Luc Godard's LE GAI
SAVOIR fand am 13. Juni im Electric Cinema Club statt.

PPS: Die Übersetzung der Texte aus INTERNATIONAL TIMES
und NOVA EXPRESS stammt von Barbara und Alfred Behrens.

ROR WOLF

Diese zwei Ausschnitte aus Ror Wolfs Band *Punkt ist Punkt*, seiner Bild- und Wortcollage zum Thema Fußball, zählen zu den raren Beispielen, die das Montageverfahren von seiner ironischen und heiteren Seite zeigen. Die Zitatcollage »Der letzte Biß« (man darf annehmen: ohne eigene Zusätze des Autors) weist gebündelt auf die zweideutige – in Wirklichkeit: recht eindeutige – Sprache der Fußballberichterstattung hin. Das geschieht ganz ohne erhobenen Zeigefinger. – Die Wiedergabe des »Telefongesprächs im Fernsehen«, ein »Ready-made« ohne Bearbeitung des Autors, lebt aus sich selbst: abgründiger als jeder Sprach- und Grammatikwitz zieht uns dieser in absurder Häufung behinderte Dialog den sicheren Boden unter den Füßen weg. Ein Tip: laut lesen, am besten vorlesen.

Der letzte Biß

Eine halbe Stunde war vergangen. Im düsteren Schneeregen war nichts passiert. Ein lustloses Geschiebe auf klebrigem Boden. Es wollte nicht klappen. Der Dicke rackerte, aber er fand keine Lücke, er stand nicht richtig, Lotte langte kurz hin, aber schaffte es nicht, er blieb hängen, eingeklemmt von mehreren Beinen. Das ging eine Weile so weiter. Paul nahm die Hand zu Hilfe. Lutz stocherte unter der Dunstdecke auf der anderen Seite herum. Keiner traute sich. Keiner biß zu. Keiner wußte, wie es gemacht wird. Das Feuer fehlte. Aber plötzlich machte sich Emma frei auf diesem schlüpfrigen Boden, das war eine gute Gelegenheit, also fackelte Friedrich nicht lange und schob ihn gemächlich hinein. Emma bot sich noch einmal an, da war Paul nicht mehr zu halten, Emma wurde gelegt, und Paul bohrte unermüdlich. Jetzt kam auch der Dicke durch, vorne war alles offen, Lutz war eingedrungen, er hatte endlich das Loch gefunden, denn Hertha zeigte auf einmal erschreckende Blößen, Emma wälzte sich auf der Linie im Schlamm, doch in diesem Moment befreite sich Hertha aus der Umklammerung, Lotte schüttelte Friedrich ab, Emma zog sich zurück, aber der Dicke stieß nach in die Tiefe, die unerhört schnellen Mönche hetzten die blauweiße Hertha über den Rasen, bis ihre Abwehr erschlaffte, sie drückten und drückten, zweimal rutschte Bernard das glitschige nasse Ding aus den Händen, schon sprang Friedrich dazu und schob ihn lächelnd hinein in die untere Hälfte, als er das klaffende Loch sah, preßte er ihn mit unheimlicher Wucht hinein, stocktrocken, jetzt stand er richtig, Lutz ließ nicht locker, der Dicke ackerte wie verrückt, er war voll bei der Sache, der wuchtige Mann, und Paul bediente Emma mit einer Kerze. Sie prallten schwingend zusammen, die Männer mit den schwarzen Handschuhen, sie arbeiteten lautlos in schwarzen Strumpfhosen im fahlen Flutlicht. Hertha wehrte noch einmal ab, aber es nützte nichts mehr, die Mönche rissen sie in der Mitte auf, Lutz spritzte schnell in die Lücke und drückte ab, von einem Aufstöhnen begleitet. Jetzt lief es endlich, da jubeln die Glocken von Rio, jetzt lief es wie selten, der Betzenberg bebte, jetzt lief es so gut wie schon lange nicht mehr, Fritz hatte die Pfeife schon in der Hand, er ließ es weiterlaufen, ein letztes Aufbäumen, und im Liegen vollendet der Dicke mit einem Rückzieher. Das war das Ende auf dem zerwühlten Rasen. Emma schleppte sich mit bespritztem Trikot in die Kabine, Oberschenkel und Hände verklebt. Lotte krümmte sich noch und hielt sich die blutigen Schenkel. Was mit Hertha war, konnte keiner mehr sagen. Ein Aufschrei zerfetzte die Flutlichtatmosphäre.

Telefongespräch im Fernsehen
anläßlich des Qualifikationsspiels
zur Fußballweltmeisterschaft
Zypern gegen Deutschland
am 23. 11. 1968 in Nikosia (ARD)

A: Erster Fernsehreporter (auf dem Bildschirm)
B: Zweiter Fernsehreporter (in Zypern)
A: So. Nun wollen wir einmal versuchen, eine Verbindung mit Nikosia herzustellen. *A hebt den Hörer ab.* Hallo!
B: Ja.
A: Ah, da sind Sie ja. Wie war das Spiel?
B: Ich habe Ihre Frage nicht verstanden.
A: Meine Frage war, wie war das Spiel?
B: Das Spiel?
A: Jawohl.
B: Welches Spiel?
A: Na, ich denke, das Spiel, über das Sie uns berichten wollen, das Länderspiel in Nikosia.
B: Was?
A: Das Länderspiel.
B: Das Länderspiel?
A: Ja. Wissen Sie, wie es ausgegangen ist?
B: Ich kann es nicht beurteilen, weil ich das Spiel nicht gesehen habe.
A: Was, Sie haben das Spiel nicht gesehen?
B: Was?
A: Sie sagen, Sie haben das Spiel nicht gesehen?
B: Was?
A: Die Verbindung ist schlecht. Die Verbindung ist heute wirklich nicht gut. *A hat jetzt einen Zettel in der Hand und wendet sich, den Hörer noch am Ohr, an die Zuschauer. A lächelt nicht.* Wir haben hier ein Resultat nach vielem Hin und Her. Ein Ergebnis, das durchaus sein kann, das durchaus im Bereich des Möglichen liegt. A

beugt sich, den Hörer noch am Ohr, über den Zettel. Offenbar kann er den Zettel nicht lesen. A wendet sich wieder an die Zuschauer. Aber wir wollen hören, ob wir nicht doch noch eine bessere Verbindung bekommen! Hallo!
B: Ja.
A: Ah, da sind Sie ja.
B: Ja, ich bin hier.
A: Ich freue mich, daß wir uns jetzt endlich verstehen.
B: Was?
A: Ich freue mich, daß wir uns jetzt verstehen!
B: Was meinen Sie? Ich kann Sie nicht verstehen.
A: Sie können mich nicht verstehen?
B: Doch, ich verstehe Sie gut.
A: Ah, das ist gut. Können Sie uns etwas über das Spiel sagen, vielleicht das Ergebnis?
B: – *es kratzt stark in der Hörmuschel, es knistert eine Weile, A hat den Hörer ein Stück vom Ohr entfernt, jetzt hält er ihn wieder ans Ohr.*
A: Hallo! Ich höre Sie nicht. *An die Zuschauer gerichtet:* Das war ja zu erwarten. *In die Muschel:* Hallo! Was?
B: Wimmer im Mittelfeld
A: Wer?
B: Wimmer!
A: Wimmer?
B: Ja.
A: Jawohl. Also Wimmer im Mittelfeld. Und wie ist das Resultat?
B: Ich habe Ihre Frage nicht verstanden.
A: Ich habe Sie gefragt, wie das Spiel ausgegangen ist. Unsere Zuschauer hier sind gespannt auf das Resultat.
B: Haben Sie eine Frage?
A: Ja, ich habe Sie nach dem Resultat gefragt!
B: Hallo?
A: Das Resultat, verstehen Sie mich? Das Ergebnis? Wie es ausgegangen ist?
B: Das ist mein Eindruck, wie gesagt, soweit ich das sehen

konnte, soweit es sich um das Spiel handelt, auf das Sie anspielen.
A: Von wem sprechen Sie? Bitte, von wem sprechen Sie?
B: Ja. Soweit ich das beurteilen kann.
A: Können Sie mich denn nicht verstehen?
B: Ja, aber ich kann es nicht so genau sagen, ich muß mich auf das verlassen, was ich gehört habe.
A: Und wissen Sie, wie es ausgegangen ist?
B: Was?
A: Das Spiel, wie ist das Resultat?
B: Ich glaube ja.
A: Gab es sonst noch was Besonderes?
B: Ich kann Sie plötzlich nicht verstehen, die Verbindung ist schlecht.
A: *legt den Hörer auf.* Es tut mir leid, liebe Zuschauer, aber das Resultat ist nicht mit Gewißheit zu erfahren.

UWE JOHNSON

Johnsons *Reise nach Klagenfurt* forscht Lebensspuren der Dichterin Ingeborg Bachmann nach, die dort geboren und nach ihrem Tod 1973 beigesetzt wurde. Die einmontierten und eingearbeiteten Zitate sind vom Autor in einem Anmerkungsteil nachgewiesen: mit Buchstaben bezeichnete Zitate stammen meist von Ingeborg Bachmann, mit Ziffern versehene aus anderen Quellen. Für diesen Ausschnitt, der die Zeit nach der Okkupation vergegenwärtigt, finden sich folgende Zitatnachweise: »5) *Klagenfurter Zeitung* Nr. 61, 15. März 1938, p. 289. 6) Dieter Wagner / Gerhard Tomkowitz, ›*Ein Volk, ein Reich, ein Führer!*‹, München 1968, p. 309. e) Österreichische Verhaltensforschung; volkstümlich. 7) *Klagenfurter Zeitung* Nr. 63, 17. März 1938. 8) *Das Schwarze Korps* (Organ der S.S.). Zitiert nach 6 aus dem Kapitel für Dienstag, den 15. März 1938, p. 362. f) In einem Interview mit Gerda Bödefeld. In: *Brigitte* 27/1971, p. 62. 9) *Klagenfurter Zeitung* Nr. 62, 16. März 1938.«

Eine Reise nach Klagenfurt

(Ausschnitt)

Geheime Kommandosache. Der Oberste Befehlshaber der Wehrmacht. OKW. L I A Nr. 427/38. Betr.: Unternehmen Otto.
Die Klagenfurter Zeitung vom Dienstag, dem 15. März 1938, im 163. Jahrgang, Nummer 61, meldete unter dem Titel eine »Heimkehr Österreichs ins Mutterland«, vorgefallen am 13. März. Die Schlagzeile ist flankiert von zwei Kreuzen mit rechtwinklig angesetzten Balken. Die Unterbrechung zwischen Kreuzenden und Balken ist deutlich auszumachen und läßt Behelfsarbeit in der Setzerei vermuten, jedenfalls noch nicht ein gegossenes Zeichen. Auch steht das Symbol entgegen den Ritualvorschriften hier noch platt auf einem unteren Balken. Die Meldungen der ersten Seite:

In der Nacht auf Samstag 3 Uhr seien Panzerabteilungen und Kraftfahrkolonnen in Wien eingetroffen. Begrüßung des ersten Transportzuges auf dem Matzleinsdorfer Güterbahnhof.

5:22 Uhr	Grenzübertritt deutscher Truppen in Oberösterreich
5:45 Uhr	Übertritt bei Sallbrücken
5:52 Uhr	reichsdeutsche Tanks in Salzburg
9:00 Uhr	reichsdeutsche Truppen in Kufstein
10:00 Uhr	reichsdeutsche Truppen in Salzburg
10:00 Uhr	reichsdeutsches Kraftfahrregiment in Scharnitz

kurz darauf (der Reporter ermüdet sichtlich):
reichsdeutsche Truppen in Bregenz und Innsbruck

Es war nicht eigens die Rede davon, daß dies gerade die 8. Armee war. Womöglich galt schon als militärisches Geheimnis, daß die Reichsdeutschen ungenügend vorbereitet waren für das Chauffieren in einem Lande, wo links gefahren wurde, daß sie dadurch und durch die Entleerung öffentlicher Tankstellen an vielen Orten ein Verkehrschaos organisierten. Es gab Tote. Von fast allen Fahrzeugen blieben welche liegen: Panzerkampfwagen, Panzerspähwagen, Lastkraftwagen, Personenkraftwagen, Motorräder, Sonderkraftfahrzeuge, Zugkraftwagen, Mannschaftswagen. Auch der österreichischen Lager von Bauxit, jenes für den Flugzeugbau so nützlichen Rohstoffs, wurde nicht Erwähnung getan. Vielleicht war dies einer Redaktion in Klagenfurt nicht zugänglich. Andernfalls begann auch auf solche Weise schon die verschworene, die verschwiegene Waffenbrüderschaft.

Um so detaillierter wurde eine andere Art Nachrichten traktiert. Die Klagenfurter Zeitung vom selben Tag meldete, was sie beim örtlichen Polizeikommissariat habe erfahren können: Die folgenden politischen Häftlinge befänden sich im Polizeigefangenenhause:

FRANZ KOMATZ	KARL HENHAPL
KARL KRUMPL	EMMERICH PERNEGGER
ALOIS KARISCH	GABRIEL WALDHAUSER
FELIX HURDES	GEORG SIMETSBERGER
FRITZ KRÖGLER	SILVESTER LEER
BRUNO KRISTLER	F. MIKLAUTZ
HANS GROSSAUER	THOM. WEISS
ROSA ORISCHNIG	FRANZ STEINER
VALENTIN ORISCHNIG	HEINRICH LAUER
ANTON HAFNER	HUGO SCHWENDENWEIN
FRANZ MITTERDORFER	KARL SCHUSCHNIG
ADOLF TASCHLER	PETER SCHLOIF
JOSEF HÖCHTEL	FRANZ PUGANIGG
IGNAZ TSCHURTSCHENTHALER	HERMANN LIESTOCQ
ALOIS KROBATH	OTTO ZHUBER
HUBERT PETZ	RUDOLF HAJEK
HEINRICH GALLHUBER	FRITZ WOLDRICH
THOMAS BÜRGER	ALBIN SWETLICH
FERDINAND GRAF	ALOIS HALLER
JOSEF JARITZ	KARL OLIVOTTO
JOSEF MÜLLER	JOSEF NOVAK
FRANZ MÜLLER-STROBL	LEONHARD KUTTNIG

In Wien sei der Bürgermeister in Schutzhaft genommen, höhere Beamte der Staatspolizei, darunter ein Hofrat; Dr. Gleissner (der Landeshauptmann von Oberösterreich) sei aus Wien verschwunden. Beim Bundespolizeikommissariat Villach seien die Kriminalbeamten Gross und Grundschnig enthoben, desgleichen die Sicherheitsbeamten Enko, Pingist und Grailer.

Das reichte bei weitem nicht. Die dringenden öffentlichen Bedürfnisse waren nicht einmal fürs erste gestillt. Es fehlte noch etwas.

»Was sich in Klagenfurt seit Samstag an Begeisterung abspielte, läßt sich nur mit dem Freudentaumel nach der Volksabstimmung vergleichen. Am Nachmittag des Samstags schon standen die Leute dichtgedrängt auf dem Neuen Platz, der übrigens in der Zwischenzeit zum Adolf=Hitler= Platz umgetauft wurde, um auf den Einmarsch der deutschen Truppen zu warten. Stunden um Stunden standen sie da, um endlich zu erfahren, daß Samstag noch keine Truppen kommen würden. Doch immer wieder wußten Ankom-

mende zu sagen, daß die Truppen doch, gegen Mitternacht, zu erwarten seien, und so harrte die Masse geduldig bis in die späteren Nachtstunden, sich mit dem Absingen deutscher Lieder und Sprechchören die Zeit vertreibend.
Der Sonntagvormittag sah die gleiche Masse wieder geduldig der Ankunft der deutschen Truppen harrend. Auf dem Hitler=Platz erfolgte gegen Mittag ein Aufzug aller militanten Formationen der NSDAP., der auch gefilmt wurde.
Um 11 Uhr endlich verlautbarte man im Rundfunk die Ankunft von deutschen Fliegern. Gleich darauf wälzte sich eine ungeheure Menge zum Flugfeld, um den Ankommenden herzliche Willkommensgrüße zu entbieten. Es trafen dann nach und nach dreißig Flugzeuge ein, deren Insassen von dem Gauleiter der NSDAP., vom Landeshauptmann und vom Bürgermeister begeistert begrüßt wurden.

Der Fackelzug.

Um 8 Uhr abends veranstalteten die gesamte Garnison von Klagenfurt sowie Gendarmerie und Polizei einen imposanten Fackelzug durch die reichbeflaggte Stadt. Die Teilnehmer sammelten sich in der Gasometergasse und zogen durch die Bahnhofstraße vor das Gebäude der Landeshauptmannschaft. Hier brachte die Kapelle des Infanterie-Regiments Nr. 7 dem Gauleiter der NSDAP. ein Ständchen, wobei sie das Deutschland=Lied und das Horst=Wessel=Lied spielte, die von Teilnehmern und Zuschauern mitgesungen wurden. Unter Sprechchören und dem brausenden Jubel der Zehntausende zählenden Zuschauermenge nahm der Fackelzug, dessen Ende durch die ehemaligen illegalen S.S.-Leute der Klagenfurter Bundespolizei gebildet wurde, den Weg weiter durch die Bahnhofstraße und Burggasse auf den Adolf=Hitler=Platz, wo die einzelnen Formationen Aufstellung nahmen. Die Offiziere der Garnison Klagenfurt begaben sich nun vor das hellerleuchtete Rathaus, wo sie sich mit den deutschen Fliegeroffizieren vereinigten. Gemeinsam mit den deutschen Fliegertruppen erfolgte hier der Abmarsch durch die Sternallee, Pernhartgasse, von der über den Adolf=Hitler=Platz und durch die

Karfreitstraße vor die Jesuitenkaserne. Hier erfolgte sodann die Auflösung des Fackelzuges. Der Jubel, den die Menschenmassen den Teilnehmern am Fackelzug entgegenbrachten, zeigte neben der allgemeinen Begeisterung für die Ereignisse der letzten Tage auch die innere Verbundenheit des Volkes mit seiner strammen Wehrmacht.«[5]
Ja. Aber auf dem Flughafen von Graz war schon am 13. März um 12:18 Uhr eine deutsche JU 52 mit dem Kennzeichen D-APOW gelandet. Als in Deutschland Heldengedenktag war. Um 12:18. Schon am 13. März. In Graz-Thalerhof. Nicht in Klagenfurt.[6]

*Hait måch i main Hund a Fraid:
eerst hau i ihn recht, nåchher heer i auf. (e)*

»Um etwa 1 Uhr nachts trafen in Klagenfurt mehrere Lastkraftwagen mit deutscher S c h u p o in Klagenfurt ein, die sich jedoch nicht weiter aufhielten, sondern mit unbekanntem Ziel weiterfuhren.«[5]
Es war kein Abschied für immer, oder für lange. Am 16. März waren sie schon in einer Stärke von tausend Mann in Klagenfurt stationiert. Anläßlich einer Parade dankte der Chef der Schutzpolizeitruppe für die überaus herzliche Begrüßung durch die Klagenfurter Bevölkerung mit der Versicherung: Die Deutschen Schutzpolizeitruppen fühlten sich schon nach wenigen Stunden Klagenfurt wie zu Hause in Deutschland. Liebe Menschen und herrliches Landschaftsbild machten den Aufenthalt in der Landeshauptstadt zu einem Erlebnis; leider werde die Zeit zu kurz sein, um alle Naturschönheiten Kärntens bewundern zu können.[7] Die Bevölkerung bewunderte vornehmlich die disziplinierte Frontausgleichung und den stramm langgestreckten Stechschritt.
»Bald wird hinter jedem tätigen und untätigen Österreicher ein Preuße stehen, und er wird mit bitter treffendem Tadel nicht sparen, wenn es irgendwo hapert.«[8]

Es hat einen bestimmten Moment gegeben, der hat meine Kindheit zertrümmert. Der Einmarsch von Hitlers Truppen in Klagenfurt. Es war etwas so Entsetzliches, daß mit diesem Tag meine Erinnerung anfängt: durch einen zu frühen Schmerz, wie ich ihn in dieser Stärke vielleicht später überhaupt nie mehr hatte. Natürlich habe ich das alles nicht verstanden in dem Sinne, in dem es ein Erwachsener verstehen würde. Aber diese ungeheure Brutalität, die spürbar war, dieses Brüllen, Singen und Marschieren – das Aufkommen meiner ersten Todesangst. (f)

Die bewaffnete Truppe war da, die Schupo war angekommen, die S.S. hatte ihre Stellungen bezogen: nun noch »Klagenfurt in Erwartung des Führers«? Stand dies in der allmächtigen Vorsehung? War es vorstellbar?
Das Gerücht regte zumindest das Straßenbild Klagenfurts seit Montag auf. In den Geschäften für Fahnen und Wimpel wurde so gedrängt, daß von Zeit zu Zeit die Sachen mit dem Hakenkreuz ausgingen. Immer neue Fuhren mit Tann und Fichtenreisig kamen in die Stadt, allenthalben angeblich waren Frauen und Mädchen damit beschäftigt, Girlanden anzufertigen. Wenn einer nicht wußte, wie er sein Haus oder seine gemieteten Fenster nach deutscher Ordnung schmückt, konnte er sich im Alten Rathaus, 2. Stock, Tür 8–9, beraten lassen. Vorläufig waren überhaupt nur Hakenkreuz- und Kärntner Fahnen zur Hissung zugelassen; verboten waren die ehemaligen Staatsfarben Österreichs und die Fahnen der ehemaligen österreichischen Front; gewarnt wurde ferner vor dem Anbringen von Hakenkreuzen auf den Kärntner Fahnen. Das Ziel war ein »einheitlich geschlossenes« Straßenbild: es galt als nicht angängig, daß neben langen Fahnen ganz kurze gehißt wurden. Wettbewerb der Stockwerksbewohner war, weil geschmacklos, zu unterlas-

sen. »Volksgenossen stehen in einer Richtung und überbieten sich nur im Arbeitseifer.« Den bezüglichen Anordnungen der Amtswalter der Partei war sofort Folge zu leisten. Lampions, Kerzen, Vasen und ähnlicher Kitsch waren von den Fenstern zu entfernen. Besondere Vorsicht bei der Anbringung von Kranzgebinden! Keine Juden in der Rechtspflege. Es komme vor, daß Abteilungen oder Dienststellen ohne vorherige Weisung Privatautos anfordern. »Dies ist sofort einzustellen, da sonst die S.S. gegen jede Übertretung auf das schärfste vorgehen wird.«[9] Das Tragen von Hakenkreuzen und Parteiabzeichen ist deutschen Volksgenossen vorbehalten und hat jeder Andersrassige, der Hakenkreuze tragen sollte, Unannehmlichkeiten zu gewärtigen. Mittwochs Aufmarsch des N.S.B. vor der klagenfurter Arbeiterkammer. 7000 Kundgebungsteilnehmer angetreten! 9000! Der N.S.B. übernimmt mit der Kammer die Angestelltenkrankenkasse, die Landeskrankenkasse, die landwirtschaftliche Krankenkasse und die Landwirtschaftliche Versicherungsanstalt. Die Reichsmark gilt neben dem Schilling. 1 RM = 1 Schilling 50 Groschen. Begeisterte Kundgebungen der Arbeiterschaft. Absingen des Zuhälterliedes. Zum ersten Mal gemeinsamer Marsch mit der Unternehmerschaft. Ansprache des Landeshauptmanns Wladimir von Pawlikowski an die Arbeiter: »Ohne euch hätte Kärnten diesen Tag nicht erleben können, denn keine Regierung und kein Staat kann leben ohne seine Arbeiter. Dies wußte auch unser geliebter Führer, der, selbst aus dem Arbeiterkreis stammend, von allem Anfang an die Arbeiterschaft auf seinen Weg mit sich nahm.«[7] Nochmalige Absingen der Zwillingshymnen. Vor Begeisterung tosende Menge löst sich auf dem Kardinalplatz auf. 36 mit Lautsprechern ausgestattete Autos der Gaufilmstellen Berlin, Magdeburg-Anhalt, Baden, Düsseldorf und Thüringen fuhren durch die Kramergasse auf den Adolf=Hitler=Platz. Aus den Wagen wurden kleine Hakenkreuzfähnchen verteilt. Erster Wagen bringt Gruß des Rheins an die Donau! »Nur allmählich zerstreuten sich die riesigen Menschenmassen, die frohbe-

wegte Stimmung jedoch hielt bis in die späten Nachtstunden
an. Der nächtliche Bummel auf dem Adolf=Hitler=Platz
bot ein interessantes Bild insofern, als zwischen heimischer
Bevölkerung und der Schutzpolizei eine herzliche Allianz
geschaffen wurde, wie sie eben nur durch gleiche Gesinnung
zustande kommen kann.«[7] Achtung! Aufruf! Die Deutsche
Kärntner Frauenhilfe Klagenfurt bittet dringend um alko-
holfreies Getränk sowie um Lebensmittel zur Bewirtung der
Leibstandarte unseres Führers. Vor Alkohol wird gewarnt!
Abzugeben in der Westschule, in der Küche, Erdgeschoß.
Was aber, wenn er nicht kam?
War jener je in Klagenfurt?
Diese Frage erregt in Klagenfurt am 30. Oktober 1973 kaum
Unwillen, ob sie nun Straßenpassanten, auf Parkbänken, im
Hof des Landeskrankenhauses oder Eisenbahnern beim Bier
gestellt wird. Sie scheint nicht zu gelten als taktlos, zudring-
lich oder provokativ; auch mag ein ausländischer Zungen-
schlag sie entschuldigen. [. . .]

DIETER KÜHN

Kühn bietet hier den Entwurf zu einer Collage, wobei seine theoretischen Erwägungen ebenso aufschlußreich sind wie das Textmaterial, das er sichtet und prüft. Die Grenzen einer Collage mit aufklärerischer Zielsetzung zeigen sich deutlich.

Rammbock gegen Prellbock

(Ausschnitt)

Der Autor sucht Texte aus für eine Funkarbeit, die Gegenwirkung erzeugen soll zu all diesem Abstrahieren, Ästhetisieren, Bagatellisieren, wie es nicht nur im Militärbereich üblich ist. Die Texte, die dem Autor die Broschüre *Unternehmen Prellbock* anbietet, sind für diesen Zweck zu kurz; in der Darstellungsweise wären sie freilich als Vorlage geeignet. So steht in diesem werbenden Überblick über die verschiedenen Waffengattungen des Heeres unter dem Stichwort »Panzertruppe« beispielsweise folgender Kriegsberichterstattertext: »Heiß brennt die Sonne aus wolkenlosem Himmel auf das Gefechtsfeld. Seit Tagesanbruch greift der Feind die Stellungen der Grenadiere an. Dumpf donnern die Abschüsse der schweren Waffen. Jabos jagen über Freund und Feind. Fast ununterbrochen hämmern die Maschinengewehre. Im Verteidigungsraum des PzGrenBtl 852 ist der Gefechtslärm seit einer Stunde besonders heftig. Lagemeldungen an die Brigade haben bisher zu keiner Besorgnis Anlaß gegeben.
Plötzlich formieren sich die Tarnbezeichnungen, Decknamen und Zahlenangaben zu einem alarmierenden Funkspruch: der Feind ist in die Stellungen des Bataillons 852 eingebrochen. In Kompaniestärke mit mehreren Panzern. Der Kommandeur fordert zur Unterstützung seines Gegenstoßes Panzer an!

Der Chef des 3/PzBtl 854 erhält den Auftrag, mit seiner Kompanie die eingebrochenen Feindpanzer zu vernichten und gemeinsam mit dem Panzergrenadier-Btl die verlorengegangenen Stellungen wieder zu nehmen. – – – ›Zugführer zum Chef!‹ Eile ist ganz selbstverständlich. Die Zugführer melden sich bei ihrem Kompaniechef, die Besatzungen stellen die Gefechtsbereitschaft der Panzer her. Die schweren Motore heulen auf, die Funktionen der Schwenkwerke und Zieleinrichtungen werden noch einmal überprüft. Da kommt schon der Zugführer zurück, schnell werden die Kommandanten eingewiesen, und dann heißt es ›Panzer marsch!‹.

Stabsunteroffizier Radel, jüngster Zugführer der Kompanie, hat den Auftrag, mit seinem Zug – Deckname ›Jaguar‹ – zunächst aus Stellungen am KAPPELBERG die nach Nordwesten angreifenden Feindpanzer zu vernichten und dann, weiter nach Osten vorstoßend, den KUHBERG zu nehmen. Erstes Angriffsziel ist die DACHSHÖHE.

Gerade hat der Zug seine Randstellungen am KAPPELBERG bezogen, als plötzlich südlich des DREIECKWALDES vier Feindpanzer auftauchen und das Feuer auf die Stellungen am ALTERBERG eröffnen. Radels Augen kleben an der Optik. ›Wie auf dem Präsentierteller‹, denkt er.

Doch gelassen, wie er es gelernt hat, gibt er seinen Feuerbefehl: ›Jaguar an alle! – zehn Uhr – Panzergeschoß – vor mir 1000 – vier Feindpanzer. – Jaguar 1 und 2 die beiden linken, Jaguar 3 und 4 die beiden rechten – Feuer frei!‹ Die Türme der Panzer schwenken auf zehn Uhr, das heißt, nach halblinks. Fahrtrichtung ist 12 Uhr, und wie auf dem Zifferblatt einer Uhr wird die Schußrichtung so angegeben, als sei die Kanone der Uhrzeiger. Trocken knallen die Abschüsse. Staub wirbelt vor den Rohrmündungen auf.

Ehe der Feind seinen Gegner erkannt hat, sind alle vier Panzer außer Gefecht gesetzt. Freude über den Erfolg klingt durch die Funkmeldung an die Kompanie: ›Bussard, hier Jaguar 1 – vier Feindpanzer vernichtet, greife weiter gegen

DACHSHÖHE an – Ende‹.« (*Unternehmen Prellbock*, Herausgeber: Der Bundesminister der Verteidigung, Stand: Juli 1970, Gesamtherstellung: Industriedruck AG, Essen).

Notwendig wäre für die Textmontage ein Manöverbericht dieser Art, der auch den aktiven Einsatz von Nuklearwaffen einbezieht. Im Vorwort zu *Kriegsfolgen und Kriegsverhütung* schreibt Weizsäcker: »Rein militärisch gilt, daß wir einen massierten konventionellen Angriff des Warschauer Paktes nicht rein konventionell erfolgreich abwehren könnten. Falls die Nato überhaupt einen konventionellen, massierten Angriff zur Eroberung unseres Landes fürchtet, muß sie ihn heute mit dem unkalkulierten Risiko des Einsatzes atomarer Waffen abschrecken, denn sie würde ihn rein konventionell nicht abschlagen können.« Eine »Verteidigung« mit Kernwaffen führt aber dazu, daß auch der Gegner Kernwaffen einsetzt.

Der Autor hat noch keinen entsprechenden Manöverbericht gefunden, den er für die geplante Textmontage übernehmen könnte: der Kurzbericht von *Unternehmen Prellbock* macht es aber schon möglich, die Grobstruktur dieser Montage zu entwerfen. Was in diesem Manöverbericht nur Randerscheinung ist (die Atombombenexplosion in Altstadt und ihre Auswirkungen bis Tannenwäldchen und Wiesendorf), dies muß hier zentral gesetzt werden, und zwar durch Ausschnitte von Berichten aus Hiroshima und Nagasaki. Freilich sollen diese Berichtstimmen nicht identifizierbar werden als Stimmen japanischer Kinder oder Erwachsener, sondern: mögliche Opfer einer Bombenexplosion in »Altstadt« sollen zu Wort kommen.

Erstes Zitat wäre da etwa: »Weil es so laut gekracht hatte, fragte ich mich, was wohl geschehen sein mochte. Als ich aufstand, war es ringsum dunkel. Ich überlegte, was das wohl sein könnte, und setzte mich hin. Weil aber im selben Augenblick über mir die Ziegel vom Dach herunterkamen, sprang ich gleich wieder auf. Es mußte irgend etwas passiert sein. Schon war kein Dach und keine Decke mehr da.« Und ein zweites Zitat: »Ich hing über einem Stuhl am Eingang und spielte mit der Katze. In dem Augenblick zuckte von draußen ein Lichtstrahl von unbeschreiblicher Farbe, ein unheimlich blauweißer Blitz herein. Nach einer Weile kam ich wieder zu mir. Ringsum war es ganz dunkel.« Als drittes Zitat: »Wir waren gerade auf dem Schulhof, da schleuderte uns ein greller, heftiger Blitz zu Boden. Ein tiefgelber starker Lichtschein erhellte die Gegend, wir mußten die Augen schließen. Ich stieß nur das Wort ›heiß!‹ heraus, schlug die Hände vor das Gesicht und drehte mich um mich selbst.«

Solche Zitate werden nach dem Grad wachsender Intensität gereiht – sonst könnte allzu rasch das Wahrnehmungsvermögen der Hörer paralysiert werden. Innerhalb des Montage-Ablaufs ließen sich dann einige der verharmlosenden Passagen üblicher Manöverdarstellungen wiederholen: sie würden damit zwischen den Berichten der Bombenopfer gleichsam kleingemahlen. Der provisorisch eingesetzte Manöverbericht des folgenden Entwurfs müßte dann freilich, wie gesagt, ausgetauscht werden gegen einen Bericht aus einem Manöver mit Kernwaffeneinsatz. In einer Schlußphase dieser Textmontage würden Auszüge aus Berichten von Bombenopfern und Zitate aus dem Manöverbericht dann etwa folgendermaßen zugeordnet: »Überall lagen Menschen umher, die so schlimm verbrannt waren, daß man ihre Gesichter nicht mehr erkennen konnte. Von ihnen starb einer nach dem anderen.« Und dagegengesetzt ein Zitat aus einem Manöverbericht: »Über die Karte gebeugt, verfolgen Soldaten der ABC-Aufklärungstruppe der ABC-Abwehrkompanie die Geländepunkte, die ihr Gruppenführer, Feldwebel Salter, in seinem Spürbefehl nennt. Nach kurzer Überprüfung des Gerätes und der Schutzausrüstung sitzen die Soldaten auf und – – – Marsch!«

Und wieder »Altstadt«: »Sie hatten schweren Durchfall und Wundstellen im Mund. Gelbliche Blasen waren rund um die Lippen aufgebrochen. Die Leute fielen einer nach dem anderen tot um, selbst solche, die bei der Explosion überhaupt keine Verletzungen erlitten hatten.«

Und: »Spürer 1 hält das Strahlenspürgerät während der Fahrt seitwärts aus dem Fahrzeug. Kurz vor Erreichen des Tannenwäldchens ruft er: ›Grenze der Verstrahlung erreicht!‹ Sofort läßt der Truppführer halten. Ein Spürer sichert.«

Dagegen: »Vom Ufer des Flusses sprangen Leute mit Brandwunden, ›heiß, heiß!‹ rufend, ins Wasser. Aber die Glieder waren steif, sie ertranken unter qualvollen Todesschreien.«

Und: »Ein Spürer markiert, indem er an einem Feldzaun Markierungsfolien ›Atom‹ aufhängt und gelbes Trassenband spannt. Auf die Rückseite der Folien schreibt er Uhrzeit und gemessene Stärke der Verstrahlung.«

Dagegen: »Sie begann zu würgen und dunkelrote Stücke auszuspucken. Es war ein furchtbarer Gestank. Es war Blut. Sie hörte nicht auf, Blutklumpen zu würgen und auszuspucken.«

Und wieder: »Ein Spürer markiert, indem er an einem Feldzaun Markierungsfolien ›Atom‹ aufhängt und gelbes Trassenband spannt. Auf die Rückseite der Folien schreibt er Uhrzeit und gemessene Stärke der Verstrahlung.«

Dagegen: »Im dämmrigen Licht, das durch die Öffnung des Schutzraums eindrang, sah ich einen Haufen halbnackter Leute im Durchgang liegen. Ihre Bäuche waren wie Ballons aufgeblasen, die Haut in großen Fladen abgeschält, die herabhingen wie Fransen an einem Teppich.«

Und wieder: »Ein Spürer markiert, indem er an einem Feldzaun Markierungsfolien ›Atom‹ aufhängt und gelbes Trassenband spannt. Auf die Rückseite der Folien schreibt er Uhrzeit und gemessene Stärke der Verstrahlung.«

Dagegen: »Der ganze Park war voll von Verwundeten, die stöhnend nach Wasser riefen. Durch die Verbrennungen waren ihre Körper mit Wasserblasen übersät; wenn sie platzten, hing die Haut lose herunter, und man sah das rote Fleisch.«

»Feldwebel Salter gibt die Spürmeldung über Funk zum Gefechtsstand der ABC-Abwehrkompanie und befiehlt dann ›Schutzmaske auf, Handschuhe an!‹. Die Soldaten ziehen noch Kapuzen über, und weiter geht's auf dem befohlenen Spürweg.«
Dagegen: »Im Fluß schwammen die Verbrannten wie Holzstämme; wir fanden Fleischklumpen, denen man nicht mehr ansah, ob sie ein Gesicht oder ein Stück vom Rücken waren. Ein eigenartiger Gestank hing in der Luft.«
Und: »Sobald das Strahlenspürgerät 5 rad/h, d. h. 5 radiologische Einheiten je Stunde, 10 rad/h usw. anzeigt, wird wiederum gemeldet, wenn es der Auftrag vorschreibt. Am Ortseingang von WIESENDORF treffen sie mit dem zweiten Spürtrupp zusammen.«
Dagegen: »Einer sah wie der andere aus, man konnte sie kaum unterscheiden. Sie waren verbrannt, von den Fingerspitzen und vom Kinn hing ihnen lose die Haut herunter. Ihre Gesichter waren rot und angeschwollen. Augen und Mund waren fast nicht zu erkennen.«
Und wieder: »Am Ortseingang WIESENDORF treffen sie mit dem zweiten Spürtrupp zusammen. Feldwebel Salter und Unteroffizier Kober tauschen ihre Beobachtungen aus, während der Sprechfunker eine A-Spürmeldung absetzt.«
Dagegen: »Zwei Freunde, die am ganzen Körper Verbrennungen erlitten hatten und denen die Haut an beiden Armen herabhing wie Ärmel, stützten sich mit ihren glitschigen Körpern, an denen das rote Fleisch bloßlag, auf mich. Ihre Augen waren so verquollen, daß sie nichts mehr sahen.«
Und: »Nur kurz ist der Halt. Eile tut not, denn die Spürtrupps müssen bald wieder verfügbar sein. Jeden Augenblick können neue Aufträge zum Spüren von Verstrahlungen oder Vergiftungen, die durch den Einsatz von atomaren oder chemischen Kampfmitteln erzeugt werden, vorliegen. Der ABC-Abwehrzug der Kompanie wird bereits einen Entstrahlungsplatz eingerichtet haben.«
Dagegen: »Vom Eingang her kam jetzt etwas Licht. Als ich hinblickte, krochen langsam zwei Wesen heran, die wie

große, dicke, häßliche Eidechsen aussahen und krächzende, stöhnende Laute von sich gaben. Andere folgten ihnen nach. Minutenlang war ich gelähmt vor Entsetzen. Dann wurde das Licht etwas heller, so daß ich sehen konnte, es waren menschliche Wesen! Bei lebendigem Leibe durch Feuer oder Hitze enthäutet und die Körper ganz zerquetscht.«

Der Autor würde die Textmontage am liebsten für eine Zielgruppe schreiben: für Offiziere der Bundeswehr. Aber darf der Autor erwarten, daß Bundeswehroffiziere aufmerksam die Produktionen des Hörfunks verfolgen, und eventuell weisen Publikationsorgane der Bundeswehr auf solch eine kritische Sendung hin? Und man hört die sich an in selbstverständlicher Bereitschaft zu selbstkritischer Haltung? Und diese Montage fördert damit einen Bewußtwerdungsprozeß, dessen Ziel ein höherer Offizier bei feierlicher Gelegenheit einmal so formuliert hat: Den Krieg nicht mehr als Ausbildungsziel auffassen, an dem sich der Kampfgeist zu orientieren habe, sondern im Krieg eine alles vernichtende Katastrophe sehen, deren Verhinderung dem Soldaten vornehmlich aufgetragen sei? Darf der Autor annehmen, diese Stimme sei repräsentativ für das vorherrschende Bewußtsein in der Bundeswehr, zumindest in ihrer Offiziersschicht? Oder wird in der Bundeswehr nicht sogar der Einsatz von Nuklearwaffen als das Denkbare und nach vielen Vorübungen schließlich Machbare einprogrammiert? Allgemeine Haltung der Bundeswehr sieht der Autor in abstrahierenden Sandkastenspielen, in Manöverspielen mit dem Einsatz von Kernwaffen, in verharmlosenden, aufschönenden Berichten darüber: *Unternehmen Prellbock*. Die Teilnehmer dieses Manövers, die Leser solch einer Broschüre werden durch die geplante Hörfunksendung kaum erreicht.

Die Textmontage wird also wohl von einer soziologisch (wie er hofft) weit gestreuten Hörerschaft rezipiert. Und da muß sich der Autor nun fragen, welche Auswirkungen hier möglich oder wahrscheinlich sind. Wird die Sendung (zumindest in dem recht simplen Kontrastschema des bisherigen Ent-

wurfs) bei den meisten Hörern nicht bloß moralische Empörung auslösen gegen solche verharmlosenden Kriegsspiele, moralischen Abscheu vor einem Abstrahieren, das den möglichen Einsatz von Massenvernichtungsmitteln nur erleichtern kann?
Der Autor fragt sich, ob er hier nicht einen Schritt weitergehen muß: vom moralischen Impuls zur politischen Analyse. Könnte er nicht dann erst wirksam werden? Denn: was Schriftstellern gesellschaftlich weithin zugestanden wird, das ist moralische Empörung. Moralische Attacken sind für den Bestand einer Gesellschaft schließlich ungefährlicher als politische Analysen, Argumente, Angriffe. Moralische Impulse richten sich gegen Einzelerscheinungen, vor allem gegen Personen: hier kann Empörung geballt zur Wirkung kommen als Theaterdonnerschlag. Politische Arbeit dagegen setzt voraus, daß man komplexe gesellschaftliche Einrichtungen und Zusammenhänge erkennbar macht; da würde sich bloß moralischer Impuls rasch verbrauchen. Und erst durch genaue Analyse lassen sich Ansatzpunkte finden für Veränderungen.
Also: nicht stehenbleiben bei moralischer Empörung über das Abstrahieren, Ästhetisieren, Bagatellisieren etwa in Manöverberichten, sondern hier nach Ursachen fragen, sie direkt benennen. Das setzt in diesem Fall voraus, daß der Autor das Collageschema mit vielen analytischen Passagen ausweitet, oder er schreibt gleich ein Feature, einen Aufsatz, benennt hier direkt, was er kritisch sieht, was er als Kritik vermitteln will.
[...]

HANS MAGNUS ENZENSBERGER

U. C., das ist Ugo Cerletti, ein italienischer Psychiater, der von 1877 bis 1963 lebte und als Erfinder der Elektroschock-Methode einen zweifelhaften Ruhm genießt. Enzensberger nutzt das Verfahren der Kontrastmontage, um seine Abscheu vor solcherart Fortschritt zu formulieren (die Collage entstammt dem Band *Mausoleum* mit 37 »Balladen aus der Geschichte des Fortschritts«). In den durchlaufenden Erinnerungsbericht des Psychiaters hat der Autor irritierende Klammern eingeschoben, die zum Teil Zitate aus anderen Quellen enthalten. – Zu der Verscollage aus *Untergang der Titanic* macht Enzensberger folgende Quellenangaben: »*Nearer, my God, to Thee* von Sarah Flower Adams (ca. 1840); *God of Mercy and Compassion* von Edmund Vaughan (ca. 1880); *Autumn* von H. F. Lyte (ca. 1910); *Das kann doch einen Seemann nicht erschüttern* von Bruno Balz (1939); *Davon geht die Welt nicht unter* von Bruno Balz (1942).«

U. C. (1877–1963)

I

Und *ich begab mich zum Schlachthof* (und war Dir. Neurobiolog. Inst. Mailand) und *ich sah die Schweineschädel zwischen den schweren Metallzangen* (und mein Herrenzimmer in der Via Savoia) *und den Schalthebel* (und meine antiken Bronzestatuetten auf dem Schreibtisch) und *ich bemerkte wie die Tiere bewußtlos zusammensanken und steif wurden* (und Prof. f. Neuropsychiatrie Univ. Bari Univ. Genua Univ. Rom) *und wie sie dann nach ein paar Sekunden in Krämpfe verfielen* (und Erfinder eines Zeitzünders für Artillerie und Luftwaffe) *und ich dachte daß hier für meine Versuche ein äußerst wertvolles Material vorlag* (und meine Orden und Goldmedaillen) und *ich beschloß zu untersuchen welche Dosis welche Spannung und welche Methode erforderlich wären um den Tod der Schweine her-*

beizuführen (und Präs. Ital. Ges. f. Psychiatrie) und *ich gab ihnen Stromstöße durch den Schädel von verschiedenen Seiten* (und Ehrenmitgl. Komitee f. Biol. u. Med. des Nationalen Forschungsrates) *und durch den Rumpf mehrere Minuten lang* (und Kandidat für den Nobelpreis) und *es fiel mir auf, daß die Tiere selten verendeten wenn der Strom durch ihren Kopf floß* (und meine Haushälterin und mein Rauchverzehrer in Gestalt einer Porzellaneule) *und daß sie nach heftigem Starrkrampf minutenlang liegenblieben* (und Dr. h. c. Sorbonne Paris) *und sich dann mühsam erhoben* (und Dr. h. c. Rio de Janeiro und São Paolo und Montréal für bahnbrechende Kropf- und Kretinismusstudien) *und daß sie versuchten zu fliehen*

II

Und *ich wies meine Assistenten an nach einer geeigneten Versuchsperson Ausschau zu halten* (und W Il Duce) und *am 15. 4. 1938 überwies mir der Polizeipräsident von Rom ein Individuum zur Beobachtung* (und *der Faschismus ist über den verwesten Leib der Göttin Freiheit hinweggestiegen*) und *ich zitiere aus seinem Begleitschreiben* (und *Italiener! Schwarzhemden! Legionäre!*): »*S. E., Ingenieur und 39 Jahre alt und aufgegriffen am Hauptbahnhof und ohne gültigen Fahrausweis und offenbar nicht im vollen Besitz seiner Geisteskräfte*« (und nicht endenwollende Ovationen) und *ich wählte diesen Mann aus für meinen ersten Menschenversuch*

III

Und *ich brachte zwei Elektroden an seinen Schläfen an* (und die wichtigsten Indikationen sind Schizophrenie und Paranoia) *und ich beschloß mit 80 Volt Wechselstrom und 0,2 Sekunden anzufangen* (und Alkoholismus und Drogensucht und Depressionen und Melancholie) und *seine Muskeln wurden steif* (und die wichtigsten Nebenwirkungen sind

Gedächtnisverlust und Brechreiz und Panik) und *er bäumte sich auf* (und dies ist die typische von von Braunmühl et al. so genannte Hampelmannstellung) *und er fiel zusammen aber ohne das Bewußtsein zu verlieren* (und die wichtigsten Komplikationen sind Schenkel- Arm- Kiefer- und Wirbelsäulenbrüche) *und er fing an sehr laut zu singen* (und Herzbeschwerden und innere Blutungen) und *dann wurde er still und rührte sich nicht mehr*

IV

Und *natürlich bedeutete das für mich eine starke gefühlsmäßige Belastung* (und nach Reil [1803] ist *die unschädliche Folter ein Gebot der Heilkunst*) und *ich beriet mich mit meinen Assistenten ob ich eine Pause einlegen sollte* (und nach Squire [1973] ist es *unbekannt wie lange die Amnesie anhält*) und *der Mann hörte uns zu und sagte plötzlich mit lauter und feierlicher Stimme: »Tut es nicht noch einmal. Das ist der Tod.«* (und nach Sogliano [1943] kann die Behandlung *ohne Bedenken bis zu fünfmal innerhalb von zehn Minuten* wiederholt werden) und *ich gestehe daß mir der Mut sank* (und nach Kalinowski et al. [1946] sind stets *Gurte und Fesseln bereitzuhalten für den Fall daß der Patient gemeingefährlich und gewalttätig wird*) und *ich mußte mich aufraffen um diesem abergläubischen Gefühl nicht nachzugeben* (und nach Sakel et al. [1965] *fehlt es leider bisher an einer wissenschaftlichen Begründung* für den Elektroschock) und *ich nahm mich zusammen und gab ihm noch einmal einen Stoß von 110 Volt*

V

Und seitdem klettern sie auf der geschlossenen Station in ihren Pyjamas auf die weißlackierten Eisenbetten *(und wir werden seine Pioniertat nie vergessen)* und kriegen eine Spritze verpaßt und bei Gegenwehr noch eine Spritze *(und seine Leistungen für den wissenschaftlichen Fortschritt)* und vier Wärter halten sie fest an Händen und Füßen (und *seine Schaffenslust*) und stopfen ihnen einen Gummischlauch in den Mund und stülpen ihnen die kalten Chromplatten über die Schläfen (und *seinen unstillbaren Wissensdurst*) und in den Schlachthöfen hört man kein Brüllen und Muhen und Quieken mehr (und *seinen echten Humanismus*) und dann gibt der Chef Saft (und *an einer wissenschaftlichen Begründung* hierfür *fehlt es leider* noch) und dann sind sie weg und dann wachen sie wieder auf und dann sind sie gelöscht

Dreizehnter Gesang

Es weht der Wind mit Stärke zehn,
das Schiff schwankt hin und her;
    Engel, so licht und schön,
    winken aus seel'gen Höhn:
        Am Himmel ist kein Stern zu sehn,
        es tobt das wilde Meer!
In Kummer bin ich tief gesunken,
und all mein Stolz verging im Nu
    Dann denk' ich immer:
    Ach, alles ist aus,
    ich bin so allein ...
        In schwerer Sünden Flut ertrunken,
        sucht meine matte Seele Ruh.
Ja, aber dann
gewöhnt' ich mich dran,
und ich sah es ein:
    Drückt mich auch Kummer hier,
    drohet man mir,
    soll doch trotz Kreuz und Pein
    dies meine Losung sein:
        Das kann doch einen Seemann
        nicht erschüttern,

                    keine Angst, keine Angst,
                    Rosmarie!
Bricht mir wie Jakob dort
Nacht auch herein,
find' ich zum Ruheort
nur einen Stein:
       Davon geht die Welt nicht unter,
       sieht man sie manchmal auch grau,
           Ist mir auch ganz verhüllt
           Dein Weg allhier,
einmal wird sie wieder bunter,
einmal wird sie wieder himmelblau!
       wird nur mein Wunsch erfüllt:
       Näher zu Dir!
              Geht's mal drüber und mal drunter,
              wenn uns der Schädel auch raucht,
und wenn die ganze Erde bebt,
und die Welt sich aus den Angeln hebt ...
       Ist dann die Nacht vorbei,
       leuchtet die Sonn',
       bau' ich mein Bethel Dir
       und jauchz' mit Freuden hier:
              Wir lassen uns das Leben
              nicht verbittern,
              keine Angst, keine Angst,
              Rosmarie!
Schließt dann mein Pilgerlauf,
schwing' ich mich freudig auf:
Davon geht die Welt nicht unter,
sie wird ja noch gebraucht,
     sie wird ja,
        sie wird ja,
           sie wird ja,
              sie wird ja,
                 sie wird ja
                    noch gebraucht.

MAX FRISCH

Die Erzählung von Frisch, aus der dieser Auszug stammt, ist in ihrer Gesamtheit keine Collage. Die Zitate sind in eine konventionelle Schreibform eingebunden (vgl. Köppens »Heeresbericht«) und – faksimiliert – als tatsächliche Fundstücke aus anderen Büchern erkennbar (vgl. Handkes »Lesen und Schreiben«). Die Hauptfigur der Geschichte, Herr Geiser, ein alter Mann, der in einem von der Umwelt kurzfristig abgeschlossenen Dorf in den Bergen lebt, sammelt diese Ausschnitte. Denn merken kann er sich all die Informationen nicht mehr, und Abschreiben hat keinen Sinn: »so viel Zeit hat der Mensch nicht«. Mit anderen Worten: wirklich aufnehmen läßt sich das Gedruckte nicht mehr, man kann es nur noch vor sich ausbreiten, in Form von Fundstücken und Zitaten. An anderer Stelle fragt sich Geiser denn auch, »was er denn eigentlich wissen will, was er sich vom Wissen überhaupt verspricht« (M. F., *Der Mensch erscheint im Holozän*, S. 117). Die Lexikonweisheiten der gesammelten Zitate stehen in einem untergründigen Verhältnis zur Situation der Hauptperson: Der Lebensspanne des einzelnen Menschen wird ein urzeitlicher Maßstab gegenübergestellt, die Frage der Vergänglichkeit ist unausgesprochen präsent. Doch ist dieser Zusammenhang äußerst fein: Erzähl- und Zitatebene laufen weitgehend autonom nebeneinander her. Dabei ist die eigentliche Collage außerordentlich geschickt in die Fiktion eingebaut und in ihr begründet, so daß hauptsächlich der visuelle Sonderstatus die Zitate noch als Fremdkörper erscheinen läßt.

Der Mensch erscheint im Holozän

(Ausschnitt)

Was schon gedruckt ist, nochmals abzuschreiben mit eigener Hand (abends bei Kerzenlicht), ist idiotisch. Warum nicht mit der Schere ausschneiden, was wissenswert ist und an die Wand gehört? Herr Geiser wundert sich, daß er nicht eher auf die Idee gekommen ist. Eine Schere ist im Haus; Herr

Geiser muß sie nur noch finden. Ganz abgesehen davon, daß das Gedruckte leserlicher ist als die Handschrift eines alten Mannes – auch wenn Herr Geiser sich Zeit nimmt für Blockschrift – so viel Zeit hat der Mensch nicht.

> **Geologische Formationen,** Schichtfolgen, deren Schichten sich durch bestimmte in ihnen versteinerte Tiere und Pflanzen (→Leitfossilien) deutlich von den darunter- und darüberliegenden Schichtgruppen unterscheiden und eine *(stratigraphische)* Einheit darstellen. Zu ihnen gehören auch die gleichzeitig entstandenen Eruptivgesteine. Aufeinanderfolgende verwandte G. F. werden zu **Formationsgruppen** zusammengefaßt. Formationen und Formationsgruppen spiegeln durch ihren Inhalt Abschnitte der Erdgeschichte wider und werden darum auch als Zeitbegriffe verwendet, die G. F. im Sinne von Perioden, die Formationsgruppen im Sinne von **Erdzeitaltern** oder Ären.

> Die Gletscher der Eiszeit haben dieses an den Kämmen und in den Tälern gestufte Gebirge nach neuen Gesetzen umgestaltet. In oberen Enden der Täler, Schluchten, Nischen und Dolinen haben sich vielfach Kare als Wannen eingefressen und die schon zu Graten gewandelten Kämme noch mehr zugeschärft. Aus den Tälern selbst schufen die mächtigen, im Inntal z. B. 1600 m mächtigen Eisströme zu U-Formen geweitete Tröge. Große Gletscher leisteten mehr Arbeit als kleine, so daß die Haupttäler in der Regel gegen die Seitentäler übertieft sind, diese in Stufen münden (hängen, Hängetäler). Im einzelnen zeigen die A. vielerorts die allen einst vergletscherten Gebirgen eigenen Spuren der nicht nur schleifenden und polierenden, sondern auch splitternden und brechenden glazialen Erosion: rundgebuckelte Hänge, die sich an der Schliffgrenze von den zackigen, scharfen, nicht vergletscherten Graten abheben, in flacherem Gelände von Seentümpel erfüllte Wannen, ausgesprochene Rundhöcker mit spiegelnden, aber wieder von groben Steinen gekritzten, geschrammten Gletscherschliffen, hie und da Moränen in Wallform, häufiger durch Moränen ausgekleidete Talflanken.

Eine solche komplizierte Struktur ist das Ergebnis einer langen Bauzeit. Wie bei allen in der gleichen Zeit gebauten, d. h. alpidischen Gebirgen, erstreckt sich diese über eine ganze Reihe geolog. Formationen und gliedert sich in eine Serie von Faltungsphasen. Gebirgswehen treten schon in der obersten Trias und im Lias auf. Die Stammfaltung im O ereignete sich in der mittleren Kreide. Mehrere kräftige Phasen folgen in der oberen Kreide und im Tertiär, und die Bewegungen setzen sich durch das Diluvium bis zur Gegenwart fort. Als ein Gebirge, das seine Struktur im wesentlichen in der Kreide und im Tertiär erhalten hat, sind die A. ein junges Falten- oder Deckengebirge.

Das diluviale Eisstromnetz, das auch die tieferen Pässe überstieg, dadurch die eiserfüllten Täler vergitterte, nur die obersten Grate inselhaft aussparte, ist schon in den warmen Interglazialzeiten, erst recht in der Postglazialzeit geschwunden. Es hat sich zu den heutigen Talgletschern in den Tälern, Hängegletschern auf den höheren Hängen, Kargletschern in den Karen umgewandelt; auch etliche Plateaugletscher haben sich gebildet. Diese rezente, augenblicklich in starkem Rückgang befindliche Vergletscherung gehört zusammen mit den Gipfelformen, den Mündungs- und anderen Stufen der Täler, den diese zerschneidenden Klammen und Schluchten, den oft frei über die Trogwände stürzenden Wasserfällen, den Seen zu den schönsten Landschaftsreizen der A. Die glaziale Unterschneidung der Hänge hat mit dem Schwinden der Gletscherwiderlager viele Bergstürze ausgelöst. Die Wannennatur der Trogtäler ist durch die kräftige Abtragung der Hochgebirge und die ihr entsprechende Ablagerung in der Tiefe verwischt. Diese stülpt mächtige Schwemmkegel in die größeren Täler, auf denen Murgänge den Siedlungen oft gefährlich werden.

Was Elsbeth sagen würde zu diesen Zetteln an der Wand, die sich von Tag zu Tag mehren, und ob sie es überhaupt dulden würde, daß Reißnägel in die Täfelung gesteckt werden, ist eine müßige Frage –

Herr Geiser ist Witwer.

Nicht jede Wand im Haus eignet sich für Reißnägel. Im Verputz haften die Reißnägel nur hin und wieder, keinesfalls zuverlässig; hilft man mit dem Hammer nach, so verkrümmt sich der Reißnagel sofort und fällt ab, und was bleibt, sind Löcher im weißen Verputz, worüber Elsbeth auch nicht entzückt wäre, und alles vergeblich; es bleibt kein Zettel an der Wand. Am besten eignet sich die Täfelung, wo ein einziger Reißnagel genügt, und Täfelung gibt es nur in der Wohnstube –

Elsbeth würde den Kopf schütteln.

Dabei ist das erst ein Anfang; die Wände der Wohnstube werden gar nicht ausreichen, zumal die Zettel nicht allzu hoch oder zu tief hängen sollten; sonst muß Herr Geiser jedes Mal, wenn er wieder vergißt, was er vor einer Stunde sorgsam ausgeschnitten hat, auf einen Sessel steigen oder sich in die Hocke lassen, um seine Zettel lesen zu können. Das ist nicht nur mühsam, sondern es erschwert die Übersicht, und schon einmal ist beinahe der Sessel gekippt. Wo findet sich, zum Beispiel, der Zettel, der Auskunft gibt über das mutmaßliche Hirn der Neandertaler? Statt dessen findet man wieder die Zeichnung mit dem Goldenen Schnitt. Wo hängt die Auskunft über Mutationen, Chromosome etc.? Oft ist es zum Verzagen; Herr Geiser weiß genau, daß es einen Zettel gibt (– es ist mühsam genug, Texte voll wissenschaftlicher Fremdwörter abzuschreiben, notfalls zwei oder drei Mal, bis die Abschrift korrekt ist) über Quanten-Theorie. Was gehört wohin? Einige Zettel, vor allem die größeren, beginnen sich zu rollen, wenn sie eine Weile lang an der Wand sind; sie bleiben nicht flach. Das kommt noch dazu. Um sie lesen zu können, muß man die Hände zu Hilfe nehmen. Einige rollen sich von unten auf, andere von beiden Seiten. Dagegen ist nichts zu machen. Von Tag zu Tag rollen sie sich mehr (was wahrscheinlich mit der Luftfeuchtigkeit zu tun hat) und Kleister ist nicht im Haus, sonst könnte Herr Geiser sie auf die Wand kleben, was auch wieder den Nachteil hätte, daß Herr Geiser, wenn er eine neue und wichtigere Auskunft gefunden hat, die bisherigen Zettel nicht auswechseln könnte. Der Goldene Schnitt zum Beispiel ist nicht so wichtig, und wie viele Einwohner der Kanton Tessin hat oder wie hoch das Matterhorn ist (4505 Meter über Meer) oder wann die Wikinger nach Island gekommen sind, kann Herr Geiser sich merken. So verkalkt ist man nicht. Flach bleiben die Zettel nur, wenn man für jeden Zettel vier Reißnägel verwendet, aber so viele Reißnägel sind nicht vorhanden. So rollen sie sich eben, die Zettel, und wenn man ein Fenster aufmacht und ein Durchzug entsteht, so flattert und raschelt die ganze Zettelwand.

Das ist keine Wohnstube mehr.

Das Bildnis von Elsbeth (Öl) von der Wand zu nehmen, um Platz zu haben für weitere Zettel, hat Herr Geiser bis heute gezögert. Es ist aber nicht anders zu machen.

> **Gedächtnisschwäche** ist die Abnahme der Fähigkeit, sich an frühere Erlebnisse zu erinnern (**Erinnerungsschwäche**). In der Psychopathologie unterscheidet man von der Gedächtnisschwäche die Merkschwäche, die Abnahme der Fähigkeit, neue Eindrücke dem Altbesitz des G. einzuverleiben. Gedächtnis- und Merkschwäche sind nur dem Grade nach verschieden. Bei den Alterskrankheiten des Gehirns (Altersblödsinn, Gehirn-Arterienverkalkung) und anderen Gehirnkrankheiten nimmt zuerst die Merkfähigkeit, später auch das G. ab.

Manchmal schreibt Herr Geiser auch auf Zettel, was er ohne Lexikon zu wissen meint und was ebenfalls an die Wand gehört, damit Herr Geiser es nicht vergißt:

> DIE ZELLEN, DIE DEN MENSCHLICHEN KÖRPER BILDEN, INBEGRIFFEN DAS HIRN, BESTEHEN MEHRHEITLICH AUS WASSER

> DIE ERDE IST KEINE VOLLKOMMENE KUGEL
>
> VULKANE HAT ES IM TESSIN NIE GEGEBEN
>
> DIE FISCHE SCHLAFEN NIE
>
> DIE SUMME DER ENERGIE BLEIBT KONSTANT
>
> DER MENSCH GILT ALS DAS EINZIGE LEBE-WESEN MIT EINEM GEWISSEN GESCHICHTS-BEWUSSTSEIN
>
> SCHLANGEN HABEN KEIN GEHÖR
>
> 3/4 DER ERDOBERFLÄCHE IST WASSER

EUROPA UND AMERIKA RUTSCHEN JEDES
JAHR ZWEI ZENTIMETER AUSEINANDER,
NACHDEM SCHON GANZE KONTINENTE
(ATLANTIS) UNTERGEGANGEN SIND

SEIT WANN GIBT ES WÖRTER?

DAS ALL WEITET SICH AUS

Texte und Quellen

KARL KRAUS

Die letzten Tage der Menschheit

(Ausschnitt)

26. Szene

Südwestfront. Ein Stützpunkt auf einer Höhe von mehr als dritthalbtausend Meter. Der Tisch ist mit Blumen und Trophäen geschmückt.

DER BEOBACHTER: Sie kommen schon!
DIE SCHALEK *(an der Spitze einer Schar von Kriegsberichterstattern):* Ich sehe, man hat feierliche Vorbereitungen zu unserem Empfange getroffen. Blumen! Die sind wohl den Herren Kollegen zugedacht, die Trophäen mir! Ich danke euch, meine Braven. Wir sind bis zu diesem Stützpunkt vorgestoßen, es ist nicht viel, aber immerhin. Man ist schon zufrieden, daß er wenigstens vom Feind eingesehen ist. Meinen großen Wunsch, einen exponierten Punkt besuchen zu dürfen, konnte der Kommandant leider nicht erfüllen, weil das den Feind aufregen könnte, sagt er.
EIN STANDSCHÜTZE *(spuckt aus und sagt):* Grüaß Gott.
DIE SCHALEK: Gott wie intressant. Wie gemalt sitzt er da, wenn er kein Lebenszeichen gäbe, so müßte er von Defregger sein, was sag ich, von Egger-Lienz! Mir scheint, er hängt sogar ein schlau verstohlenes Zwinkern ins Auge. Der einfache Mann, wie er leibt und lebt! Laßt euch, ihr Braven, erzählen, was wir erlebt haben, bis wir zu euch vorgedrungen sind. Also die sonst so belebte Talstraße gehört unbestritten dem Kriegspressequartier. Oben auf dem Joch, da

hab ich zum erstenmal etwas wie Genugtuung gefühlt beim Anblick der Verwandlung eines Dolomitenhotels in ein Militärquartier. Wo sind jetzt die geschminkten, spitzenumwogten Signoras, wo ist der welsche Hotelier? Spurlos verschwunden. Ah, das tut wohl! Der Offizier, der uns geführt hat, hat eine Weile überlegt, welche Spitze für uns wohl die geeignetste sei. Er schlug eine vor, die am wenigsten beschossen wird, damit waren natürlich die Herren Kollegen einverstanden, ich aber sagte: nein, da tu ich nicht mit; und so sind wir schließlich hier heraufgekommen. Das ist doch das mindeste. Beantworten Sie mir bitte jetzt nur die eine Frage: Wieso habe ich vor dem Kriege alle die prächtigen Gestalten niemals gesehen, denen ich nun täglich begegne? Der einfache Mann ist einfach eine Sehenswürdigkeit! In der Stadt – Gott wie fad! Hier ist jeder eine unvergeßliche Erscheinung. Wo ist der Offizier?

DER OFFIZIER *(von innen)*: Beschäftigt.

DIE SCHALEK: Das macht nichts. *(Er erscheint. Sie beginnt ihm die Einzelheiten förmlich aus dem herb verschlossenen Mund zu ziehen. Nachdem es geschehen ist, fragt sie:)* Wo ist der Ausguck? Sie müssen doch einen Ausguck haben? Wo ich noch hingekommen bin, war in dem Graben des Beobachters zwischen den Moosdeckungen ein fünf Zentimeter breiter Ausguck für mich frei. Ach, hier ist er! *(Sie stellt sich zum Ausguck.)*

DER OFFIZIER *(schreiend)*: Ducken! *(Die Schalek duckt sich.)* Die drüben wissen ja nicht, wo wir Beobachter sitzen, ein Stück Nase kann uns verraten. *(Die männlichen Mitglieder des Kriegspressequartiers greifen nach ihren Taschentüchern und halten sie vor.)*

DIE SCHALEK *(beiseite)*: Feiglinge! *(Die Batterie beginnt zu arbeiten.)* Gott sei Dank, wir kommen gerade recht. Jetzt beginnt ein Schauspiel – also jetzt sagen Sie mir, Herr Leutnant, ob eines Künstlers Kunst spannender, leidenschaftlicher dieses Schauspiel gestalten könnte. Jene, die daheim bleiben, mögen unentwegt den Krieg die Schmach des Jahrhunderts nennen – hab' ich's doch auch getan, solange ich im Hinterlande saß – jene, die dabei sind, werden aber vom Fieber des Erlebens gepackt. Nicht wahr, Herr Leutnant, Sie stehen doch mitten im Krieg, geben Sie zu, manch einer von Ihnen will gar nicht, daß er ende!

DER OFFIZIER: Nein, das will keiner. Darum will jeder, daß er ende.

(Man hört das Sausen von Geschossen: Ssss – – –)

DIE SCHALEK: Sss –! Das war eine Granate.

DER OFFIZIER: Nein, das war ein Schrapnell. Das wissen Sie nicht?

DIE SCHALEK: Es fällt Ihnen offenbar schwer, zu begreifen, daß für mich die Tonfarben noch nicht auseinanderstreben. Aber ich habe in der Zeit, die ich draußen bin, schon viel gelernt, ich werde auch das noch lernen. – Mir scheint, die Vorstellung ist zu Ende. Wie schade! Es war erstklassig.

DER OFFIZIER: Sind Sie zufrieden?

DIE SCHALEK: Wieso zufrieden? zufrieden ist gar kein Wort! Nennt es Vaterlandsliebe, ihr Idealisten; Feindeshaß, ihr Nationalen; nennt es Sport, ihr Modernen; Abenteuer, ihr Romantiker; nennt es Wonne der Kraft, ihr Seelenkenner – ich nenne es frei gewordenes Menschentum.

DER OFFIZIER: Wie nennen Sie es?

DIE SCHALEK: Frei gewordenes Menschentum.

DER OFFIZIER: Ja wissen Sie, wenn man nur wenigstens alle heiligen Zeiten einmal einen Urlaub bekäme!

DIE SCHALEK: Aber dafür sind Sie doch durch die stündliche Todesgefahr entschädigt, da erlebt man doch was! Wissen Sie, was mich am meisten intressiert? Was denken Sie sich, was für Empfindungen haben Sie? Es ist erstaunlich, wie leicht die Männer auf dritthalbtausend Meter Höhe nicht nur ohne die Hilfe von uns Frauen, sondern auch ohne uns selbst fertig werden.

EINE ORDONNANZ *(kommt)*: Melde gehorsamst, Herr Leutnant, Zugführer Hofer ist tot.

DIE SCHALEK: Wie einfach der einfache Mann das meldet! Er ist blaß wie ein weißes Tuch. Nennt es Vaterlandsliebe, Feindeshaß, Sport, Abenteuer oder Wonne der Kraft – ich nenne es frei gewordenes Menschentum. Ich bin vom Fieber des Erlebens gepackt! Herr Leutnant, also sagen Sie, was denken Sie sich jetzt, was für Empfindungen haben Sie? *(Verwandlung.)*

Kriegsbilder aus Tirol

An der Dolomitenfront

Von Alice Schalek

[...] Oben auf einem Joch fühle ich zum erstenmal etwas wie Genugtuung beim Anblick der Verwandlung eines Dolomitenhotels in ein Militärquartier. Wie verächtlich hatte seinerzeit der vornehme Wirt uns Bergsteiger abgefertigt – gelten doch in keinem Lande der Welt die Kleider so viel wie in Italien, und das Paßhotel war geradezu eine italienische Kolonie gewesen – und da wir nicht nur schäbig aussahen, die wir durchnäßt und zerzaust von der Marmolata kamen, sondern auch Deutsch sprachen, wurden wir in Bodenkammern gesteckt und bei Tische nicht ordentlich bedient. Die geschminkten, spitzenumwogten Signoras aber taten sich breit, was immer sie auch für ein Handwerk ausüben mochten.
Wo ist jetzt der welsche Hotelier? Spurlos verschwunden. Ah! Das tut wohl! Und noch dazu auf Nimmerwiedersehen; denn nach dem Krieg – so hoffen wir – wollen wir stark genug sein, Herren im eigenen Hause zu bleiben, zur Ungemütlichkeit haben auch wir uns jetzt das Recht und die Kraft mit kostbarem Blut erkauft. Nun ist das Joch so wundervoll reingefegt, wir fühlen, daß hier unser Vaterland ist.
Wir dürfen von hier zu einem der vielen Gipfel aufsteigen, die als Stützpunkte ausgebaut sind, und passieren zahllose Stellungen, die man nach der Zeit errichtet hatte, als wir die Italiener noch für Bundesbrüder hielten und ihnen noch nicht die Drahtzäune vor die Nase setzen mochten. So bezogen unsere Abteilungen erst kürzlich Kamm für Kamm. Rasch hatte man jeden Punkt zugänglich gemacht, und sonderbar leuchten jetzt von allen Bergrücken die zahllosen, neu angelegten Zickzackwege, die später einmal der Touristik sehr zustatten kommen werden.
Der Offizier, der uns führt, überlegt eine Weile, welche Spitze für

uns wohl die geeignetste sei. Eine liegt mehr in der Kampflinie, eine andere bietet die bessere Übersicht – schließlich wird diejenige gewählt, die am seltensten beschossen wird – in den Annalen meiner Bergbesteigungen ist das für die Zusammenstellung eines Tagesprogramms ein ganz neues Motiv. [...]
Wieso habe ich vor dem Kriege all die prächtigen Gestalten niemals gesehen, denen ich nun täglich begegne? In der Stadt gab es nur unscheinbare, kleinliche, selbstsüchtige Menschen, die jämmerlich farblos waren. Hier wirkt jeder wahrlich sogar körperlich größer als daheim, jeder ist eine unvergeßliche Erscheinung, jeder ist eine Persönlichkeit. Ja – der Krieg amerikanisiert.
In dem Graben des Beobachters ist zwischen den Moosdeckungen ein fünf Zentimeter breiter Ausguck für mich frei. »Ducken!« schreit mir der Leutnant zu, »die drüben wissen ja nicht, wo wir Beobachter sitzen, ein Stück Nase kann uns verraten!«
Wir kommen gerade recht. Denn eben beginnt ein Schauspiel, das keines Künstlers Kunst spannender, leidenschaftlicher gestalten könnte. Jene, die daheim bleiben, mögen unentwegt den Krieg die Schmach des Jahrhunderts nennen – hab' ich's doch auch getan, solange ich im Hinterlande saß – jene, die dabei sind, werden aber vom Fieber des Erlebnisses gepackt, das wohl durch alle Jahrtausende hindurch noch jeden Kämpfer erfaßte und das vielleicht eine der Ursachen ist, aus denen trotz aller Greuel und Nöte doch immer wieder der Krieg erwächst. Unverkennbar ist es für jeden, der Augen zum Sehen hat, daß von denen, die mitten im Kriege stehen, manch einer gar nicht will, daß er ende.
Die Batterie unter uns schießt. [...] Weißer Qualm steigt auf, man sieht's mit freiem Auge, atemlos, fiebergeschüttelt. »Zu hoch!« schreit der Leutnant. »Zu tief!« nach dem zweiten Schuß. Und »Ausgezeichnet, der sitzt! Jetzt haben sie's!« nach dem dritten. [...]
Aber auch die Italiener haben Kanonen. Nicht lange dauert's und von drüben kommt gar unhöfliche Antwort. Da sie weder wissen, wo die Beobachter, noch wo die Geschütze stehen, streuen sie nach Vermutungen ihre Bomben in die Welt hinaus. Ssss – – – geht's über unsere Köpfe dahin. Wie man sich deckt, braucht niemand erst zu lernen. Fast ohne daß man's selbst weiß, fährt man mit der Nase ins Gras. Dann bekommt unsere Stellung rechts etwas ab und schließlich platzt ein ganz schwerer Schuß nahe einem Gebäude, das weithin sichtbar auf einem der Kammköpfe steht. [...]
Nun schießen zu gleicher Zeit zwei von unseren Batterien

und zwei von jenen dort drüben. Der Leutnant kennt jeden Klang. »Das ist die Latschenbatterie, und das die vom Offiziersfeldlager!« (So hat er die zwei italienischen getauft.) »Das war eine Granate – das ein Schrapnell!« Und er begreift nicht, daß für mich die Tonfarben noch nicht auseinanderstreben.

Nun platzt an derselben Stelle ein zweiter schwerer Schuß, schon viel näher dem Haus. »Das ist der Bulldogg!« preßt der Leutnant zwischen den Zähnen hervor, »der mit den krummen Rädern, der immer so brummt. Wir kennen ihn gut. Er wird zum Abschießen hinter einem Felsen hervorgezogen und nachher sofort zurückgeschoben – na warte, Hundesohn, dich krieg' ich noch!« [...]

Dann ist es still. Die Vorstellung ist zu Ende. [...]

Ganz schlicht erzählt nun der Leutnant dem Hauptmann, daß die »Villa Windig« die Septemberstürme nicht überdauern werde. »Für den Winter muß ich mich anderswo eingraben; ich bin ohnedies die reine Hinterlandsformation. Darf ich nicht vor? Ich wüßte eine so prachtvolle Stellung ein paar Kilometer weiter vorn!«

Nennt es Vaterlandsliebe, ihr Idealisten; Feindeshaß, ihr Nationalen; nennt es Sport, ihr Modernen; Abenteuer, ihr Romantiker; nennt es Wonne der Kraft, ihr Seelenkenner; ich nenne es frei gewordenes Menschentum. [...]

Der Hauptmann hat einen Arm voll Liebesgaben selbst heraufgebracht; täglich kommen von zwei fremden Frauen, die niemand hier kennt, fünf bis sechs Pakete an. Frau Helene Nowotny aus Baden und Frau Agnes Pollak aus Wien schicken seit Wochen Wollsachen, Tabak, Pfeifen und Schokolade, und wer mit ansieht, wie dies zwischen Felsen und Schnee ankommt und wie es die Mannschaft strahlend vor Freude auf feuchter Erde auspackt, der wundert sich, daß so viele Helenen und Agnesen aus ihren warmen Boudoiren nichts in die Berge schicken, auf deren Gipfeln ihre Beschützer für sie frieren und sterben.

Aber es ist erstaunlich, wie leicht diese Männer nicht nur ohne die Hilfe von uns Frauen, sondern auch ohne uns selbst fertig werden. Kochen, Putzen, Ordnung halten, für die Jüngeren sorgen und treu füreinander einstehen – das alles geht tadellos auch ohne uns. Und bringt es nicht am Ende die Abwesenheit der Frauen mit sich, daß diese Männer sich untereinander so freundschaftlich, so brüderlich, so friedlich geben?

Wie zu Weihnachten geht es zu. Wir lachen, essen, plaudern. Plötzlich erscheint der Akrobat in der Tür, blaß wie ein weißes Tuch: »Melde gehorsamst, Herr Leutnant, Zugsführer T. ist tot.« [...]

Ich schreite sinnend hinab, denke an die Mutter, die eben ihren Sohn verlor. Und dabei ist mir, als ob etwas unter uns Frauen nicht ganz in der Ordnung sei. Die Männer an der Front sind Brüder geworden – aber wir Frauen im Hinterland – sind wir einander auch Schwestern?

Neben mir geht der Kadett, den ich von früher her meinen Freund nennen darf, den ich zufällig hier getroffen habe. Auch er denkt den langen Faden seiner Gedanken stillschweigend zu Ende. Dann plötzlich sagt er halb vor sich hin: »Heut' abend noch meld' ich mich für den leeren Beobachterposten.«

Ich schaue ihn an, tieferschüttert. Nennt es Vaterlandsliebe, Feindeshaß, Sport, Abenteuer oder Wonne der Kraft – ich nenne es frei gewordenes Menschentum.

HUBERT FICHTE

Die Palette

(Ausschnitt)

WERNER HILDEBRAND, DER ES GERADE BEI SPRINGER ZU ETWAS GEBRACHT HATTE, LAUT SEIDNETTZUEINANDER:
Gestern morgen ..
Auf dem Wege ..
Auto erfaßt ..
Man brachte ..
Schweren Kopfverletzungen ..
Alle Bemühungen ..
Jedoch vergebens ..
37 Jahre alt ..
Drei kleinen Kindern ..
Ohne das Bewußtsein wiedererlangt ..
Einige Jahre ..
Bei uns ..
Freier Mitarbeiter ..
Vor wenigen Tagen ..
Feierten wir seinen Einstand ..
Einer von den Stillen ..
Glücklich ..
Den Platz gefunden ..
Wünschte ..
Ihm zustand ..
Schnell ..
Einen Namen gemacht ..
Zeichen ..
Was immer er auch ..
War es ..
War es ..
Die begnadete Begabung ..

Journalistischen Glanz . .
Noch am Abend vor seinem tragischen Ende tippte er sein
letztes . .
Liegt wie ein letzter Gruß . .
Nie leicht gemacht . .
Da . .
Oberfläche . .
Da . .
Hineinhorchen in die Menschen . .
Zu spüren . .
Sachliche Fundierung . .
Als Sohn eines . .
Von der Schulbank weg . .
Nach dem Krieg . .
Oberschule St. Georg . .
Damals ahnte er noch nicht . .
Welche Weichen . .
Schicksal zum Erfolg stellen . .
Ausbildung als Betriebskaufmann . .
Aber das befriedigte ihn nicht . .
Suchte schon damals den Kontakt . .
Zu . .
Zu ihren Schicksalen . .
In verschiedenen Ländern Europas . .
Befaßte er sich mit der Durchführung freiwilliger . .
Führten ihn im Auftrag . .
Nahm . .
Auf . .
Und da er nebenbei einen Job brauchte . .
Heuerte er . .
Als sein Name als . .
Schon lange einen guten Klang . .
Auch dort seine Freunde gefunden . .
Stellte sich dem Leben überall . .
Denn . .
Lebensfreude . .
Außergewöhnliches Talent . .

Stets ..
Hellwachen ..
Geistes ..
Voller ..
Hinter ..
Schauen ..
Wir ..
Freund verloren.

Hans-Joachim Neumann †

5. 11. 65 – Gestern morgen wurde Hans-Joachim Neumann auf dem Wege zur Redaktion in Wellingsbüttel von einem Auto erfaßt. Man brachte ihn mit schweren Kopfverletzungen ins Barmbeker Krankenhaus. Alle Bemühungen der Ärzte waren jedoch vergebens. Hans-Joachim Neumann, 37 Jahre alt, Vater von drei Kindern, starb, ohne das Bewußtsein wiedererlangt zu haben.
Einige Jahre war er bei uns als freier Mitarbeiter. Vor wenigen Tagen, am 1. November, feierten wir seinen Einstand als Redakteur im Feuilleton. Hans-Joachim Neumann, einer von den Stillen im Lande, war glücklich. Er hatte den Platz gefunden, den er sich wünschte und der ihm zustand.
Er hat sich schnell einen Namen gemacht, auch unter dem Zeichen Jonas und jon. Was immer er auch schrieb – war es das Portrait eines Künstlers, eines Dichters, eines Verlegers, war es eine Theaterreportage oder der Bericht über eine kulturelle Veranstaltung – er hatte die begnadete Begabung, jedem Thema journalistischen Glanz zu geben. Noch am Abend vor seinem tragischen Ende tippte er sein letztes Verleger-Portrait. Das Manuskript liegt wie ein letzter Gruß im Feuilleton.
Hans-Joachim Neumann hat es sich mit seiner Arbeit nie leicht gemacht. Da blieb nichts an der Oberfläche, da war immer das Hineinhorchen in die Menschen zu spüren – und die sachliche Fundierung.
Er wurde 1928 in Danzig als Sohn eines Kaufmanns geboren. 1944 wurde er von der Schulbank weg zur Wehrmacht eingezogen. Nach dem Krieg kam er nach Hamburg. Auf der Oberschule St. Georg machte er das Abitur. Damals ahnte er noch nicht, welche Weichen

ihm das Schicksal zum Erfolg stellen würde. Er begann mit einer Ausbildung als Betriebskaufmann. Aber das befriedigte ihn nicht. Er suchte schon damals den Kontakt zu den Menschen, zu ihren Schicksalen. Neun Monate arbeitete er in der Organisation Internationaler Zivildienst. In verschiedenen Ländern Europas befaßte er sich mit der Durchführung freiwilliger Arbeitslager. Projekte zur Hebung des Lebensstandards der Bevölkerung führten ihn im Auftrag des American Friends Committee zwei Jahre nach Indien.
Er kam zurück nach Hamburg und nahm das Studium der Philologie auf. Und da er nebenbei einen »Job« brauchte, um die Familie zu ernähren, heuerte er an in der Zeitungspackerei des Hamburger Abendblatts. Als sein Name als Journalist schon lange einen guten Klang hatte, trennte er sich lange nicht von dieser Arbeit im Saal der Rotationsmaschinen. Er hatte auch dort seine Freunde gefunden.
Hans-Joachim Neumann stellte sich dem Leben überall. Denn er war selbst voller Lebensfreude und Unternehmungslust. Er war ein außergewöhnliches Talent – stets hellwachen Geistes, voller Neugierde, hinter die Alltagswelt zu schauen.
Wir haben einen Freund verloren.

Eberhard von Wiese

PETER O. CHOTJEWITZ

Die Geschichte vom gemachten und vom ungemachten Mann

Hier soll nun berichtet werden von zwei Männern, die wenig oder gar nichts verstehen von Wirtschafts- und Sozialpolitik, die sich kaum darum bemühen und keine Zeit dazu haben, die aber zwei lebendige Beispiele dafür darstellen, wie es, hinter diesem Wandschirm von Idealen und Ideologien, in Einzelfällen um die wirtschaftliche und soziale Wirklichkeit selbst bestellt ist. Diese Männer kamen nach dem Ende des zweiten Weltkrieges mit ihren Eltern, zwei Handwerkerehepaaren, aus dem einigermaßen plötzlich, am verhängnisvollen 1. Juli 1945, russisch gewordenen Thüringen herüber in die Westzonen. Zwei Sechzehnjährige mit unfertiger Lehre, zwei geweckte Bürschchen, aufnahmefähig und gewillt, etwas aus sich zu machen, verbrachten sie beide eine zweite Lehrzeit, der eine – nennen wir ihn Volkmar – in einer kleinen Metallwarenfabrik – der andere – den ich der Einfachheit halber Muthesius nennen will – in einer Firma mit 15 bis 25 Gesellen als Maler, Anstreicher und Tapezierer.

Aber, während der eine, Volkmar, in eine Großstadt kam, wo er in der ersten Etappe seines Werdeganges im bundesrepublikanischen Wirtschaftsleben sich in einer Volkshochschule nebenbei einen Streifen Allgemeinbildung aneignen konnte, was ihm später, im Verkehr mit seinen Mitmenschen, gut weiterhalf, hatte der andere das Pech, in einer Kleinstadt zu landen, wo es keine Weiterbildungsmöglichkeiten gab. Er hätte mit dem Zug in vierzig Minuten in der nächsten größeren Stadt sein können, wo es eine Abendschule gab, aber dort begannen die Kurse um Viertel nach fünf Uhr und er hatte erst um halbfünf Feierabend.

Nach der Lehrzeit, im Beruf als Facharbeiter, denn sie hatten beide ihre Gehilfenprüfungen mit guten Noten bestanden, brachte Volkmar es in wenigen Jahren zu einer gehobenen Position, wurde mit 26 Jahren Werkmeister, denn sein Chef schätzte seinen Fleiß, sein technisches und organisatorisches Interesse – Eigenschaften, in denen sich der junge Mann, der sich mit wichtigen Verbesserungsvorschlägen hervortat und auf diese Weise bald mehr als seinen Lohn wert war, mit manchem Studierten gut messen konnte. Mit fünfunddreißig Jahren wurde ihm die Leitung eines neu errichteten Zweigbetriebes, verbunden mit Prokura, übertragen; sein Einkommen hob sich dementsprechend relativ rasch auf ein Mehrfaches des Facharbeiterlohnes, seine Verantwortung nahm sozusagen überproportional zu.

Muthesius dagegen arbeitete zur vollen Zufriedenheit seines Meisters, der auch der Firmeninhaber war, nahezu fünf Jahre. Aber da es ihm nicht lag, die Arbeitsleistung seiner Kollegen fortwährend zu kontrollieren, wurde ihm nie die Beaufsichtigung einer Kolonne von Malern übertragen. In der Firma lag manches im argen, die Arbeitsorganisation war unzulänglich, das technische Gerät war nicht im allerbesten Zustand, und wenn einmal eine Spritzpistole versagte, gab es unangenehmen Arbeitsausfall. Muthesius wäre durchaus in der Lage gewesen, diesen oder jenen Mangel zu beheben, aber er hatte bald feststellen müssen, daß es mit dem Meister nur Ärger gab, wenn man Vorschläge machte. »Sie wollen mir wohl zeigen, wie man das Geschäft macht?!« wurde er dann gefragt. Also schwieg Muthesius, um sich nicht unbeliebt zu machen oder die Arbeit zu verlieren, denn es gab noch genug Arbeitslose Anfang der fünfziger Jahre.

Er konnte nicht ahnen, daß es dennoch Ärger geben würde, und zwar, als er sich nach den vorgeschriebenen fünf Gesellenjahren auf die Meisterprüfung vorzubereiten begann. Sein Meister, der davon Nachricht bekam, erklärte ihm, er könne sich andere Arbeit suchen, wenn er die Absicht nicht aufgeben sollte, die Meisterprüfung zu machen. Er werde nicht untätig zusehen, wie Muthesius sich mit der Meisterprüfung

die Grundlage für die Eröffnung eines Konkurrenzunternehmens schaffe.
Muthesius ging in die Großstadt zu einer Automobil- und Lokomotivbaufirma als Betriebsmaler, aber er hatte nicht mehr die Kraft zu einem neuen Versuch, sich selbständig zu machen. In der Kleinstadt, die seine zweite Heimat gewesen war, wo er die Leute kannte, hätte er den Mut gehabt, aber nicht in einer Großstadt, wo er niemanden kannte.
Muthesius geht jetzt ins vierzigste Jahr mit einer einzigen Perspektive: daß die Konjunktur hält und er seine Arbeit als Betriebsmaler bis zu seiner Pensionierung behalten kann.
Auch Volkmar geht ins fünfte Jahrzehnt seines Lebens, aber mit dem Unterschied, daß er eine neue Perspektive hat: Der Inhaber des Unternehmens, für das er arbeitet, kinderlos, bespricht mit dem nun Vierzigjährigen die Möglichkeit, ihn als Gesellschafter in die Firma aufzunehmen. Er soll sich seinen Geschäftsanteil, den er nicht geschenkt bekommt, ansparen, aus den Erträgen, die er stehen lassen muß – Vermögensbildung auf durchaus politikfreie Art und Weise. Er handelt dafür das stolze Bewußtsein ein, ein gemachter Mann zu sein, und zwar aus eigener Kraft, aus eigenem Fleiß und eigener Intelligenz.
Nennt man ihn im Betrieb einen Streber, so nimmt er das gelassen hin. Er weiß, daß es oft nur der Neid anderer Leute ist, der ihm diesen nicht gerade höflich gemeinten Titel einträgt. Wie viele von denen, die mit ihm in dieser Fabrik für Autozubehör klein anfingen, haben ihre Chance genutzt und wie viele nicht? Das alte Moltkewort, wonach auf die Dauer nur der Tüchtige Glück hat, gilt auch für ihn. Für Muthesius gilt es dagegen nicht. Er bleibt ganz ruhig, wenn man ihn einen Versager schimpft. Außer ihm arbeiten noch zehn Betriebsmaler in seiner Firma, es gibt eine firmeneigene Tischlerei, eine Sattlerei, eine Klempnerei, und überall arbeiten tüchtige Facharbeiter, deren Situation nicht besser ist als die von Muthesius. Er hat keinen Anlaß zu glauben, daß er irgend etwas, das es wert war, getan zu werden, unterlassen hat. Aber an das Wort von der Gleichheit

der Chancen glaubt er nicht, und das Moltke-Wort sieht für ihn so aus, daß niemand die Arbeit täte, die auch getan werden muß, wenn man ihn zu Recht untüchtig schimpfte.
Wozu diese simple Geschichte hier erzählt wird? Weil diese beiden Männer, der Karrierist und der ungemachte Mann, einige Äußerungen getan haben, die es wert sind, in die wirtschafts- und sozialpolitischen Debatten einzugehen. Befragt, was sie von der sogenannten Mitbestimmung hielten, erwidert Volkmar, um die politischen Schlagworte dieses Themas habe er sich nie gekümmert, sondern er habe sich immer gesagt, er wolle die Mitbestimmungsfrage auf seine eigene Weise lösen. Als er Vorarbeiter geworden sei, habe er die erste Stufe erreicht: Von da an konnte er im kleinen Bereich seine Anordnungen treffen. Als Werkmeister hatte er bereits einen noch größeren Einfluß und als Prokurist wiederum erheblich mehr. Und Muthesius sagt, er glaube nicht daran, daß es darum gehe, einigen einzelnen Personen mehr Einfluß und Entscheidungsbefugnis einzuräumen. Das komme ihm so vor, als ob einer, der immer herumgeschickt und angetrieben wird, ohne daß er viel nach seiner Meinung gefragt wird, nur danach streben müsse, seinerseits andere anzutreiben und herumschicken zu dürfen. Das sei unmöglich richtig. Aufzuheben sei vielmehr die Teilung der Welt in Viele, die immer herumgestoßen werden, und Wenige, die die Vielen immer herumschicken. Er glaube, daß alle diejenigen, die am Bau einer Maschine beteiligt waren, hinterher auch bestimmen dürfen, wie und zu welchem Zweck diese Maschine eingesetzt wird.
Unser Karrierist will von solchen Ideen, die statt der Chancen einiger Weniger die Chancen möglichst Vieler verbessern wollen, nichts wissen. Er hat auch das Problem der sogenannten Vermögensbildung auf seine individuelle Art und Weise in Angriff genommen, indem er, schlicht und einfach gesagt, sparsam gelebt und aus eigener Initiative vorgesorgt hat. Sein Häuschen betrachtet er als geglückte Vermögensbildung und als Teil seiner Alterssicherung.

Jetzt, da er im Begriff ist, Mitinhaber einer Firma zu werden, will er einen großen Teil seines sich vergrößernden Einkommens in Form seines sich erhöhenden Geschäftsanteiles im Betrieb stehen lassen, er wird aber daneben auch konjunkturunabhängige Geldanlagen pflegen und festverzinsliche Papiere kaufen: das alles wiederum weitsichtig und wohlüberlegt – aber nicht aus politischen Belehrungen, sondern ganz und gar privat. Wen wundert es, daß Muthesius auch insoweit andere Ansichten hat?

Er glaubt nicht, daß es darum geht, einzelnen Personen, und sei es ein Prozentsatz, der zwanzig oder dreißig Prozent einer Bevölkerung umfaßt, finanziell eine bessere Stellung oder vermittels einer zaghaften Vermögensbildung eine gewisse gesellschaftliche Unabhängigkeit zu verschaffen. Das erinnert ihn daran, daß der Bankräuber, der Banken ausraubt, um die ungleiche Verteilung des Geldes und die Machtpositionen, die sich aus dem Kapitalbesitz ergeben, abzuschaffen, im Grunde genommen doch nur sich selber dient und später, wenn er mit dem geraubten Geld ein ehrenwerter Geschäftsmann oder Privatier geworden ist, sich zumeist nicht anders benehmen kann, als ob er an der ungleichen Verteilung des Geldes nie etwas auszusetzen gehabt hat. Er glaubt vielmehr, daß alle, die an der Vermehrung eines Besitzes beteiligt waren, indem sie durch ihre Arbeit mitgeholfen haben, den Besitz zu vermehren, gleichmäßig an den Einnahmen zu beteiligen sind. Er stimmt Volkmar zu, wenn dieser der Behauptung widerspricht, daß die Armen immer ärmer werden, aber er sieht doch täglich, wie schwer es für einen armen Mann ist, der immer gerade so viel verdienen kann, wie er ausgeben muß, ein kleines Guthaben anzusammeln, während der Wohlhabende es aufgrund seiner finanziellen Polster leichter hat, seinen Wohlstand zu vermehren, und eine größere Freiheit genießt. Er sagt: Es wird immer an dieselbe Stelle geschissen.

In einer marktwirtschaftlich geordneten Gesellschaft gibt es viele solcher Männer. Man sollte mehr von ihnen reden, als es in unserer Zeit geschieht. Dem Aufstieg der Tüchtigen steht der Abstieg der Untüchtigen gegenüber, dem Verfall von Vermögen, der negative Lohn der Unzulänglichen, sagt der »erfolgreiche« Volkmar. Es liegt im Wesen der Marktwirtschaft, daß sie ein Organismus ist, dessen Zellen sich immerfort erneuern müssen. Der Karrierist Volkmar begrüßt diesen unmenschlichen, sozialen Darwinismus. Er bildet sich ein, tüchtiger gewesen zu sein und mehr gearbeitet und geleistet zu haben als Muthesius. Aber es müßte heißen: Tüchtig ist auf die Dauer nur der Glückliche. Weil er Glück hatte, ohne zu wissen, warum ausgerechnet er es verdient und Muthesius es nicht verdient, hält Volkmar die freie Marktwirtschaft, getragen von Strebern, für die denkbar sozialste Ordnung, weil sie Lohn der Leistung und Leistung gleichschaltet und nur den Tüchtigen hochkommen läßt.

Muthesius aber, der sich nicht vorwerfen lassen muß, faul oder untüchtig gewesen zu sein, weiß, daß sie unsozial ist, weil sie den Aufstieg der Wenigen zu Lasten der Unterdrückung der Vielen fördert. Weil sie auf dem Unterschied zwischen Einigen, die hochkommen, und Vielen, die niemals hochkommen dürfen, basiert. Muthesius weiß auch, daß Volkmar und er auswechselbar sind, daß niemand ihm wirklich verboten hat, aufzusteigen. Aber er sieht, daß es am System liegt, daß immer nur einige Wenige aufsteigen dürfen. Es regelt sich ganz automatisch. Daß die Menschen sich diese Automatik gefallen lassen, ist das eigentlich Unmenschliche. Aber so lange es überhaupt eine Aufstiegschance gibt, will Herr Muthesius dieses System nicht verändert wissen, denn wer weiß, ob in der nächsten Generation seine Kinder nicht unter den Aufsteigenden sind.

Geschichte eines »gemachten Mannes«

Ein Beispiel aus der sozialen Wirklichkeit

Von Volkmar Muthesius

Hier soll heute berichtet werden von einem Mann, der wenig oder nichts versteht von Wirtschafts- und Sozialpolitik, wie sie jetzt betrieben wird, der sich auch kaum darum bemüht und gar keine Zeit dazu hat, der aber ein lebendiges Beispiel dafür darstellt, wie es, hinter diesem Wandschirm von Idealen oder Ideologien, in Einzelfällen um die wirtschaftliche und soziale Wirklichkeit selbst bestellt ist. Dieser Mann kam nach dem Ende des Zweiten Weltkriegs mit seinen Eltern, einem Handwerker-Ehepaar, aus dem einigermaßen plötzlich (am verhängnisvollen 1. Juli 1945) »russisch« gewordenen Thüringen herüber in die Westzonen, wie man sie damals nannte, ein Sechzehnjähriger mit Volksschulbildung und einer unfertigen kaufmännischen Lehre, unfertig in doppeltem Sinne, sowohl der Zahl der Jahre nach wie auch insofern, als es drüben kaufmännisch eigentlich nichts Rechtes zu lernen gab. Ein gewecktes Bürschlein, aufnahmefähig und gewillt, etwas aus sich zu machen, verbrachte er eine zweite Lehrlingszeit, diesmal aber in einer kleinen Metallwarenfabrik, in der er heute, ein Vierteljahrhundert später, noch tätig ist. In dieser ersten Etappe seines Werdegangs im bundesrepublikanischen Wirtschaftsleben eignete er sich nebenbei in der Volkshochschule einen Streifen Allgemeinbildung an, was ihm später gut weiterhalf im Verkehr mit seinen Mitmenschen. Nach der Lehrzeit, im Beruf als Facharbeiter, brachte er es in wenigen Jahren zu einer gehobenen Position, wurde mit sechsundzwanzig Jahren Werkmeister, nicht nur durch »einschlägige« Prüfung, sondern vor allem auch, weil sein Chef seinen Fleiß schätzte, sein technisches und organisatorisches Interesse, Eigenschaften, in denen sich der junge Mann, der sich mit wichtigen Verbesserungsvorschlägen hervortat und auf diese Weise bald mehr als seinen Lohn wert war, mit manchem »Studierten« gut messen konnte. Mit fünfunddreißig Jahren wurde ihm die Leitung eines neu errichteten Zweigbetriebs, verbunden mit Prokura, anvertraut; sein Einkommen hob sich dementsprechend relativ rasch auf ein Mehrfaches des Facharbeiterlohns, seine Verantwortung nahm sozusagen überproportional zu. Jetzt geht der Tüchtige ins fünfte Jahrzehnt seines Lebens, mit einer neuen Perspektive: Der Inhaber des Unternehmens, kinderlos,

bespricht mit dem nun Vierzigjährigen die Möglichkeit, ihn als Gesellschafter in die Firma aufzunehmen. Er soll sich seinen Geschäftsanteil, den er nicht geschenkt bekommt, ansparen, aus den Erträgen, die er stehen lassen muß – Vermögensbildung auf durchaus politikfreie Art und Weise.
[...] Sein eigentlicher Beruf im Betrieb nimmt ihn weit über den Achtstundentag hinaus in Anspruch; aber das macht ihm nichts aus, er handelt dafür das stolze Bewußtsein ein, ein »gemachter Mann« zu werden oder schon zu sein – und zwar aus eigener Kraft, aus eigenem Fleiß und eigener Intelligenz. Nennt man ihn im Betrieb einen Streber, so nimmt er das gelassen hin. Er weiß, daß es oft nur der Neid anderer Leute ist, der ihm diesen nicht gerade höflich gemeinten Titel einträgt. Glück hat er insofern gehabt, als er in einen Wirtschaftszweig und in einen Betrieb hineingeriet, der als Zulieferant für Automobilfabriken mit der Motorisierungskonjunktur die besten Wachstumschancen hatte. Aber wie viele von denen, die mit ihm in dieser Fabrik für Autozubehör »klein anfingen«, haben diese Chancen genutzt und wie viele nicht? Das alte Moltke-Wort, wonach auf die Dauer nur der Tüchtige Glück hat, gilt auch für dieses Beispiel. Es ist, zugegeben, ein Ausnahmefall, von dem hier die Rede ist, aber die Ausnahmen sind gar nicht so sehr selten, wie viele Leute meinen.
Wozu diese simple Geschichte hier erzählt wird? Hauptsächlich deshalb, weil dieser Mann, dieser Karrierist, wenn man das Wort einmal seines maliziösen Nebentons entkleidet, einige Äußerungen getan hat, die wert sind, in die wirtschafts- und sozialpolitischen Debatten einzugehen. Der abstrakten makroökonomischen und gesellschaftspolitischen Betrachtungsweise verdient einmal ein sozusagen mikrosoziales Konkretum gegenübergestellt zu werden, in Gestalt dieses Mannes in den sogenannten besten Jahren. Befragt, was er von der sogenannten Mitbestimmung halte, erwiderte er, um die politischen Schlagworte dieses Themas habe er sich nie gekümmert, er habe keine Zeit gehabt, die vielen Zeitungsaufsätze und Tagungsberichte und Bundestagsdebatten über diesen Gegenstand zu verfolgen, sondern er habe sich immer gesagt, er wolle die Mitbestimmungsfrage auf seine eigene Weise lösen. Als er Vorarbeiter geworden sei, habe er die erste Stufe erreicht: Von da an konnte er im kleinen Bereich seine Anordnungen treffen und zum Erfolg des Betriebes das Seinige beitragen; als Werkmeister hatte er bereits einen noch größeren Einfluß, als Prokurist alsdann wiederum erheblich mehr, und wenn er jetzt als Gesellschafter in die Firma aufge-

nommen wird, so hat er aus der Mitbestimmung vollends die Mitverantwortung werden lassen, ohne die Mitbestimmung keinen rechten Sinn hat. [...]
Unser Mann, der »Karrierist«, nimmt jedoch auch noch zu einer anderen Zeitfrage eine geistige Position ein, die hier erwähnt zu werden verdient, nämlich zu den Problemen der sogenannten breitgestreuten Vermögensbildung. Er hat diese Frage ebenfalls auf seine individuelle Art und Weise in Angriff genommen, indem er, schlicht gesagt, sparsam gelebt und aus eigener Initiative »vorgesorgt« hat. Sein Häuschen betrachtet er, mit vollem Recht, als geglückte Vermögensbildung und als Teil seiner Alterssicherung. Er nimmt sich jetzt, da er im Begriff ist, Mitinhaber der Firma zu werden, zusätzlich als Programm eine »Streuung« anderer Art vor: Er wird einen großen Teil seines sich vergrößernden Einkommens in Form seines sich erhöhenden Geschäftsanteils im Betrieb stehen lassen und der Rationalisierung der Fabrikation widmen, was ohnehin zu den Bedingungen gehört, unter denen er Gesellschafter wird, er wird aber daneben, das hat er sich vorgenommen, auch konjunkturunabhängige Geldanlagen pflegen und beispielsweise festverzinsliche Papiere kaufen: das alles wiederum weitsichtig wohlüberlegt auf Grund der Kenntnisse, die er sich mittlerweile vom Wirtschaftsleben als Ganzem gesammelt hat – aber nicht aus politischen Belehrungen, sondern ganz und gar »privat«. [...]
In einer marktwirtschaftlich geordneten Gesellschaft gibt es viele solche Männer, zahlreiche solche Beispiele des sozialen Aufstiegs tüchtiger Kerle. Man sollte mehr von ihnen reden, als es in unserer Zeit geschieht. Es ist einfach nicht wahr, daß allüberall die Armen immer ärmer und die Reichen immer reicher würden. Dem Aufstieg der Tüchtigen steht ja im übrigen auch der Abstieg der Untüchtigen gegenüber, der Verfall von Vermögen, der negative Lohn der Unzulänglichen. Es liegt im Wesen der Marktwirtschaft, daß sie ein Organismus ist, dessen Zellen sich immerfort erneuern müssen. [...]

Text und Theorie

HELMUT HEISSENBÜTTEL

Deutschland 1944

hängt ihr am Leben sie geben es brünstig für Höheres niemand
zwang sie dazu denn ihres Herzens Schlag ihrer Seele Gebot hängt
ihr am Leben sie geben es brünstig für Höheres niemand zwang sie
dazu denn ihres Herzens Schlag ihrer Seele Gebot die lange Dauer
des Krieges hat zu einer allgemeinen Lockerung der strengen Auffassung über die Verwerflichkeit der zusätzlichen Versorgung der
Volksgenossen geführt Blut du lauf um nun verjüngt durch immer
blühendere Leiber süß ist des Leibes Musik Worte sind Mosaik das
heißt daß zwischen ihnen sich Risse ziehen diese sind logisch gesehen Lücken man muß diese gemeinsten Kreaturen die jemals den
Soldatenrock der Geschichte getragen haben dieses Gesindel das
sich aus der einstigen Zeit herübergerettet hat abstoßen und austreiben ich stand teils am Fenster teils auf der Wiese um mir bald

diesen bald jenen Eindruck einzuprägen wie jemand der mit einer
großen Reihe von Aufnahmen beschäftigt ist vielleicht daß einer
spät wenn all dies lang vorbei das Schreckliche versteht die Folter
und den Schrei die Front ruft in diesen Wochen nur nach Nachschub und Waffen und das Volk will das Letzte an die Front bringen
um die Drohung von unseren Grenzen abzuwenden sehr bemerkenswert ist die starke Zunahme des Interesses an allen möglichen
Prophezeiungen über das weitere Kriegsgeschehen Hellseher Astrologen Zigeunerinnen sowie Zahlen- und Buchstabenkabbalistik
finden neuerdings wieder besonders große Verbreitung Blut du lauf
um nun verjüngt durch immer blühendere Leiber süß ist des
Leibes Musik Geschlechtsverkehr bei der Leibstandarte mit andersrassigen Frauen sei sehr häufig das käme schon dadurch daß die

Nachschubformationen und ähnliche Verbände viele weibliche andersrassige Hilfskräfte hätten und es hätte sich vielfach fast die Einrichtung eines Kebsweibes herausgebildet dabei werde das Problem auch im Zusammenhang mit dem Problem des § 175 gesehen sie hörte wie der Todesschweiß plätscherte die lange Dauer des Krieges hat zu einer allgemeinen Lockerung der strengen Auffassung über die Verwerflichkeit der zusätzlichen Versorgung der Volksgenossen geführt es ist ja immer ergreifend gerade bei einfachen Menschen diesem Vertrauen zu begegnen und diese Waffe müssen wir blank erhalten wie keine andere wir können es nicht dadurch erreichen daß wir möglichst lange versuchen den Leuten Sand in die Augen zu streuen sie mit Ausreden und Beschwichtigungen hinzuhalten wenn sie uns fragen mit Ausreden

die wir selbst nicht glauben wir pflanzen Korn und Lilien in die Asche und Efeu in den Schatten unsrer Schwerter wir sammeln Märzgewölk ob alten Brachen wie ich das alles so hinschreibe erfaßt mich wieder dermaßen die Ungeheuerlichkeit dieser Dinge daß ich meine ich müsse aus einem bösen Traum erwachen es trat an uns die Frage heran wie ist es mit den Frauen und Kindern ich habe mich entschlossen auch hier eine ganz klare Lösung zu finden ich hielt mich nämlich nicht für berechtigt die Männer auszurotten sprich also umzubringen oder umbringen zu lassen und die Rächer in Gestalt der Kinder für unsere Söhne und Enkel groß werden zu lassen es mußte der schwere Entschluß gefaßt werden dieses Volk von der Erde verschwinden zu lassen ich stand teils am Fenster teils auf der Wiese um mir bald diesen bald jenen Eindruck

einzuprägen wie jemand der mit einer großen Reihe von Aufnahmen beschäftigt ist dabei wäre beim Reichswirtschaftsministerium darauf hinzuweisen daß bis heute doch enorme Mengen an Lumpen von den nicht brauchbaren Zivilsachen aus den einzelnen Aktionen in Auschwitz und anderen Lagern zur Ablieferung gelangten und noch weiterhin zur Ablieferung kommen wir dürfen diesen Menschen auch nicht die geringste Andeutung machen und das kann man andernfalls nicht vermeiden in diesem Sauladen sie hörte wie der Todesschweiß plätscherte die Bevölkerung schwankt zwischen der

bangen Sorge daß Schlimmes bevorsteht und der stillen Hoffnung
daß sich plötzlich alles zu unsern Gunsten ändert man muß diese
gemeinsten Kreaturen die jemals den Soldatenrock der Geschichte
getragen haben dieses Gesindel das sich aus der einstigen Zeit

herübergerettet hat abstoßen und austreiben sehr bemerkenswert
ist die starke Zunahme des Interesses an allen möglichen Prophezeiungen über das weitere Kriegsgeschehen Hellseher Astrologen
Zigeunerinnen sowie Zahlen- und Buchstabenkabbalistik finden
neuerdings wieder besonders große Verbreitung vielleicht daß einer
spät wenn all dies lang vorbei das Schreckliche versteht die Folter
und den Schrei hängt ihr am Leben sie geben es brünstig für Höheres niemand zwang sie dazu denn ihres Herzens Schlag ihrer Seele
Gebot hier kämpft die Nation um ihr Leben und wie das Leben
des Einzelnen vom Ausgang dieses Krieges in seinem Sein oder
nicht Sein abhängt so muß er auch mit allen seinen Kräften für diesen Kampf zum Einsatz gebracht werden wir werden uns schlagen
wenn nötig sogar am Rhein das ist völlig gleichgültig wir werden

unter allen Umständen diesen Kampf so lange führen bis wie Friedrich der Große gesagt hat einer unserer verfluchten Gegner müde
wird weiterzukämpfen wir werden uns schlagen wenn nötig sogar
am Rhein das ist völlig gleichgültig wir werden unter allen Umständen diesen Kampf so lange führen bis wie Friedrich der Große
gesagt hat einer unserer verfluchten Gegner müde wird weiterzukämpfen denn wenn wir diese Bänder einmal lösen würden dann
würde davon seien Sie überzeugt in einer Generation und in kurzer
Zeit alles in seine alte Bedeutungslosigkeit zurücksinken vielleicht
daß einer spät wenn all dies lang vorbei das Schreckliche versteht
die Folter und den Schrei die Chefs der Einsatzgruppen entscheiden
über die Exekutionsvorschläge in eigener Verantwortlichkeit und
erteilen den Sonderkommandos entsprechende Weisungen man

darf die Dinge nicht unter kleinen ichbezogenen Gesichtspunkten
betrachten sondern muß das Gesamtgermanentum ins Auge fassen
das ja auch sein Karma hat Blut du lauf um nun verjüngt durch

immer blühendere Leiber süß ist des Leibes Musik Gespräche auch
darüber wie lange Zeit der Deutsche sich diese Schießbudenfigur
vom Halse zu schaffen noch brauchen wird zur Erd gesenkt den
Schild und zerhaun das Schwert nackt die lange Dauer des Krieges
hat zu einer allgemeinen Lockerung der strengen Auffassung über
die Verwerflichkeit der zusätzlichen Versorgung der Volksgenossen
geführt zwanzigster Juli 1944 in der Normandie setzte der Feind
seine Angriffe im Raum östlich und südöstlich Caen mit starker
Panzerartillerie- und Fliegerunterstützung während des ganzen
Tages fort ohne daß ihm der erstrebte Durchbruch gelang nach er-

bitterten Kämpfen die den ganzen Tag hindurch in St.-Lô tobten
wurden die Trümmer der Stadt aufgegeben feindliche Vorstöße
aus der Stadt heraus nach Süden sowie starke örtliche Angriffe der
Nordamerikaner weiter nordwestlich brachen verlustreich zusammen das Vergeltungsfeuer auf London dauerte die ganze Nacht über
an nordamerikanische Bomberverbände führten von Westen und
Süden Terrorangriffe gegen West- Südwest- und Süddeutschland
vor allem in den Wohnbezirken der Städte München Koblenz
Schweinfurt und Saarbrücken entstanden Schäden die Bevölkerung
hatte Verluste dabei wurden durch Luftverteidigungskräfte 61 Flugzeuge zum Absturz gebracht Charons schwarzer Nachen kann nicht
nach dem andern Ufer finden ohne daß die lichten Horen hier ein
Rosensträußchen winden sie hörte wie der Todesschweiß plätscherte

es trat an uns die Frage heran wie ist es mit den Frauen und Kindern
ich habe mich entschlossen auch hier eine ganz klare Antwort zu finden ich hielt mich nämlich nicht für berechtigt die Männer auszurotten sprich also umzubringen oder umbringen zu lassen und die
Rächer in Gestalt der Kinder für unsere Söhne und Enkel groß
werden zu lassen es mußte der schwere Entschluß gefaßt werden
dieses Volk von der Erde verschwinden zu lassen um zunächst innerhalb der deutschen Volksgemeinschaft jeder guten Anlage in jedem
Volksgenossen die ungehemmte Entfaltung und jeglicher Leistung
ihren vollen Lohn zu sichern denn am Ende könne nur auf diese
Weise der Bolschewismus und Kommunismus überwunden werden

und das erhalten werden wovon das Abendland abhänge nämlich der
Einzelne als Persönlichkeit und wenn sich diese Bänder einmal lösen

würden dann würde davon seien Sie überzeugt in einer Generation
und in kurzer Zeit alles in seine alte Bedeutungslosigkeit zurücksinken manche Leute bieten Gebet wenige Essen sehr wenige Unterkunft es ist gut für mich in der Stadt zu sein die am meisten aus der
Luft angegriffen wird gestern nacht zweimal ich schlief sowieso nicht
sondern dachte wie jetzt oft darüber nach wie es zu allem kam hoffe
es einmal zu beschreiben man darf die Dinge nicht unter kleinen ichbezogenen Gesichtspunkten betrachten sondern muß das Gesamtgermanentum ins Auge fassen das ja auch sein Karma hat das Uranatom dessen Aufspaltung den Physikern gelang läßt die Möglichkeit
ins Auge fassen durch fortgesetztes Aufprallen von Neutronen auf
Uranatome in sich multiplizierenden Wirkungen soviel Energien frei
zu machen daß die Planeten in Katastrophen verwickelt werden kön-

nen wir pflanzen Korn und Lilien in die Asche und Efeu in den
Schatten unsrer Schwerter wir sammeln Märzgewölk ob alten Brachen manche Leute bieten Gebet wenige Essen und sehr wenige Unterkunft es ist gut für mich in der Stadt zu sein die am meisten aus der
Luft angegriffen wird gestern nacht zweimal ich schlief sowieso nicht
sondern dachte wie jetzt oft darüber nach wie es zu allem kam hoffe
es einmal zu beschreiben es trat an uns die Frage heran wie ist es mit
den Frauen und Kindern ich habe mich entschlossen auch hier eine
ganz klare Lösung zu finden ich hielt mich nämlich nicht für berechtigt die Männer auszurotten sprich also umzubringen oder umbringen zu lassen und die Rächer in Gestalt der Kinder für unsere Söhne
und Enkel groß werden zu lassen es mußte der schwere Entschluß
gefaßt werden dieses Volk von der Erde verschwinden zu lassen

sie hörte wie der Todesschweiß plätscherte das Uranatom dessen
Aufspaltung den Physikern gelang läßt die Möglichkeit ins Auge
fassen durch fortgesetztes Aufprallen von Neutronen auf Uranatome
in sich multiplizierenden Wirkungen soviel Energien freizumachen
daß die Planeten in Katastrophen verwickelt werden können es trat

an uns die Frage heran wie ist es mit den Frauen und Kindern ich
habe mich entschlossen auch hier eine ganz klare Lösung zu finden
ich hielt mich nämlich nicht für berechtigt die Männer auszurotten
sprich also umzubringen oder umbringen zu lassen und die Rächer
in Gestalt der Kinder für unsere Söhne und Enkel groß werden zu
lassen es mußte der schwere Entschluß gefaßt werden dieses Volk
von der Erde verschwinden zu lassen sie hörte wie der Todesschweiß plätscherte sie hörte wie der Todesschweiß plätscherte

JÖRN STÜCKRATH

Helmut Heißenbüttels »Deutschland 1944«
Deutung und Theorie einer Zitatmontage

Läßt man sich als Leser näher auf einen so schwierigen Text wie »Deutschland 1944« ein, so steht man am Anfang eines langen, vielen Veränderungen unterliegenden Erkenntnisprozesses. Ist man dann mit seinen Fragen und Antworten zu einem gewissen Ende gekommen und möchte seine Ergebnisse in der Rolle des Interpretierenden mitteilen, neigt man natürlicherweise dazu, den Text vom letzten Stand der eigenen Lektüre aus zu beschreiben und zu beurteilen.

Darin ist jedoch ein Problem zu sehen. Die Interpretation »von hinten her« läuft leicht Gefahr, bestimmte wirkungsästhetische Signale des Textes, die in der ersten Lesephase dunkel und verworren erschienen und das eigene Leseerlebnis entscheidend prägten, aufgrund späterer Erkenntnisse nicht mehr darzustellen. Deshalb soll in unserer Interpretation ein Stück des eigenen Leseprozesses gegenwärtig bleiben. Dies um so mehr, als sich durch die prozessuale Rekonstruktion der verschiedenen Signale dieser Zitatmontage die unterschiedlichen Meinungen der Literaturkritik und Forschung über diesen Text mehr als bisher aufeinander beziehen und, wie wir hoffen, weiterentwickeln lassen.

I. »Deutschland 1944« als Leseerfahrung

Selbst literarisch interessierte und vorgebildete Leser reagieren – nach unserer Erfahrung – nach der ersten Lektüre von »Deutschland 1944« mit Ratlosigkeit. Der Text sei schwer zu verstehen, man fühle sich überfordert und verwirrt – sind häufig zu hörende spontane Äußerungen. Nach den Ursachen dieser Irritation befragt, geben viele Leser an, der Sinn des Textes sei schwer oder gar unmöglich auszumachen, da Heißenbüttel die Sätze nicht voneinander abgegrenzt habe. »Deutschland 1944« durchbricht hier eine offenbar zentrale Lesegewohnheit, sich in der Erfassung von Sinneinheiten auf die Satzzeichen zu verlassen. Fehlen Punkt und Komma, so findet sich selbst der professionelle Leser von poetischer Literatur empfindlich gestört. Offenbar ist auch seine Lesehaltung bei Texten wie »Deutschland 1944« zunächst auf rasche Informationsentnahme ausgerichtet, sonst wäre die Irritation über die ausgelassenen Satzzeichen nicht so groß.

Als Erklärung für die Irritation ist ferner zu bedenken, daß viele Leser in der ersten Rezeptionsphase nicht erkennen, daß »Deutschland 1944« als Zitatmontage konstruiert ist. Sie vermuten hinter dem Text ein fiktives Ich, das sie entweder als Faschisten oder als Antifaschisten identifizieren, ohne aber mit ihrer These jeweils ins reine zu kommen. Diese Reaktion verweist wiederum auf eine traditionelle Lesererwartung: man geht – wie selbstverständlich – von der Existenz eines epischen oder lyrischen Ichs aus und fühlt sich bei dem Versuch, es in »Deutschland 1944« eindeutig zu bestimmen, verunsichert.

Die Irritation, die Heißenbüttel beim Leser während der ersten Lektüre auslöst, wäre leicht zu vermeiden gewesen; es hätte genügt, wenn er – wie in früheren Zitatmontagen – die Sätze deutlich voneinander abgegrenzt und die Autoren der Zitate benannt hätte. Da Heißenbüttel auf eine solche Verdeutlichung verzichtet, rechnet er eventuell schon mit einem Leser, der, vertraut mit seiner literarischen Theorie und Praxis, »Deutschland 1944« spontan als Zitatmontage erkennt und sich meditierend auf die entgrenzten Zitate einläßt.

Oder aber die Irritation ist von Heißenbüttel kalkuliert. Denkbar wäre, daß Heißenbüttel die Zitatmontage optisch verfremdete, um den Leser zu genauerem Lesen zu zwingen, wobei wir beobachten konnten, daß geübtere Leser nach einer ersten Phase der Irritation relativ rasch und eigenständig das Konstruktionsprinzip von »Deutschland 1944« erkennen. Unter ihnen stellt sich alsbald ein Konsens her, daß dieser Text aus verschiedenen Zitaten zusammengesetzt ist und wo die Nahtstellen zwischen den Zitaten anzunehmen sind. Weichen doch die einzelnen Wortfolgen im Inhalt, in der Diktion und Formgebung so deutlich voneinander ab, daß der Gedanke an heterogenes Sprachmaterial nahegelegt ist und die Abgrenzung wenig Schwierigkeiten bereitet. Die Unterscheidung der einzelnen Zitate wird zusätzlich erleichtert, da Heißenbüttel die meisten von ihnen in jeweils neuem Kontext wiederholt, wodurch Anfang und Ende der Zitate klar sichtbar werden. (Wenn dennoch literaturwissenschaftliche Interpreten in der Kennzeichnung der Montagestellen irrten, so ist das nicht dem Text, sondern der Flüchtigkeit der Lektüre zuzuschreiben.)

Fazit: Die Verunsicherung über die Textkonstitution von »Deutschland 1944« bleibt – hegelianisch ausgedrückt – nicht bei sich; sie erzeugt aus sich potentiell eine auf Aufklärung drängende Aktivität, die hier nicht ergebnislos bleibt. Alle befragten Leser stimmten bislang in der Hypothese überein, daß »Deutschland 1944« als Zitatmontage aufzufassen ist.

1. Zersplitterte Realitätserfahrung

Ist die Irritation des Lesers über die Machart von »Deutschland 1944« beseitigt, so bleibt sie doch auf inhaltlicher Ebene gegenwärtig: Der Leser wird ja von Heißenbüttel im Ungewissen gelassen, wer das einzelne Zitat verfaßt hat und aus welchem Kontext es stammt. Häufig erscheint unklar, wovon die Rede ist, und als Eindruck bleibt eine verwirrende Vielfalt von Stimmen zurück.

Es liegt nahe, diese Irritation als von Heißenbüttel intendiert anzusehen und reflektierend nach ihrem Sinn zu fragen. Klärung der Irritation heißt in diesem Falle: sie in der

Reflexion aufzuheben, nicht aber als Leseerfahrung zu beseitigen. Zwei Deutungen bieten sich an:
(1) Heißenbüttel gestalte und simuliere in »Deutschland 1944« die Situation einer Person, die das vorletzte Kriegsjahr unmittelbar miterlebt. Ist doch die reale Lage dieser Person häufig genug dadurch bestimmt gewesen, mit den verschiedensten Informationen, Parolen und Gerüchten konfrontiert zu sein, ohne diese in einen politischen Zusammenhang einordnen zu können. »Deutschland 1944« sei danach Ausdruck der durch die totalitäre NS-Herrschaft und die Kriegszeit bedingten Orientierungs- und Hilflosigkeit. Die Montage spiegele wider, wie wehrlos das historische Subjekt gewesen ist, und eben diese Verwirrung teile Heißenbüttel unmittelbar mit. Er spreche nicht über die Irritation des Einzelnen unter dem Druck von Nazi-Terror, Krieg und Judenverfolgung und gestalte sie nicht in erfundenen Charakteren und Handlungen wie die traditionelle Nachkriegsliteratur, sondern er reproduziere diese Erfahrung und mache sie dadurch erlebbar. »Deutschland 1944« sei sozusagen eine Rollen-Montage, die die zersplitterte Realitätserfahrung eines Zeitgenossen des Jahres 1944 widerspiegelt. Dieser aus dem Text gewonnene und im Leseerlebnis nachvollziehbare Deutungsvorschlag gewinnt durch zwei außertextliche Autoritäten an Gewicht. Aus seiner Kenntnis der Ursprünge und Entwicklung der Montagetechnik heraus schreibt Franz Mon, sie sei in ihrem Ausdrucksgehalt »dieser Realität auf den Leib geschnitten«, weil sie »der Sprunghaftigkeit und Disparatheit der Realität entspricht«.[1] Zum anderen hat Heißenbüttel selbst sich über den Aussagesinn der Zitatmontage geäußert. Diese Technik zum Programm einer zukünftigen Literatur erhebend, schreibt er: »Realistisch wäre eine Literatur, die Welt und Sachen im abgelösten Sprachzitat zu verdoppeln sucht und in dieser Verdoppelung zeigte, daß wir nicht sinngebend und ordnend in die Welt einzudringen vermögen, es sei denn im Sinne der spezialwissenschaftlichen Statistik oder der Fotografie.«[2] Das irritierte historische Subjekt des Jahres 1944, dessen Erfahrung nach

dieser Hypothese in »Deutschland 1944« reproduziert ist, gewinnt offenbar eben jene negative Erkenntnis, die Heißenbüttel theoretisch formuliert, daß wir »nicht sinngebend und ordnend in die Welt einzudringen vermögen«.

(2) Heißenbüttels Äußerung verweist noch auf eine zweite, radikalere Deutung von »Deutschland 1944«: Die Hilflosigkeit des Zeitgenossen von 1944 sei von Heißenbüttel nicht bloß simuliert, sondern er selbst sei von ihr betroffen. In dieser Zitatmontage drücke sich aus, daß Heißenbüttel als Autor sich – selbst aus dem zeitlichen Abstand heraus – nicht in der Lage sieht, die Apokalypse dieses Jahres ordnend und sinngebend zu gestalten. Indem Heißenbüttel seine Darstellung des vorletzten Kriegsjahres als Zitatmontage konstruiere, verzichte er bewußt auf eigene Worte in der literarischen Bewältigung seines Themas. Nun steckt natürlich gerade in diesem passiven Verzicht ein ästhetisches Gestaltungsprinzip mit einer bestimmten Aussage. Adornos Satz, nach Auschwitz könne man keine Gedichte mehr schreiben, drängt sich auf. Wie läßt sich denn eine Realität, die alle Albträume der Menschheit übertrifft, in Worte fassen oder gar gestalten? Zu reden oder gar in Versen zu reden über die verfolgten und gepeinigten Opfer hieße doch schon, sich wieder der unmittelbaren Betroffenheit zu begeben und Distanz zu verschaffen. Eben dies vermeide Heißenbüttel. Er bringe die Menschheitskatastrophe Auschwitz selbst zur Sprache, sei es durch die Reden der blutigen Verfolger wie Himmler:

es trat
an uns die Frage heran wie ist es mit den Frauen und Kindern
ich habe mich entschlossen auch hier eine ganz klare Lösung zu
finden ich hielt mich nämlich nicht für berechtigt die Männer auszurotten sprich also umzubringen oder umbringen zu lassen und
die Rächer in Gestalt der Kinder für unsere Söhne und Enkel groß
werden zu lassen es mußte der schwere Entschluß gefaßt werden
dieses Volk von der Erde verschwinden zu lassen

sei es durch die entlarvende Sprache der Wirtschaftsverwaltung:

> dabei wäre beim Reichswirtschaftsministerium darauf hinzuweisen daß bis heute doch enorme Mengen an Lumpen von den nicht brauchbaren Zivilsachen aus den einzelnen Aktionen in Auschwitz und anderen Lagern zur Ablieferung gelangten und noch weiterhin zur Ablieferung kommen

Das Zitat als literarisches Prinzip erhält hier einen spezifischen Ausdrucksgehalt. Heißenbüttel übt den Leser ein, die fanatischen und bürokratischen Peiniger in ihrer Sprache zu hören, und bedeutet ihm, daß diese Wirklichkeit die Grenzen dichterischer Phantasie und Gestaltungskraft überschreitet.

2. Historische Erkenntnis

Die bislang beschriebene Leseerfahrung ist stark synthetisch und emotional geprägt. Der Leser gibt sich dem Gesamteindruck der Zitatmontage hin und erlebt sie als Destruktion vertrauter Sinnerwartung. Der Gedanke, daß sich die einzelnen Zitate bei näherem Zusehen genauer bestimmen lassen, liegt ihm in dieser spontan aufnehmenden Phase noch fern: beherrschend ist der Eindruck der Anonymität, Unbestimmtheit und Heterogenität der zitierten Aussagen. Es ist jedoch ein Punkt denkbar, wo die Lektüre der Zitatmontage als Ausdruck einer zersplitterten Realitätserfahrung umschlägt in ein analytisch-rationales Interesse an den einzelnen Sprachsplittern und ihrem historischen Aussagegehalt. Ist diese Transformation der Lesehaltung als möglich akzeptiert, so stellt sich die Frage, wieweit Heißenbüttel in seiner Zitatmontage diesem Erkenntnisinteresse entgegenkommt. Unsere Antwort lautet: in hohem Maße – wie in folgenden Punkten gezeigt werden soll.

(1) Heißenbüttel zitiert stets ganze Sätze. Er tastet also in

den von ihm verwendeten Textvorlagen den Satz als Sinneinheit von Wortfolgen nicht an – eine wichtige Voraussetzung dafür, daß der Leser seinen Zitaten in sich sinnvolle Aussagen entnehmen kann.
(2) Viele Zitate vermitteln eine klare und deutliche Aussage über einen bestimmten Sachverhalt. Extremes Beispiel ist das mit acht Sätzen ausführlichste Zitat aus dem Deutschen Wehrmachtsbericht:

zwanzigster Juli 1944 in der Normandie setzte der Feind seine Angriffe im Raum östlich und südöstlich Caen mit starker Panzerartillerie- und Fliegerunterstützung während des ganzen Tages fort ohne daß ihm der erstrebte Durchbruch gelang nach er-

bitterten Kämpfen die den ganzen Tag hindurch in St.-Lô tobten wurden die Trümmer der Stadt aufgegeben feindliche Vorstöße aus der Stadt heraus nach Süden sowie starke örtliche Angriffe der Nordamerikaner weiter nordwestlich brachen verlustreich zusammen das Vergeltungsfeuer auf London dauerte die ganze Nacht über an nordamerikanische Bomberverbände führten von Westen und Süden Terrorangriffe gegen West- Südwest- und Süddeutschland vor allem in den Wohnbezirken der Städte München Koblenz Schweinfurt und Saarbrücken entstanden Schäden die Bevölkerung hatte Verluste dabei wurden durch Luftverteidigungskräfte 61 Flugzeuge zum Absturz gebracht

(3) Nicht wenige Zitate vermitteln einen Aspekt aus der Realität des Dritten Reiches, der in Geschichtsbüchern vernachlässigt wird oder ganz fehlt (Berichte über die Stimmung in der Bevölkerung: I,3, II,6, V,9; die Sexualmoral der SS: II,12; die wirtschaftliche Nutzung der in Auschwitz ›anfallenden‹ Zivilsachen: V,2; über die Eigenverantwortlichkeit der Chefs der Einsatzgruppen bei Exekutionsvorschlägen: VII,11).
(4) Heißenbüttel vermittelt auf kleinstem Raum so etwas wie ein Gesamtbild der Situation in Deutschland während des

vorletzten Kriegsjahres. Er wählte die Zitate durchaus nicht absichtslos und rein zufällig aus, sondern teilt mit dem Historiker das Ziel, die beschränkte Perspektive des Einzelnen zu durchbrechen.[3] So läßt er auf seiner imaginären Bühne die verschiedensten *Sprecher* auftreten. Zu Wort kommen sowohl die Führungsspitze als auch der Mann auf der Straße; der hymnische NS-Barde wie der skeptisch-distanzierte Beobachter; der SS-Richter wie der Essayist über Fragen der Physik. Auch vom *Inhalt* her spiegeln die Zitate die zentralen Leiderfahrungen und Ereignisse dieser apokalyptischen Zeit: die Vernichtung der Juden als Programm und als Reflex im Wirtschaftsministerium; der Widerstand gegen Hitler, dokumentiert in einer Drohrede der NS-Führung und einer privaten Tagebuch-Aufzeichnung; die Kriegssituation in ihren verschiedenen Auswirkungen: der Lage an der Front, den Endsieg-Parolen der Propaganda und der Stimmung in der Bevölkerung; der möglich gewordene Bau der Atombombe.

Fazit: »Deutschland 1944« vermittelt nicht ausschließlich die Erfahrung einer zersplitterten Realität. Der Text vermag ein Bedürfnis nach konkreten historischen Informationen über Deutschland im Jahre 1944 zu wecken und genügt diesem Leseinteresse mehr, als man auf den ersten Blick annehmen möchte.

3. Imagination des Möglichen

Dennoch bleibt der Leser in seinem Bemühen um historische Erkenntnis einer latenten Irritation ausgesetzt. Es gibt nicht wenige Zitate, sie sich dem historischen Erkenntnisinteresse in seinem Zugriff auf konkrete Informationen sperren, die trotz aller Reflexion irritierend wirken und in ihrem Aussagegehalt eigentümlich dunkel und unklar bleiben. Sie haben nicht den eindeutigen und schnell abrufbaren Informationswert wie die zuvor genannten Zitate; sie entziehen

sich der konkretisierenden Deutung und wirken zunächst
verwirrend. Beispiel:

> wie ich das alles so hinschreibe
> erfaßt mich wieder dermaßen die Ungeheuerlichkeit dieser Dinge
> daß ich meine ich müsse aus einem bösen Traum erwachen

Der auf präzise historische Information bedachte Leser
tappt hier im dunkeln. Was sind das für ungeheuerliche
Dinge, die den Schreiber der zitierten Zeilen wie einen
Albtraum bedrücken? Die Deportation der Juden in Vieh-
waggons aus ihren deutschen Heimatstädten? Ihre Behandlung durch sadistische Peiniger und ihre Vernichtung in den
Gaskammern? Die Folterung von Gegnern des NS-Regimes
in den Kellern der Gestapo? Hitlers bestialische Rache an
den Männern des 20. Juli? Die unerträglichen Leiden ver-
letzter Soldaten, die beim ungeordneten Rückzug in den
Schützengräben und am Wegrand liegenblieben? Die brennenden Städte, in deren Kellern unzählige Kinder, Frauen
und Männer erstickten und verbrannten?
Das Zitat selbst gibt keine Antwort auf diese vielen Fragen,
und einen erläuternden Kontext gibt es in dieser Zitatmontage nicht. Heißenbüttel läßt uns über den konkreten Bezug
der zitierten Aussage im unklaren – und dies offenbar mit
Absicht. Denn, wie der ursprüngliche Zusammenhang des
Zitats zeigt – es handelt sich um einen Brief der Frauen-
schaftsführerin von Löwis an die Frau des Obersten Richters
der NSDAP –, ist mit der »Ungeheuerlichkeit dieser Dinge«
konkret die Ermordung von Geisteskranken gemeint. Es
wäre für Heißenbüttel also formal ein leichtes gewesen,
diesen Bezug herzustellen. Frau von Löwis schrieb im
Absatz zuvor: »Es sind ja durchaus nicht nur die hoffnungs-
los Verblödeten und Umnachteten, die es trifft, sondern, wie
es scheint, werden allmählich *alle* unheilbar Geisteskranken –
daneben auch Epileptiker, die geistig gar nicht gestört sind –
erfaßt. Darunter befinden sich vielfach Menschen, die am
Leben noch Anteil nehmen, ihr bescheidenes Teil Arbeit

leisten, die mit ihren Angehörigen in brieflichem Verkehr stehen; Menschen, *die, wenn das graue Auto der SS kommt, wissen, wohin es geht und was ihnen bevorsteht.* Und die Bauern auf der Alb, die auf dem Feld arbeiten und diese Autos vorbeifahren sehen, wissen auch, wohin sie fahren, und sehen Tag und Nacht den Schornstein des Krematoriums rauchen. Wir wissen doch auch, daß unter den unheilbar Geisteskranken sich viele geistig hochstehende Menschen befinden, solche, die nur partiell gestört, und solche, die nur periodisch gestört sind, und die dazwischen Zeiten vollkommener Klarheit und erhöhter Geistestätigkeit haben. Genügte es denn nicht, daß man sie sterilisiert hat, und ist es nicht entsetzlich zu denken, daß über diesen allen nun das Damoklesschwert von Grafeneck hängt? Wie ich das alles so hinschreibe, erfaßt mich wieder dermaßen die Ungeheuerlichkeit dieser Dinge, daß ich meine, ich müsse aus einem bösen Traum erwachen!«[4]

Man wende nicht ein, daß Heißenbüttels Stilprinzip des knappen Zitats hier zufällig den konkreten Aussagegehalt mehrdeutig gemacht habe. Dagegen spricht, daß er dem Brief für seine Montage ein zweites Zitat entnahm, dessen Zusammenhang mit dem ersten aber unkenntlich machte. Es steht an anderer Stelle und wirkt zudem ebenso unbestimmt wie das erste:

> es ist ja immer ergreifend gerade bei einfachen Menschen diesem Vertrauen zu begegnen und diese Waffe müssen wir blank erhalten wie keine andere wir können es nicht dadurch erreichen daß wir möglichst lange versuchen den Leuten Sand in die Augen zu streuen sie mit Ausreden und Beschwichtigungen hinzuhalten wenn sie uns fragen mit Ausreden
>
> die wir selbst nicht glauben

Was aber ist der ästhetische Sinn dieser offenbar gezielt erzeugten Unbestimmtheit?

Der Wirkungsbegriff »Irritation« reicht nicht aus: denn auch hier initiiert Heißenbüttel ein Interesse an Aufklärung, läßt es aber in seinem Bedürfnis nach konkreten Informationen in der Schwebe und evoziert damit beim aktiven Leser Imagination. Diese wird angereizt, die dunklen, weil zu abstrakten Benennungen zu konkretisieren und damit verschiedene Lösungsmöglichkeiten durchzuspielen, ohne jedoch zu einem Abschluß zu gelangen. Heißenbüttel fordert diesen Lesertyp heraus, sein gesamtes traumatisches Wissen über die Zeit zu aktivieren und es sich assoziativ zu vergegenwärtigen. Das sechsmal wiederholte Zitat »sie hörte wie der Todesschweiß plätscherte« wird in diesem Leser die verschiedensten Angstvorstellungen hervorrufen. Er wird sein Vorstellungsvermögen einsetzen, um über die Situation Klarheit zu gewinnen, in der dieser Satz möglich war. Eine Aktivierung des schon Gewußten und Empfundenen, aber möglicherweise Verdrängten wäre die Folge.

Kurzum: Heißenbüttel erregt durch die Darbietungsform vieler Zitate im besonderen Maße die Einbildungskraft des Lesers und wirkt damit – anders ausgedrückt – poetisch. Der letzte Begriff bedarf noch einer Erläuterung.

Selbst der flüchtige Leser wird »Deutschland 1944« nicht für einen Sachtext halten, obwohl doch die Zitate überwiegend aus historischen Dokumenten stammen. Was der Leser wahrnimmt, sind Lageberichte, Protokolle, Reden, Richtlinien, aber eben diese Zitate gewinnen in »Deutschland 1944« paradoxerweise eine spezifisch poetische Qualität. Und dies geschieht nicht zuletzt dadurch, daß Heißenbüttel in vielen Zitaten das Stilprinzip der dunklen – die Einbildungskraft evozierenden – Rede aktiviert. Eine Sammlung historischer Dokumente, in denen der konkrete Sinn und Bezug der einzelnen Quellen unklar bleibt, erschiene – fachwissenschaftlich gesehen – mißraten. Gerade in dem Maße aber, in dem Heißenbüttel die Ansprüche und Ziele der Geschichtswissenschaft verfehlt, gewinnt seine Dokumentation poetischen Gehalt: sie erregt – aufgrund der knappen und »dekontextualisierten« Form der Zitate – die Imagination des Lesers.

II. »Deutschland 1944« und sein Autor

1. Der Mythos vom Autor als Anti-Schöpfer

Denkt man das zitierte Programm Heißenbüttels – eine realistische Literatur betreffend – zu Ende, so ergibt sich ein neuer Begriff vom Autor: Der Dichter erfindet nicht mehr Personen und Handlungen bzw. sprachliche Ausdrucksformen, sondern er reproduziert – wie das Tonband – mechanisch das schon Vorhandene, um auszudrücken, »daß wir nicht sinngebend und ordnend in die Welt einzudringen vermögen«. Heißenbüttel gibt hier der überlieferten Vorstellung vom Dichter als schöpferischem Gestalter einer eigenen sprachlichen Wirklichkeit den Abschied. Der Mythos vom Dichter als göttlich begnadetem Sänger oder prometheischem Schöpfergenie scheint endgültig zertrümmert zu sein. Dennoch stellt sich die Frage, ob sich nicht in Heißenbüttels desillusionierendem Porträt des modernen Autors die Umrisse einer neuen Dichterideologie abzeichnen: der Dichter unserer Zeit als Anti-Schöpfer, der – das Ausmaß der gegenwärtigen Sprach- und Bewußtseinskrise erkennend – sich selbstkritisch und asketisch darauf beschränkt, »Welt und Sachen im abgelösten Sprachzitat zu verdoppeln«. Hatte sich der Dichter früherer Zeiten im Bild vom Schöpfergott überhöht, so gewinnt auch der Dichter neuen Typs wiederum einen Sonderstatus, indem er sich konsequent mit der Maschine gleichsetzt.

In welchem Maße hat sich Heißenbüttel in seinem Text »Deutschland 1944« als Schöpfer und Gestalter tatsächlich zurückgenommen? Es ließe sich eine Photomaschine denken, die alle im Jahre 1944 geschriebenen Schriftstücke registriert und nach dem Zufallsprinzip dreißig Textstellen auswählt und aneinanderreiht. Selbst in diesem Falle wären entscheidende gestaltende Akte des Autors immer noch nachweisbar (Nutzung einer Maschine, stoffliche Begrenzung auf 1944, Wahl des Zufallsprinzips), aber im Vergleich zur traditionellen Literaturproduktion sind sie reduziert.

Kann »Deutschland 1944« als simuliertes Produkt einer solchen Textmaschine gedacht werden?
Nach dem bisher Gesagten: nein, denn in der Anordnung und Auswahl der Zitate lassen sich eine Fülle ästhetischer Gestaltungsprinzipien wiedererkennen. Zum einen ist die Leseerfahrung der Irritation künstlich erzeugt (durch das Weglassen der Zeichensetzung, die nahtlose Montage und die Kürze der Zitate). Zum anderen verrät sich in der Auswahl solcher Zitate, die konkrete historische Informationen liefern, das gängige Geschichtsbild durchbrechen und auf kleinstem Raum ein Gesamtbild von 1944 liefern, eine künstlerische – hier auf Aufklärung bedachte – Absicht. Schließlich zeigt sich Heißenbüttel als Poet (»Macher«), indem er viele Zitate in der Weise »dekontextualisiert«, daß sie durch ihre Unbestimmtheit die Imagination des Lesers aktivieren. Von einem nach dem Zufallsprinzip arbeitenden maschinellen Verfahren kann bei einer solchen Fülle künstlich-künstlerischer Akte nicht die Rede sein; »Deutschland 1944« setzt einen Autor voraus, der sich mit den Inhalten seiner historischen Textvorlagen und ihrer ästhetischen Darbietung schöpferisch auseinandergesetzt hat und damit alles andere ist als ein Anti-Schöpfer.[5] Aber nicht allein der Nachweis bestimmter ästhetischer Gestaltungsprinzipien widerlegt den Mythos vom Dichter als Maschine; darüber hinaus kann aufgezeigt werden, daß diese subjektlos erscheinende Zitatmontage – näher besehen – Produkt eines sehr subjektiven Autors ist.

2. Subjektivität in der Wiedergabe der Zitate

These: Heißenbüttel hat die zitierten Textvorlagen keineswegs mechanisch reproduziert; dichterische Willkür (um nicht zu sagen: Laxheit) im Umgang mit dem Quellenmaterial bleibt durchaus erhalten. D. h., die subjektlos erscheinende, auf reine Wiedergabe reduzierte Autorschaft gelingt Heißenbüttel nur dem äußeren Anschein nach.

Nach der Veröffentlichung von »Deutschland 1944« – im *Textbuch* 6 (1967) – war die Literaturkritik allgemein überzeugt, daß diese Zitatmontage »ausschließlich aus Satzstücken, aus Wortfolgen« bestehe, »die aus dem Jahr 1944 überliefert sind« (Heinrich Vormweg).[6] Auch später noch schrieb Hans Mayer: »In manchen neuen Texten Helmut Heißenbüttels findet sich kein Satz, den der Autor selbst formuliert hätte. Jede Zeile ist Zitat. Heißenbüttels Text ›Deutschland 1944‹ komponiert die im Titel genannte Welt aus Ort (Deutschland) und Zeit bloß durch Zitate von damals.«[7] Man rechnet also mit einer authentischen Zitatmontage. Aus welchen Gründen ist man sich aber so sicher, daß Heißenbüttel sich mechanisch getreu an Wortlaut und -folge seiner Quellen gehalten hat und deren Auswahl streng an die Orts- und Zeitangabe seines Themas band?

Erstaunlicherweise hat niemand nachgeprüft, ob Heißenbüttel tatsächlich authentisch zitierte. Man begnügte sich mit Hinweisen auf Heißenbüttels Literaturtheorie sowie vagen (und z. T. falschen) Angaben über die Herkunft einiger Zitate. Literaturkritik und -wissenschaft reproduzieren hier unter gänzlich verändertem Vorzeichen ein traditionelles Verhalten zum dichterischen Werk. Wir verwundern uns heute, in welchem Maße die Philologie im 19. und 20. Jahrhundert bemüht und bereit war, den Dichter als Künder überparteilicher Wahrheiten anzusehen. Diese Anschauung ist heute fragwürdig geworden. Trotzdem glaubt man dem Autor der Zitatmontage ähnlich unkritisch, daß er die Wahrheit seines Materials nicht angetastet habe. Nun befindet sich die Literaturkritik und -wissenschaft – befragt nach Beweisen für oder gegen die Authentizität von »Deutschland 1944« – tatsächlich in einer Schwierigkeit. Im Gegensatz zu der Zitatmontage »Pamphlete III« hat Heißenbüttel die Herkunft der Zitate nicht angegeben und damit die Klärung der »Machart« dieses Textes sehr erschwert.

Da es sich hier um eine grundsätzliche Frage in der Beziehung Autor – Werk – Leser handelt, haben wir versucht, die Herkunft der Zitate zu recherchieren, und mehr als zwei

Drittel der dreißig Zitate identifiziert.[8] Erleichtert wurde diese »Fahndung« trotz aller Schwierigkeiten durch bestimmte Eigentümlichkeiten dieser Zitatmontage: Einige Zitate sind so informativ, daß sich ihre Textsorte erschließen läßt (Wehrmachtsbericht, amtliche Richtlinie, privates Tagebuch); zudem hat Heißenbüttel z. T. einschlägige Werke der historischen Forschung verwendet (*Anatomie des SS-Staates*) und schließlich einer Quelle häufig mehrere Zitate entnommen (aus Jüngers Tagebüchern allein vier Zitate). Das Ergebnis unserer Recherchen stützt die eingangs aufgestellte These: Entgegen der Behauptung der Literaturkritik und -wissenschaft, der Text sei allein aus authentischen Zitaten montiert, erlaubte sich Heißenbüttel eine unerwartete Fülle dichterischer Freiheiten. Von den zweiundzwanzig identifizierten Zitaten ist die Hälfte nicht originär aus dem Jahr 1944, eine doch recht erstaunliche Abweichung. Viele Sprachdokumente sind älter, darunter ein Gedicht von Weinheber aus der Vorkriegszeit von 1936; andere Quellen datieren aus dem Jahr 1940 (zweimal Frau von Löwis), 1941 (die Richtlinien der Wehrmacht), 1942 (Baumann, Himmler), 1943 (zweimal Himmler, SS-Protokolle, Benn). Zudem verwendete Heißenbüttel eine Tagebuch-Notiz Jüngers aus dem Jahr 1945.

Heißenbüttel ist also durchaus nicht der strenge Annalist von Sprachdokumenten, wie er selbst durch sein literarisches Programm und den Titel seines Textes suggeriert und wie die Kritik und Forschung anzunehmen geneigt ist. Ferner kann von einer mechanisch getreuen Wiedergabe der zitierten Quellen nicht die Rede sein. Heißenbüttel hat in seine Zitate Wörter eingefügt, ausgelassen, umgestellt und verändert. Einige Varianten sind offenbar Korruptelen des abschreibenden Autors – ein umgestelltes »alles«, ein ausgelassenes »noch«, ein in »können« verändertes »könnten«. Vielleicht gehört auch die sinnverändernde Auslassung im Weinheber-Vers zu dieser Gruppe. Andere Varianten verraten dagegen eine gewisse Absicht, ohne daß es sich um durchgängige Gestaltungsprinzipien handelte. Den originalen Satzanfang des Himmler-Zitats »Wehe, wenn sich diese Bänder [um die SS-Organisationen; J. S.] einmal lösen würden [...]« liest Heißenbüttel einmal »und wenn sich [...]« und ein andermal stärker variierend »denn wenn wir [...]«. In beiden Fällen tritt damit das veränderte Zitat in eine logische Beziehung zu den vorausgehenden Zitaten. Zum anderen dürfte Heißenbüttel die Intention geleitet haben, einige Zitate – um der poetisch-imaginativen Wirkung willen – zusätzlich zu verknappen. Im Brief der Frau von Löwis: »Es ist ja immer ergreifend, gerade bei einfachen Menschen diesem Vertrauen – diesem selbstverständlichen: ›Der Führer weiß davon selbstverständlich nicht‹ – zu begegnen [...]«, wurde die erläuternde Parenthese ausgelassen und in dem Auschwitz-Zitat der Ausdruck »zur Verfügung des Reichswirtschaftsministeriums« durch »zur Ablieferung« ersetzt.

Nichts liegt uns ferner, als Heißenbüttel diese Lizenzen im Umgang mit seinen Textquellen ankreiden zu wollen. Wir heben sie hervor, weil die Kritik mit einem asketisch-dokumentierenden Verfahren rechnete und Heißenbüttel sich verschiedentlich selbst zum subjektlosen Sprachreproduzenten stilisierte. Dieser Widerspruch zwischen Heißenbüttels theoretischem Selbstverständnis und seiner poetischen Praxis ist besonders auffällig. Während er in seiner Selbst-Interpretation der »Einsätze« von 1957 bis 1960 noch das Pathos des »Vortastens im Dunkeln«, des Eindringens in eine Welt, »die sich noch der Sprache zu entziehen scheint«,⁹ vertritt, bekennt er sich in dem Programm einer »realistischen« Literatur zu einem agnostischen Standpunkt.

Akzeptiert man diese theoretische Konzeption, so wirft ihre Anwendung auf »Deutschland 1944« zwei Fragen auf. Woher soll der Leser wissen, daß Heißenbüttel die Zitate nicht »sinngebend und ordnend« verarbeitet hat und lediglich den im »Wort gespeicherten Sachbezug« zitiert, wenn der Autor die verwendeten Zitate nicht ausweist, um dem Leser einen prüfenden Vergleich zu ermöglichen? Hier unterläuft die hermetische Praxis eben jene Erkenntnisse, die der Autor mit Hilfe der Zitatmontage demonstrieren will. Und wie lassen sich jene Willkürlichkeiten in der Reproduktion von Zitaten aus verschiedenen Jahren mit jener Poetik in Einklang bringen, die jedem Eingriff in die Wirklichkeit entsagen und sich dem vorgegebenen Wort unterwerfen will? Hier widerspricht die literarische Praxis den strengen Forderungen der Theorie. Nun könnte man das verschiedentlich anachronistische Verfahren Heißenbüttels mit der Begründung rechtfertigen, daß viele Zitate aus der Zeit vor 1944 auch für dieses Jahr aussagekräftig sind. Da diese Quellen jedoch auch das Jahr ihrer Herkunft charakterisieren, hätte Heißenbüttel eine andere – genauere – Überschrift wählen müssen. Darüber hinaus ist der Anachronismus einiger Zitate geeignet, den Leser zu falschen Schlüssen von den Worten auf die Sachen zu verleiten. Heißenbüttel zitiert zweimal die Verse »wir pflanzen Korn und Lilien in die Asche und Efeu in die Schatten unserer Schwerter wir sammeln Märzgewölk ob alten Brachen«. Obwohl es sich um ein Textfragment handelt, ist in der Aussage der Wille zur Befriedigung des Landes deutlich ausgedrückt. Diese Zeilen wirken zu einem Zeitpunkt, als die nationalsozialistische Kriegsmaschine im Rückzug begriffen war und Hitler die Politik der verbrannten Erde anordnete, recht weltfremd. In Wirklichkeit dokumentiert sich in diesen Versen die Verbrämung einer – zum Zeitpunkt ihres Erscheinens – sehr aktuellen und wirksamen Ideologie der »Befreiung« und »Befriedigung« beim Einmarsch in die Sowjetunion – die Verse erschienen 1942 in monumentalem Druck in der nationalsozialistischen Literaturzeitschrift *Die schöne Literatur*.

Heißenbüttels willkürliche Praktiken lassen sich also mit seinen strengen programmatischen Forderungen nicht vereinigen. Er verfährt – soll man sagen: zum Glück? – wenig mechanisch bzw. textkritisch, sondern relativ lax und subjektiv in der Reproduktion der im Zitat gespeicherten Welt.

3. Die persönliche Geschichtsauffassung in der Auswahl der Zitate

Daß Heißenbüttel in der Auswahl der Zitate ästhetischen Prinzipien verpflichtet ist, haben wir zu zeigen versucht; nunmehr ist darzustellen, daß Heißenbüttel darüber hinaus in der Zitatmontage als Individuum identifizierbar bleibt, das eine bestimmte Werthaltung in der Auseinandersetzung mit seinem Gegenstand hat und über eine historisch-biographisch erfaßbare Weltsicht verfügt. Die angeblich so unpersönliche Zitatmontage wird damit – ganz im Sinne der traditionellen Poetik – als Ausdruck der persönlichen Empfindungen und Gedanken des Autors interpretierbar. Die der Zitatmontage »Deutschland 1944« immanente aufklärerische Tendenz, den Blickwinkel des Einzelnen zugunsten der Erfassung einer Totalität zu durchbrechen, hat nämlich nicht zur Folge, daß Heißenbüttels Subjektivität bei der Auswahl der Zitate ausgeschaltet wird.

Als erstes fällt der – den Tagebüchern Ernst Jüngers entnommene – sprachtheoretische Aphorismus auf, den Heißenbüttel offenkundig zitiert hat, weil er seinen Überlegungen zur Sprache und Literatur entgegenkommt und sich wie eine Poetik zu »Deutschland 1944« liest: »Worte sind Mosaik das / heißt daß zwischen ihnen sich Risse ziehen diese sind logisch gese-/hen Lücken« (I, 8). Ferner ist festzustellen, daß vielen Zitaten ein Grundton gemeinsam ist, der sich der Montage trotz der Vielfalt der Zitate mitteilt: Wir hören ein Ich, das poetisch oder reflexiv seine Betroffenheit, Ratlosigkeit und Angst artikuliert, eine Haltung, zu der der Autor offenbar eine größere Affinität hat und die wie das Bruchstück eines lyrischen Ichs auf den Leser wirkt. Dreimal wiederholt Heißenbüttel die Weinheber-Verse »vielleicht daß einer / spät wenn all dies lang vorbei das Schreckliche versteht die Folter / und den Schrei«. Und zweimal zitiert er ein Ich, das verschiedene Eindrücke sammelt und sich einzuprägen versucht, ganz wie Heißenbüttel selbst in seiner kontemplativen Gesamthaltung: »ich stand teils am

Fenster teils auf der Wiese um mir bald / diesen bald jenen Eindruck einzuprägen wie jemand der mit einer / großen Reihe von Aufnahmen beschäftigt ist« (Ernst Jünger). Was Heißenbüttel der von ihm ebenfalls zitierten Brutalität und dem Terror der NS-Führung entgegenstellt, ist vor allem Betroffenheit, die sich in Tagebüchern, privaten Briefen und unveröffentlichten Versen Klarheit zu verschaffen versucht. Mit einer Ausnahme[10] fehlen Quellen, in denen versucht wird, die Situation des Jahres 1944 kritisch zu durchdringen und aktiv Alternativen zu dem NS-Regime zu entwickeln. Heißenbüttel hat also seine eigene Geschichtsauffassung nicht allein in der Form des Textes als Zitatmontage ausgedrückt, sondern durch den Inhalt der von ihm zitierten Sprachdokumente, in denen kritische Analysen und der Wille zur Veränderung fehlen.

III. Zur Rezeptionsgeschichte von »Deutschland 1944«

An den frühen Äußerungen der Literaturkritik über »Deutschland 1944« fällt zweierlei auf; die außerordentlich positive Beurteilung dieser Zitatmontage und die spezielle Begründung dieser Wertschätzung: »Deutschland 1944« wird vor allem als Medium historischer Erkenntnis gewürdigt. So urteilte Heinrich Vormweg: »Und nach meiner Auffassung ist in diesem Vorzeigen einer Reihe von Sprachstücken der geistige, existentielle, moralische Zustand im Deutschland des Jahres 1944, ein erschütternder Zustand von Gärung, Verfall, Zersetzung, von einer speziellen Aphasie, von Inhumanität, drastischer und konkreter sichtbar gemacht als in wohl allen Versuchen, diesen Zustand objektivierend zu ›gestalten‹.«[11] Die von Vormweg gewählten Attribute »drastisch« und »konkret« verweisen auf die historische Erkenntnisfunktion, die er dem Text zuschreibt; ferner sein Zusatz, diese Zitatmontage ermögliche »die Erkenntnis [...] dessen, was da ist«, eine Auffassung, die

Franz Mon noch verstärkt, wenn er »Deutschland 1944« »das Röntgenbild einer kumulierenden politischen Katastrophe einschließlich ihrer Untergründe und Folgen« nennt.[12]
Diese Auffassung von »Deutschland 1944« ist neuerdings von jüngeren Literaturwissenschaftlern in Zweifel gezogen worden. Man teilt nicht mehr die hohe Wertschätzung des Textes und beurteilt seine Erkenntnisleistung entschieden kritisch. Vormwegs Urteil – schreibt Hartmut Pätzold – werde durch »die Ambiguität des Textes, der nur vage und verunsichernde Assoziationen wecken will, klar und deutlich widerlegt«. Und, gegen Franz Mon gerichtet, fährt der Verfasser fort, der Text liefere kein »Röntgenbild«, »sondern lediglich ein akausales Nebeneinander von unterschiedlichsten Sprachdokumenten«: »Zwar können auf diese Weise einzelne unerwartete Korrespondenzen schlaglichtartig beleuchtet werden, eine differenzierte Erkenntnis historischer Zusammenhänge wird damit jedoch weder initiiert noch gefördert.«[13]
Vielleicht kann zur Klärung der Fronten die prozessuale Entfaltung verschiedener Leseerfahrungen – Zersplitterung der Realität, historische Erkenntnis, Imagination des Möglichen – beitragen. Aus diesem Blickwinkel ergibt sich:
(1) Vormweg und Mon verengen den Aussagegehalt von »Deutschland 1944« nicht auf seine historische Erkenntnisleistung im Sinne der Geschichtswissenschaft. Sie deuten und werten die Zitatmontage auch als Ausdruck einer irritierten Realitätserfahrung; Vormweg, indem er die Sprachnot des Autors in der Auseinandersetzung mit dem Albtraum 1944 hervorhebt; Mon, indem er eine Parallele zwischen der Zitatmontage und der Realitätserfahrung eines KZ-Arztes herstellt. Der Begriff der Erkenntnisfunktion von »Deutschland 1944« schließt also bei beiden Interpreten den Gedanken ein, daß diese Montage die Erfahrung einer zersplitterten Realität vermittelt und eben dadurch historisch adäquate Einsichten ermöglicht.
(2) Pätzold ist jedoch im Recht, wenn er gegenüber mißverständlichen und zu weit gehenden Formulierungen die

Grenzen der historischen Erkenntnisleistung dieses Textes hervorhebt. Bei ihm vermissen wir jedoch, daß er die Abbildfunktion der Montage (im Sinne einer zersplitterten Realitätserfahrung) nicht näher interpretiert und die poetisch-imaginative Konstitution von »Deutschland 1944« zu wenig würdigt. Seine Kritik an der Erkenntnisleistung dieser Zeitmontage drängt ihm verschiedentlich die Formulierung auf, daß der Text statt dessen »lediglich« oder »bestenfalls« Assoziationen wecke.

Wenn Vormweg und Mon »Deutschland 1944« insgesamt positiver bewerten als Pätzold, so hat dies möglicherweise noch eine tiefer liegende Ursache als die unterschiedliche Einschätzung der Erkenntnisfunktion dieses Textes. Die beiden Literaturkritiker sind im Umgang mit dieser Zitatmontage aktive Leser, die in ihre Lektüre ihre historischen Kenntnisse, ihre Phantasie und ihre Reflexionstätigkeit einbringen. Wenn sie »Deutschland 1944« so hoch einschätzen, dann setzen sie – vielleicht unbewußt – voraus, daß der Text in jedem Leser eine solche Lesewirkung hervorrufen kann. Pätzold hingegen rechnet offenbar mit einem weniger kenntnisreichen, phantasievollen und zur Reflexion geneigten Leser, und eben deswegen fällt seine Wertung negativer aus. Gegenüber beiden Wertungen wäre aus wirkungsästhetischer Sicht zu betonen, daß die Zitatmontage – vielleicht mehr als die traditionelle Literatur? – ein Textangebot ist, dessen verschiedene Aussagegehalte mit sehr unterschiedlicher Intensität realisiert werden können, je nachdem, wie stark die ästhetisch-historische Kompetenz des einzelnen Lesers entwickelt ist.

Ausblick

Heißenbüttels Zitatmontage »Deutschland 1944« – das versuchten wir zu zeigen – läßt sich sehr verschieden lesen (als Ausdruck zersplitterter Realitätserfahrung; als historisch-sprachliches Quellenmaterial und als Spielraum für die Imagination), und diese drei ›Lesarten‹ widersprechen sich nicht, sondern sind im Text selbst, seinen besonderen Konstruktionsprinzipien, angelegt. Es kommt auf den Leser an, im Prozeß wiederholter Lektüre diese verschiedenen Aussagemöglichkeiten zu realisieren: ob er sich also auf die verwirrende Vielfalt der Zitate als emotionalen Gesamteindruck einläßt; ob er sich historisch-kritisch zu einer Art Archäologie der dokumentierten Textbruchstücke angeregt fühlt oder ob er deren Unbestimmtheits- und Bruchstellen imaginativ auslotet. Zu erwägen ist, ob mit den genannten Lesarten drei Aussagemöglichkeiten gefunden sind, die tendenziell jeder Zitatmontage zu eigen sind, die auf die Dokumentation historischer oder gegenwärtiger Zustände und Erfahrungen ausgerichtet ist. Ein zukünftiger Historiker der Zitatmontage hätte dann zu beachten, daß – je nach den Prinzipien der Auswahl und Montage der Zitate – variabel ist, auf welcher Aussagemöglichkeit der Akzent liegt. Wählt der Autor umfängliche Zitate aus und verknüpft sie einem geschichtlichen Zusammenhang gemäß, so überwiegt die zweite, die historisch-dokumentarische Aussagemöglichkeit. Umgekehrt fördert die Anonymisierung, Kontrastierung, Dekontextualisierung oder gar grammatische Destruktion der Zitate eine Lesehaltung, die den Text als Ausdruck zersplitterter Realitätserfahrung aufnimmt oder ihn als Herausforderung an die eigene Phantasie begreift. – Sicherlich wäre es verfehlt, wollte man darüber hinaus aus dem Vorhandensein bzw. Fehlen dieser einzelnen Aussagemöglichkeiten auf den literarischen Wert der jeweiligen Zitatmontage schließen und auf dieser Grundlage eine Werttheorie dieses Genres aufbauen. Dennoch ist es unsere persönliche Einschätzung, daß nicht allein die Eigenart, sondern auch die Qualität von »Deutschland 1944« auf der faszinierenden Verbindung dieser drei Aussagemöglichkeiten beruht.

Anmerkungen

1 Franz Mon, »Collagetexte und Sprachcollagen«, in: F. M., *Texte über Texte*, Neuwied/Berlin 1970, S. 116 (hier auf die Bildmontage bezogen); im vorliegenden Band S. 258.
2 Helmut Heißenbüttel / Heinrich Vormweg, *Briefwechsel über Literatur*, Neuwied 1968, S. 29.
3 Die vorgeschlagene Interpretation von »Deutschland 1944« als einer perspektivisch an ein einzelnes Subjekt gebundenen Rollen-Montage ist also zu relativieren. Tatsächlich verwendete Heißenbüttel eine Fülle von damals geheimen und privaten Materialien, die ein einzelnes Subjekt 1944 niemals kennen konnte.
4 Brief der Frau von Löwis an die Frau des Obersten Richters der NSDAP, Walter Buch, in: Hans Buchheim, »Die SS – das Herrschaftsinstrument. Befehl und Gehorsam«, in: *Anatomie des SS-Staates*, Bd. 1, München 1967, S. 288.
5 Auf Heißenbüttels Rolle als »Gestalter« verweist auf den ersten Blick schon die Anordnung der Zitate in dreizehn dreizehnzeiligen und kongruenten Textblöcken. Erstaunlich nur, wie sorglos – unseres Wissens – alle Interpreten bislang mit dieser strengen Textgestalt umgehen, wenn sie »Deutschland 1944« zitieren. Indem sie die geometrische Textform auflösen, beseitigen sie einen in dem Text angelegten Widerspruch mit einer deutlich eruierbaren Semantik: das Chaos der Zitate kann aus Heißenbüttels Sicht offenbar nur durch eine reine äußere und äußerliche Form, die zum Inhalt keinen Bezug hat, zusammengehalten werden.
6 Heinrich Vormweg, »Literatur und Dokument«, in: H. V., *Die Wörter und die Welt. Über neue Literatur*, Neuwied/Berlin 1968, S. 110.
7 Hans Mayer, »Zur aktuellen literarischen Situation«, in: Manfred Durzak (Hrsg.), *Die deutsche Literatur der Gegenwart. Aspekte und Tendenzen*, Stuttgart ³1976, S. 72 f. Daß Mayer hier als Ort der Zitatmontage Hamburg angibt, ist offenbar ein Versehen.
8 Wirkungsästhetisch gesehen, hat diese Identifikation der Zitate übrigens zur Folge, daß die Unbestimmtheitsstellen und damit ein Stück der Poetizität des Textes aufgehoben wird. Schließlich reduziert sich die Imagination des Möglichen, wenn man aus dem erschlossenen Kontext kennenlernt, was jeweils gemeint war. Ein bemerkenswerter Widerspruch zwischen ästhetisch-imaginativer und wissenschaftlich-analytischer Rezeption. Den-

noch können wir nicht finden, daß die Zitatmontage durch die Aufdeckung verschiedener Zitate für uns an poetischem Reiz verloren habe.
In der 1970 erschienenen Erstfassung dieses Aufsatzes hatten wir 19 von 30 Zitaten identifiziert (nicht, wie dort S. 19 irrtümlich angegeben, 20 von 31). Durch einen Hinweis von Heißenbüttel selbst (H. H., »Wie ein Gedicht entsteht«, in: *Literarische Werkstatt*, hrsg. von Gertrud Simmerding und Christof Schmid, München 1972, S. 58) kommt ein weiteres identifiziertes Zitat hinzu: III,5 u. ö. = Ernst Jünger, *Tagebücher*, Bd. 3: *Strahlungen. T. 2*, Stuttgart 1962, S. 376. Die Durchsicht der Gesamtausgabe der Tagebücher führte dann zur Bestimmung eines weiteren Zitates, des wichtigen sprachtheoretischen Fragments I,8, das ebenfalls von Ernst Jünger stammt. Hinzu kommt die Autorschaft von Ernst Jünger für Zitat I,13. Die restlichen 19 Zitate schlüsseln sich wie folgt auf:

I,3: Heinz Boberach, *Meldungen aus dem Reich. Auswahl aus den geheimen Lageberichten des Sicherheitsdienstes SS 1939–44*, Neuwied 1965.

I,10: *Hitlers Lagebesprechungen. Die Protokollfragmente seiner militärischen Konferenzen 1942–45*, hrsg. von Hans Heiber, Stuttgart 1962, S. 588.

II,2: Josef Weinheber, »Mit fünfzig Jahren«, in: *Hier ist das Wort* (1947); zuerst gedruckt in: *Sämtliche Werke*, hrsg. von Josef Nadler und Hedwig Weinheber, Bd. 2, Salzburg 1954, S. 468.

II,6: Boberach, *Meldungen aus dem Reich*, S. 523.

II,12: Protokoll einer SS-Richtertagung vom Mai 1943, in: Hans Buchheim, »Die SS – das Herrschaftsinstrument. Befehl und Gehorsam«, in: *Anatomie des SS-Staates*, Bd. 1, München 1967, S. 259.

III,8: Brief der Frau von Löwis an die Frau des Obersten Richters der NSDAP, Walter Buch, in: ebd., S. 289.

IV,1: Hans Baumann: »Zerbrochene Wiege Gottes! Heiliges Rußland!«, in: *Die neue Literatur* (Mai 1942) S. 97.

IV,3: Brief der Frau von Löwis, in: Buchheim, »Die SS – das Herrschaftsinstrument«, S. 288.

IV,5: Rede Heinrich Himmlers vor den Reichs- und Gauleitern der NSDAP am 6. Oktober 1943 in Posen, in: Helmut Krausnick, »Judenverfolgung«, in: *Anatomie des SS-Staates*, Bd. 2, München 1967, S. 365.

V,2: Krausnick, ebd., S. 366.
V,9: Boberach, *Meldungen aus dem Reich*, S. 497.
VI,12: Hitlers Lagebesprechungen: ebd., S. 620.
VII,7: Rede Heinrich Himmlers vor SS-Gruppenführern am 4. Oktober 1943 in Posen, in: Buchheim, »Die SS – das Herrschaftsinstrument«, S. 130.
VII,11: Richtlinien für die Aussonderung verdächtiger sowjetrussischer Kriegs- und Zivilgefangener 1941, in: Hans-Adolf Jacobsen, »Kommissarbefehl und Massenexekutionen sowjetischer Kriegsgefangener«, in: *Anatomie des SS-Staates*, Bd. 2, S. 220.
VII,13: Ausspruch Himmlers nach: Felix Kersten, *Totenkopf und Treue. Heinrich Himmler ohne Uniform. Aus den Tagebüchern des finnischen Medizinalrats*, Hamburg 1952, S. 188.
VIII,4: Tagebuchaufzeichnung Ernst Jüngers vom 16. Juli 1944, in: E. J., *Tagebücher*, Bd. 3: *Strahlungen. T. 2*, Stuttgart 1962.
VIII,6: Josef Weinheber, »Der befreite Held«, Erstdruck in: *Späte Krone* (1936), auch aufgenommen in: *Dokumente des Herzens* (1944); ferner in: *Sämtliche Werke*, Bd. 2, S. 218.
VIII,10: Bericht des Oberkommandos der Wehrmacht, in: *Keesings Archiv der Gegenwart* (1944) S. 6455.
XI,9: Gottfried Benn, »Physik 1943«, in: G. B., *Ausdruckswelt. Essays und Aphorismen*, Wiesbaden ³1957, S. 67.

9 Helmut Heißenbüttel, *Über Literatur*, Olten 1966, S. 233.
10 Dem Zitat aus Jüngers Tagebuch: »Gespräche auch darüber, wie lange Zeit der Deutsche sich diese Schießbudenfigur vom Halse zu schaffen noch brauchen wird« (vom 16. Juli 1944).
11 Vormweg, »Literatur und Dokument«, S. 110.
12 Mon, »Collagetexte und Sprachcollagen« S. 127; im vorliegenden Band S. 272.
13 Hartmut Pätzold, *Theorie und Praxis moderner Schreibweisen am Beispiel von Siegfried Lenz und Helmut Heißenbüttel*, Diss. Köln 1975, S. 587. Vgl. auch: Karl Heinz Köhler, *Reduktion als Erzählverfahren in Heißenbüttels Textbüchern*, Frankfurt a. M. 1978, S. 127 ff.

FRANZ MON

Collagetexte und Sprachcollagen

Beim Stichwort Collage denkt man an die bildende Kunst: Um 1910 haben die Kubisten Picasso und Braque begonnen, Zeitungsausschnitte, Papierstreifen, Wachstuchstücke und andere Dinge in ihre Bilder zu kleben. Collage heißt »ankleben«, und so wurde eine technische Bezeichnung zum Begriff für eine Methode künstlerischen Produzierens, die seitdem in alle Disziplinen eingedrungen ist. Die italienischen Futuristen haben damals die neue Technik sofort aufgegriffen, und die Dadaisten haben sie zur autonomen Bildform entwickelt: Kurt Schwitters fügt Bildkompositionen zusammen, die nur noch aus Collage-Elementen bestehen; Raoul Hausmann und Hanna Höch erfinden die Fotomontage, die als Collage aus Fotobildern zu verstehen ist. Bildfragmente aus den verschiedenartigsten Realitätsbereichen schießen darin zu einer neuen kompositorischen Einheit zusammen, die der Sprunghaftigkeit und Disparatheit der Realität entspricht, aus der die Fotos stammen. Die Collagetechnik erweist sich dieser Realität auf den Leib geschnitten: heterogenes Material erscheint eng benachbart, wird simultan aufgenommen, bildet eine funktionelle Einheit, aber keine thematische. An die Stelle des geschlossenen Sinnzusammenhangs ist das Funktionengeflecht getreten, das seine Elemente in einer Hinsicht beansprucht, in allen anderen aber unangetastet läßt.

Inzwischen ist die Collage längst über ihre Anfänge als bloße Papiercollage hinausgeraten. Schon Kurt Schwitters hatte gefundene Objekte banalster Art einbezogen; Schuhsohlen, Fahrscheine, Drahtnetze, Holzräder trafen sich in seinen reliefartigen Collagen. Der nächste Schritt war die Assemblage von Gegenständen, das Zusammenfügen von heterogenen Dingen zu plastischen Agglomeraten bis hin zu den Kasten- und Möbelassemblagen der Luise Nevelson oder

Kalinowskis und den Maschinencollagen Tinguelys. Die Absicht auf ein Bild und auf die Funktion der Fundstücke in einem vorgegebenen malerischen Zusammenhang war dabei längst aus dem Blick geraten, wenn auch die Papiercollage weiter gepflegt wird und zum Beispiel in der Schriftcollage neue Anwendungsbereiche gefunden hat. Auch greift die experimentelle Entwicklung innerhalb der Malerei selbst immer wieder auf die Collagetechnik zurück, etwa wenn der Maler Bernhard Schulze mit Hilfe von Collageelementen eine Entwicklung von der Fläche übers Relief mit wachsenden Dimensionen bis zur freistehenden Plastik vollzieht, oder in den Combine Paintings Bob Rauschenbergs, der Gegenstände an die Bildfläche montiert.

Doch schon Schwitters griff mit seiner berühmten Merz-Säule – einer Konstruktion aus Holz und Gips, die sein Haus von unten nach oben durchwucherte und in deren Nischen allerlei Objekte einmontiert waren –, Schwitters griff mit seiner Merz-Säule bereits in den architektonischen Raum über. Heute schafft die Kunst des Environments real-irreale Umwelten aus vorhandenen und aus erfundenen, künstlichen Gegenständen, mimt die Vorstellbarkeit des Unvorstellbaren in Tuchfühlung mit dem alltäglichen Kram. Es war nur noch ein kleiner Schritt, auch menschliche Handlungen einzubeziehen – die statische Szenerie des Environments mit agierenden menschlichen Körpern zu besetzen. Im Happening werden Handlungen collagiert. Al Hansen, einer der amerikanischen Protagonisten des Happenings, bezeichnet diese als »theatre pieces in the manner of collage«. Am Happening sind nun alle Medien beteiligt: Bild, Raum, Bewegung, dramatische Aktion, schließlich auch Wort und Geräusch. Bildende Kunst, Theater, Musik sind, wenn auch in völlig ungewohnter Weise und ohne Rücksicht auf traditionelle Darbietungsregeln, im Happening aktiviert und amalgamiert.

Im Happening kommen verbale Elemente vor; in den frühen kubistischen Collagen haben Wortfragmente eine bestimmte semantische Rolle im Bild gespielt. Von Schwitters ist bekannt, daß er – wie Bilder – auch Texte aus verbalem Material »gemerzt« hat, wie er es nannte. So ist die Frage berechtigt, ob die Collagetechnik auch von der Literatur benutzt wird. Es fällt einem sofort Döblins Roman *Berlin Alexanderplatz* ein, in dessen Erzählzusammenhang Zitate aus Reden, Zeitungen, Wetterberichten, Anzeigen montiert sind, die an die collagierten Zeitungsfetzen in kubistischen Bildern erinnern oder an die Fotomontagen jener Jahre: auch Döblin läßt kaleidoskopartig die Realitätsfragmente der modernen Großstadt zusammenschießen.

Das Prinzip Collage hat in der Literatur jedoch seine eigene Herkunft. Lautréamonts berühmt gewordenes Modell einer neuen Poesie, die sich in der Begegnung einer Nähmaschine und eines Regenschirms auf einem Seziertisch ereignet, hat Collagecharakter. Lautréamont nimmt Marcel Duchamps Fahrrad, auf einem Hocker montiert, vorweg: In beiden Fällen wird Heterogenes, das im geläufigen Lebenszusammenhang nichts miteinander zu tun hat, verbunden. Das Entfernteste könnte das sein, was am dichtesten zusammengehört. Was nicht bereits durch die banale Gebrauchsfunktion sich bis zum Überdruß kennt, erzeugt die intensivste Spannung. Max Ernst, selbst von einem starken unterschwelligen literarischen Impuls bewegt, brachte das poetische Modell Lautréamonts auf eine abstrakte Formel, die dann auch für die bildende Kunst des Surrealismus gültig war, die er mit seinen Bildcollagen erweitert hat. Max Ernst bemerkt, daß »die Annäherng von zwei [oder mehr] scheinbar wesensfremden Elementen auf einem ihnen wesensfremden Plan die stärkste poetische Zündung« provoziert, denn je willkürlicher die Zusammenstellung, »um so sicherer [ist] eine völlig partielle Umdeutung der Dinge durch den überspringenden Funken Poesie«.

An der Methode, wie die Spannung zwischen dem Heterogenen zu gewinnen sei, scheiden sich die Geister, im Prinzip sind sie sich jedoch einig. Der Surrealismus vertraut auf die dichte Kohärenz somnambuler Assoziationsketten; der Traum ist sein Modell, der das Unvereinbare in einem verborgenen symbolischen Kontext vereinbar macht. Der Dadaismus benutzt Zufallsstrukturen und überläßt es dem Leser oder Betrachter, Sinnzusammenhänge zu schaffen. Tristan Tzara schlägt das radikalste Rezept vor: »Nimm eine Zeitung. Nimm eine Schere. Suche einen Artikel aus von der Länge des Gedichts, das du machen willst. Schneide ihn aus. Dann schneide jedes seiner Wörter aus und tue sie in einen Beutel. Schüttele ihn. Dann nimm einen Ausschnitt nach dem anderen heraus und kopiere ihn genau. Das Gedicht wird sein wie du.«

Hans Arp, Tzaras Dada-Kollege in Zürich, wendet ein analoges Verfahren an, wenn er Papierfetzen auf eine Fläche fallen läßt und sie genau in der Position aufklebt, in die sie der Fall, also der Zufall gebracht hat. Erst die Aktivität des Betrachters oder – im Falle Tzaras – des Lesers bringt das Bild oder den Text zustande. Während gewöhnlich die Intention eines bestimmten, vorgegebenen Sinnes die Auswahl und syntaktische Ordnung des Sprachmaterials steuert, wird hier ein Sinnbezug, eine sinnvolle Ordnung des angebotenen Textmaterials erst nachträglich vom Leser hergestellt. Wie das klingen kann, mag ein kurzes Stück aus einem Montagetext, den die Wiener Gruppe – Artmann, Bayer und Rühm – in Teamarbeit hergestellt hat, zeigen. Aus irgendeinem obskuren «Lehrbuch der böhmischen Sprache» greifen sie Vokabeln, Redewendungen und einfache Sätze heraus, um sie willkürlich aneinanderzureihen. Das hört sich so an:

»das füllen verschneiden
soldat werden
auf das pferd aufsitzen
aufs pferd springen
in den ehestand eintreten
die häuser plündern

es koste was es wolle
seine pflicht tun
schuhe anziehen

>   schuhe ausziehen
>   den pferden die hufeisen abbrechen
>   die kleider abnützen
>   das blut spritzt aus der wunde
>   speisen zubereiten
>   hochzeit machen
>   die kleider ausziehen
>
>   um weihnachten
>   ein tisch mit drei füssen
>   ein schauer überfiel mich
>   die kälte lässt nach
>   die wunde erneuert sich
>   alles umkehren!«[1]

Sinnbezüge in solchem Kaleidoskop von montierten Sprachelementen zu finden, ist der Leser befähigt durch die eigenen latenten Sinnwünsche und durch die Spannung, in der er durch nicht erfüllte und mit seinen Kräften vielleicht nicht erfüllbare Sinnerwartungen lebt. Das offene Sinnmuster eines solchen Textes bietet sich ihm zur individuellen Ausfüllung an. Von seiten der Sprache wird die Umkehrung des gewohnten sprachlichen Vorgangs ermöglicht durch die semantische Plastizität der Wörter und durch die Eigentümlichkeit unserer Sprache, daß sinnvolle Aussagen nicht unbedingt grammatisch komplette Sätze erfordern, sondern verbale Ansätze, Andeutungen durch die Situation, in der sie erscheinen, sinnvoll ergänzt werden können, so daß dennoch zureichende sprachliche Mitteilungen zustande kommen.

Unsere Wörter, vor allem Nomina und Verben, speichern mehr an potentiellen Bedeutungen, als jeweils im Satz aktuell werden kann. Die Wörterbücher haben daher ihre Not, nur annähernd das semantische Feld eines Wortes abzugrenzen, und die besten ergänzen ihre Angaben, indem sie typische Verwendungsfälle des Wortes im ganzen zitieren. Jeder Wortkörper ist bereit, im aktuellen Zusammenhang seines Textes neue Bedeutungsnuancen aufzunehmen, auch wenn sie bisher nicht gängig waren. Ein Wortkörper ist nicht mit einer bestimmten Bedeutung verheiratet; er ist ständig fähig, semantische Verschiebungen aufzunehmen. Ja derselbe Wortkörper kann völlig verschiedene Bedeutungen tragen, wie der Wortkörper »Tor« mit Haustor und Narr. Und umgekehrt kann eine bestimmte Bedeutung von verschiedenen Wortkörpern vermittelt werden. Diese semantische Plastizität der Wörter ist die Voraussetzung für die Ökonomie der Sprache: mit einem beschränkten Wortschatz und einer begrenzten Menge von Wortkörpern kann sie unbeschränkt viele und immer wieder neue Bedeutungen und Sachverhalte wiedergeben. Und sie kennzeichnet ihren instrumentalen Charakter.

Im Gegensatz zu allen anderen zivilisatorischen Funktionsinstrumenten, die wir benutzen, hat die Sprache nicht nur geschichtliche Qualität, sondern ihr instrumentaler Wert gründet gerade in der Spannung zwischen Erinnern und Vergessen und Wiedererinnern, die das geschichtliche Bewußtsein kennzeichnet. Eine Bedeutung schießt an, wird benutzt und verschwimmt. Und bleibt dennoch im Erinnerungspotential, so daß sie selbst oder ihre Variante, vielleicht aber auch sie selbst bereits als Metapher aufs neue verwandt werden kann.

Die Eigentümlichkeit sprachlicher Collage-Bildung hängt von dieser dynamisch-geschichtlichen Struktur des Sprachmaterials ab. Die Wortkörper, so elastisch sie sich gegenüber ihren aktuellen Bedeutungen verhalten, führen zugleich riesige Erinnerungshöfe ihrer Redeverwendungen, der einmal getroffenen Bedeutungsentscheidungen mit. Das wird deutlich, wenn man zum Beispiel von einem ungarischen Übersetzer erfährt, daß in seiner Sprache auch heute noch Reimworte wie Rose oder Herz ihre Kraft haben, während sie im Deutschen nicht mehr möglich sind und nur noch als Petrefakten ihrer eigenen Geschichte weiterexistieren.

Semantische Plastizität und geschichtliche Bedeutungsspeicherung scheinen sich zu widerstreiten, tatsächlich sind sie jedoch zwei Aspekte derselben Sache: die Wörter können ihre Bedeutungshöfe nur anreichern, weil sie nicht an eine Bedeutung fixiert sind, und die Wortkörper können auf immer neue Bedeutungsnuancen und Verschiebungen bezogen werden, weil sie immer vor dem geschichtlich differenzierten Bedeutungshof fungieren, der jeder neuen Verwendung ihren semantischen Stellenwert gibt. Erst im Bezug auf den Bedeutungshintergrund findet die neue Bedeutung ihren genauen Ort. Wenn Tristan Tzara ein Gedicht aus zufällig aneinandergereihten Wörtern zu bilden empfiehlt, dann verläßt er sich darauf, daß die Wortkörper sowohl ihren autonomen Bedeutungshof mitbringen als auch fähig sind, im unvorhergesehenen, neuen Kontext Sinnbezüge anschießen zu lassen, weil sie nicht starr auf eindeutige Bedeutungen festgelegt sind. Dieser Sachverhalt ist konstitutiv für die sogenannte konkrete Poesie.

Zur Ökonomie der Sprache gehören aber auch ihre stereotypen Wendungen, angefangen von den simplen phraseologischen Wortverbindungen, wie »es ist die Rede davon« oder »einen Gedanken aufgreifen«, über die ideomatischen Formeln, die einen ganz spezifischen, von der direkten Bedeutung abgehobenen Sinn haben, wie »den Faden verlieren« oder »einem auf den Wecker fallen«, bis zu den sprichwörtlichen Prägungen, in denen vorformulierte Einsichten dem Benutzer die eigene Anstrengung abnehmen und die Rechtfertigung für ein schematisches Verhalten geben. Ich erinnere nur an das fatale Wort »wo gehobelt wird, fallen Späne«, das aus biederer altdeutscher Handwerkererfahrung stammt und mit dem in weniger biederen Zeiten die Menschen zum Schindluder getrieben wurden. Da solche Redemuster Allgemeinbesitz sind, werden sie ohne weiteres verstanden, und jeder Empfänger verbindet ohne Kontrolle damit, was ihm der Absender einreden will. Bei der Masse der verbalen Mitteilungen, die wir täglich aufzunehmen haben, und bei dem Tempo, mit dem sie oft übertragen werden müssen, sind die standardisierten Formeln freilich unentbehrlich, und ihr Vorrat nimmt immer noch zu. Keine

Begrüßungsansprache, keine Nachrichtensendung, kein Werbetext kommt ohne sie aus.

Auf die Gefährlichkeit dieser Entwicklung hat zum ersten Mal Karl Kraus in seinem überdimensionalen Drama *Die letzten Tage der Menschheit* hingewiesen, das in den Redeschwemmen des ersten Weltkriegs entstanden ist. Das Ausmaß der sprachimmanenten Lüge, die aus der Diskrepanz zwischen dem tatsächlichen mörderischen Geschehen und den darauf bezogenen sprachlichen Äußerungen und Redegewohnheiten entspringt, zeigt ihm apokalyptische Züge. Die Präsentation des benutzten Redepotentials in den Dialogen des Buches erweist die Sprache als einen Filter, der gegen die Realität abschirmt, sie schon mit der bloßen Nennung ins Erträgliche umbiegt, ihr Interpretationen aufsetzt, die sie praktikabel machen und den Schock, der aus der unmittelbaren Erfahrung entspringen und Impulse der Veränderung auslösen könnte, neutralisieren. Dazu eine beliebige Probe aus dem Buch. Ein k. und k. General hält 1918 die folgende Ansprache an seine Offiziere.

»Meine Herrn – also – nachdem unser Offizierskorps ein vierjähriges beispielloses Ringen – also gegen die Übermacht einer Welt – überstanden hat – also setze ich das Vertrauen auf meinen Stab – indem ich überzeugt bin – wir werden auch fernerhin – unerschrocken – tunlichst – die Spitze zu bieten. Kampfgestählt gehen unsere heldenmütigen Soldaten – diese Braven – gehen sie neuen Siegen entgegen – wir wanken nicht – wir werden den bis ins Mark getroffenen Feind – zu treffen wissen, wo immer es sei – und der heutige Tag – der heutige Tag, meine Herrn – wird einen Markstein bilden – in der Geschichte unserer glorreichen Wehrmacht immerdar!«[2]

Diese Bewußtseinsspaltung oder Bewußtseinskrümmung besteht auch für uns noch. Wir leben mehr oder weniger bewußt in einer von Sprachstereotypen wetterfest imprägnierten Wirklichkeit und erfahren punktuell doch immer wieder den Schock, der von dem, was sich tatsächlich abspielt, ausgeht. Die Situation wird dadurch kompliziert, daß die Sprachfilter auf die Schockerfahrung eingestellt sind, sich immer wieder an ihr orientieren, sich von ihr aufrauhen lassen und sie dadurch absorbieren. Realität wird in die verkürzte sprachliche Fassung übersetzt und dadurch der Anschein erweckt, der Realität ausgesetzt und ihr gewachsen zu sein. An diesem Besänftigungsprozeß ist gerade die Literatur beteiligt, die auf ihren harten Realismus stolz ist.

Dieser Situation von Sprache und Realität ist nicht durch die bloße Reflexion zu begegnen, vielmehr müssen die inkrustierten Sprachgebilde selbst in eine Fassung gebracht werden, die ihrer Realität entspricht. Sie müssen selbst wie Realitätsfragmente behandelt werden. Das heißt vor allem: sie müssen aus der Vertraulichkeit, die jeder Versprachlichung als Beigabe des sprachhandelnden Subjekts innewohnt, in die Verhärtung, die Verdinglichung getrieben werden, ihren vom Subjekt gestifteten Ganzheits- und Sinncharakter verlieren, so daß das Subjekt in der Konfrontation mit dieser Wahrheit seiner Sprachgebilde ihr Verhältnis zur Realität erkunden kann. Die sprachlichen Gebilde erscheinen jetzt als das, was sie sind: Objekt unter Objekten, beliebige Versatzstücke, verdinglichtes Material, das neuen Formintentionen zur Verfügung steht. Sprachcollagen und Collagetexte werden möglich.

Es ist bezeichnend, daß in vielen mit Collageelementen arbeitenden literarischen Texten der Impuls von Karl Kraus weiterwirkt, mit der neuen, schockierenden Technik das illusionistische Sprachgewebe zu durchstoßen und die splitternde Realität erfahren zu lassen. So ist es in Döblins *Berlin Alexanderplatz*, so in Michel Butors *Mobile*, in Heißenbüttels »Deutschland 1944«, um nur einige Texte zu nennen.

Das Sprachmaterial, das für Textcollagen verwendet wird, stammt immer aus gesellschaftlichem Gemeinbesitz und ist im Umlauf gewesen. Es kann sich um wörtliche Zitate aus Reden, Zeitungen, Büchern, Verordnungen usw. handeln; es können Redensarten, Sprichwörter, aber auch Einzelwörter mit bezeichnendem Inhalt benutzt werden. Es gibt eine

Vielzahl von Kompositionsformen sprachlicher Collagen: ihre Elemente können in einen vorgegebenen Erzählzusammenhang eingebaut werden, wie im Falle des Romans von Döblin *Berlin Alexanderplatz*; oder Collageelemente können in einem Textplan neben anderen Textformen als eigentümliche Textschicht auftreten, wie es Butor in seinem *Mobile* macht; oder es kann zu einem bestimmten Thema ein ganzer Text aus collagierten Zitaten montiert werden, wozu Heißenbüttels »Deutschland 1944« ein Beispiel liefert; schließlich können Textelemente ohne vorgegebenes Thema und ohne vorfixierten Plan kaleidoskopartig zusammentreten und es dem Leser überlassen, ihren Zusammenhang herzustellen, wie es Tristan Tzara vorgeschlagen hat. Es gibt im Grenzfall Textcollagen, die nur mit Wortkernen arbeiten, und andere, bei denen das Wortmaterial entsprechend der Tendenz zur Verdinglichung weiter zerstört wird. Im folgenden soll eine Reihe möglicher Collagetypen aus Sprachmaterial betrachtet werden.

Die Erzählgemütlichkeit des Romans zu durchlöchern, den Leser aus der angenehmen Fiktion auf die eigene banale Realität zu stoßen, dienen in Döblins Roman *Berlin Alexanderplatz* die einmontierten sprachlichen Realitätsfragmente, vom Wetterbericht über Zeitungsnachrichten, Straßennamen, Dialogfetzen, Werbesprüchen bis zu politischen Reden und zur zahlengespickten Reportage aus dem Schlachthof. Der Roman behält seine traditionelle Form; er spinnt seinen Handlungsfaden chronologisch an dem Geschick seines Helden Franz Bieberkopf fort und erreicht ein vorgenommenes episches Ziel. Die Collageteile haben dokumentarischen Charakter; sie vermitteln Atmosphäre und Schlaglichter aus der modernen Großstadt, und sie bilden durch das unvermittelte Nebeneinander der Zitate mit der Handlung die oft groteske Zusammenhanglosigkeit riesiger Menschenansammlungen ab:

»Destillen, Restaurationen, Obst- und Gemüsehandel, Kolonialwaren und Feinkost, Fuhrgeschäft, Dekorationsmalerei, Anfertigung von Damenkonfektion, Mehl und Mühlenfabrikate, Autogarage, Feuersozietät: Vorzug der Kleinmotorspritze ist einfache Konstruktion, leichte Bedienung, geringes Gewicht, geringer Umfang. – Deutsche Volksgenossen, nie ist ein Volk schmählicher getäuscht worden, nie wurde eine Nation schmählicher, ungerechter betrogen als das deutsche Volk. Wißt ihr noch, wie Scheidemann am 9. November 1918 von der Fensterbrüstung des Reichstags uns Frieden, Freiheit und Brot versprach? Und wie hat man das Versprechen gehalten! – Kanalisationsartikel, Fensterreinigungsgesellschaft, Schlaf ist Medizin, Steiners Paradiesbett. – Buchhandlung, die Bibliothek des modernen Menschen. Es sind die großen Repräsentanten des europäischen Geisteslebens. – Das Mieterschutzgesetz ist ein Fetzen Papier. Die Mieten steigen ständig. Der gewerbliche Mittelstand wird auf das Pflaster gesetzt und auf diese Weise erdrosselt, der Gerichtsvollzieher hält reiche Ernte. Wir verlangen öffentliche Kredite bis zu 15 000 Mark an das Kleingewerbe, sofortiges Verbot aller Pfändungen bei Kleingewerbetreibenden. – Der schweren Stunde wohl vorbereitet entgegenzugehen ist Wunsch und Pflicht jeder Frau. Alles Denken und Fühlen der werdenden Mutter kreist um das Ungeborene. Da ist die Auswahl des richtigen Getränks für die werdende Mutter von besonderer Wichtigkeit. Das echte Engelhardt-Karamalzbier besitzt wie kaum ein anderes Getränk die Eigenschaft des Wohlgeschmacks, der Nährkraft, Bekömmlichkeit, erfrischenden Wirkung.«[3]

So geht die Montagemischung aus Werbesprüchen, politischen Parolen, Namen und Informationen noch über mehrere Seiten, bis der Held des Romans wieder in dieses Panorama Berliner Banalitäten einsteigt.
Lesbar wie ein Roman, aber ohne Erzählstrang und jenseits der üblichen epischen Formen angelegt, ist Michel Butors *Mobile* von 1963, das der Autor selbst als »Studie für eine Darstellung der Vereinigten Staaten von Amerika« bezeichnet. Damit ist der thematische Plan des Buches umrissen.

Er wird ausgefüllt mit einer Fülle von Details aus der amerikanischen Geschichte, Politik und Gesellschaft, bereichert durch Naturbilder und Naturbeschreibungen. Der ganze, 340 Seiten starke Text ist streng durchkomponiert. Seine dominierende Thematik ist die schuldhafte Verstrickung der weißen Einwanderer in das Geschick der indianischen Urbevölkerung und die Unterdrückung der Neger, im Buch manifestiert durch Auszüge aus der Geschichte der Indianerstämme und ihrer Begegnungen mit den Weißen wie durch aufblitzende Redewendungen »for whites only«, deren Verkürzungen zum abgegriffenen Klischee »... only...« das generationenalte Elend der Unterdrückten verrät. Mit decouvrierendem Erfolg sind Zitate Franklins eingeflochten, die der ideologischen Rechtfertigung der Behandlung der Neger dienen. Die Schuld wird paraphrasiert durch seitenlange Auszüge aus den Akten eines Hexenprozesses von 1692. Den zivilisatorischen Habitus blenden Zitate aus Warenhauskatalogen, Zeitungsberichten über die Weltausstellung in Chicago oder einem Reiseführer durch »Freedomland«, dem nordamerikanischen Kulturschaupark, ein. Durch das ganze Werk ziehen sich Autonamen, Speiseeisempfehlungen.

Konfrontiert wird das politisch-zivilisatorische Amalgam mit nominalem Material, das vor allem aus Namen von Städten, geographischen Orten, Landschaften und Tieren besteht. Es erscheint in unhistorischer, reiner Setzung, nur in seinem ästhetischen Wert, fast ohne syntaktische Verknüpfungen.

»WILLKOMMEN IN KANSAS
            sieben Uhr in ...
PRESTON
Das Erschreckende an diesem Kontinent waren nicht nur seine giftigen Lianen...
Selbst wenn sie nicht schwarz aussehen, sind sie Schwarze.
Der Präriesee.
WASHINGTON, Kreisstadt des Washington County.

Sie sind noch schwärzer als das Schwarz.
Seine giftigen Eichen, sein giftiger Sumach, seine Giftschlangen, seine vergifteten Indianerpfeile...
Auf der Straße ein riesiger Studebaker (Geschwindigkeitsgrenze nachts 60 Meilen), – ›an der nächsten Texaco-Tankstelle müssen wir tanken‹.
WASHINGTON.
Die Peyote ist ein möhrenförmiger unbehaarter Kaktus (Lophophora williamsii) von geringer Größe, der in den Grenzgebieten Mexikos und der Vereinigten Staaten im Tal des Rio Grande wächst. Man kann die Knolle frisch oder in der Sonne getrocknet genießen... Ihre bemerkenswertesten psycho-physischen Wirkungen sind eine außerordentliche Schärfung der Sinnesorgane, insbesondere für die Wahrnehmung von Farben, Formen und Tönen, visuelle und akustische Halluzinationen mit Störungen der coenesthesiatischen Sphäre... Diese außergewöhnlichen Eigenschaften sind ihrem hohen Gehalt an Alkaloiden zuzuschreiben, wie Anhalin, Meskalin, Ophophopin, usw. ... Ihr Genuß hat keine schädlichen Folgen, wird aber von Übelkeit begleitet, doch verursacht er keine Gewohnheit. (Nach Vittorio Laternari: ›Movimenti Religiosi dei Popoli Oppressi‹.)
Sie hatten schwarze Schuhe mit schwarzen Schnürbändern.
Der Klarbach-See.
Auf einem Schwarzeichenzweig zwei schreiende Ziegenmelkerweibchen, das Männchen fliegt oberhalb von ihnen, seinen bärtigen Schnabel weit geöffnet. Auf einem Blatt eine Raupe. In der Luft zwei Schmetterlinge verschiedener Art. In der linken unteren Ecke der Seite ein Detail des Fußes.
ASHLAND, OKLAHOMA.
Schwarze Gamaschen mit schwarzen Knöpfen.
Im Jahre 1890 hatte der Indianer Hockender Stier in Darlinton am südlichen Canadianfluß die benachbarten Stämme zu einer großen Feier des Tanzes der Geister

eingeladen. Unter ihnen befand sich auch das Mischblut John Wilson vom Stamme der Delawaren (zur Hälfte Delaware, zu einem Viertel Caddo und zu einem Viertel Franzose), der im Verlauf der Zeremonie in Trance verfiel und der – nach seinen eigenen Worten – fühlte, daß er in das Herz Gottes gedrungen war.«[4]

Der Text läuft aus der Vogelperspektive über der geographischen, geistigen, gesellschaftlichen Landschaft der Vereinigten Staaten ab, wobei sich das Grundmuster ständig wiederholt. Trotz verschiedenartiger Ausfüllung und abwechslungsreichem Druckbild erfährt der Leser die ständige Wiederholung des Gleichen. Die beinahe magische Nennung von Namen, Orten, Tieren, Dingen wirkt als magisch-mythische Aussetzung des historischen Zeitverlaufs. Da diese nominalen Elemente ungreifbarer sind als die dokumentarischen Passagen, durch das Fehlen der Verben zudem ohne eigene Dramatik bleiben, werden sie zum poetischen Fond der politisch-geschichtlichen Thematik, die wir genannt hatten, und das heißt: sie imprägnieren auch diese mit ihrer teils paradiesischen, teils melancholischen Stimmung. Die eigentümliche Spannung einer Collage zwischen dem Heterogenen, hier dem historischen und dem zeitgenössisch-zivilisatorischen Material, wird von diesem Hintergrund überblendet und aufgelöst, ehe sie recht wahrgenommen werden kann. Obwohl das Buch schon von seinem äußeren Aufbau her den Eindruck von Montage und Collage erweckt, wird durch seine sprachliche Struktur die harte Verdinglichung des collagierten Sprachmaterials wieder in eine harmonisierte Verfassung von Sprache zurückgenommen.

Als drittes, von einer bestimmten Thematik gesteuertes Beispiel einer Textcollage sei Helmut Heißenbüttels Text »Deutschland 1944« genannt, der in seinem *Textbuch 6* steht. Während Butor den Grundriß eines ganzen Landes samt seinem historischen Geschick zu belegen versucht, gibt Heißenbüttel den Aufriß eines bestimmten geschichtlichen

Moments unserer eigenen Geschichte, nämlich die Peripetie
des NS-Staates 1944. Sein Text besteht durchgängig aus
Fremdzitaten. Ihr Stil ist teils poetisch, teils pathetisch, teils
sachlich, teils banal. Und so wechselt auch der Sprachrhythmus zwischen Vers und Prosa.
Den Tenor des Ganzen bestimmen mehrere Zitate von
Hitler und vermutlich von Himmler, dazu aus NS-Befehlen
und NS-Berichten sowie aus NS-Lyrik. Sie vermitteln
Schrecken, Terror, Unmenschlichkeit. Ein Auszug aus dem
Wehrmachtsbericht vom 20. Juli 1944 deutet in seiner sachlichen Diktion die politisch-militärischen Folgen der NS-
Politik an. Darüber hinaus öffnen zwei Zitate aus einem
Werk über die Entdeckung der Atomspaltung, die in dieser
Zeit sich in der Konstruktion der ersten nuklearen Bombe
niederschlug, die Perspektive einer globalen Katastrophe.
Auszüge aus einem privaten Tagebuch markieren den noch
möglichen subjektiven Standort eines wenigstens innerlich
unabhängigen Beobachters; sie vermitteln das Bewußtsein
von dem, was tatsächlich geschieht, und zeichnen die Möglichkeit der Einsicht in die Schuld ab.
Diese Elemente sind überlegt komponiert und werden in
ihrer Eindringlichkeit durch Wiederholungen intensiviert.
Es entsteht das Röntgenbild einer kumulierenden politischen Katastrophe einschließlich ihrer Untergründe und
ihrer Folgen. Der ganze Text besteht aus 13 Blöcken mit je
13 Zeilen. Die 3 ersten Textblöcke lauten:

»hängt ihr am Leben sie geben es brünstig für Höheres
niemand zwang sie dazu denn ihres Herzens Schlag ihrer
Seele Gebot hängt ihr am Leben sie geben es brünstig für
Höheres niemand zwang sie dazu denn ihres Herzens Schlag
ihrer Seele Gebot die lange Dauer des Krieges hat zu einer
allgemeinen Lockerung der strengen Auffassung über die
Verwerflichkeit der zusätzlichen Versorgung der Volksgenossen geführt Blut du lauf um nun verjüngt durch immer
blühendere Leiber süß ist des Leibes Musik Worte sind
Mosaik das heißt daß zwischen ihnen sich Risse ziehen diese

sind logisch gesehen Lücken man muß diese gemeinsten Kreaturen die jemals den Soldatenrock der Geschichte getragen haben dieses Gesindel das sich aus der einstigen Zeit herübergerettet hat abstoßen und austreiben ich stand teils am Fenster teils auf der Wiese um mir bald diesen bald

jenen Eindruck einzuprägen wie jemand der mit einer großen Reihe von Aufnahmen beschäftigt ist vielleicht daß einer spät wenn all dies lang vorbei das Schreckliche versteht die Folter und den Schrei die Front ruft in diesen Wochen nur nach Nachschub und Waffen und das Volk will das Letzte an die Front bringen um die Drohung von unseren Grenzen abzuwenden sehr bemerkenswert ist die starke Zunahme des Interesses an allen möglichen Prophezeiungen über das weitere Kriegsgeschehen Hellseher Astrologen Zigeunerinnen sowie Zahlen- und Buchstabenkabbalistik finden neuerdings wieder besonders große Verbreitung Blut du lauf um nun verjüngt durch immer blühendere Leiber süß ist des Leibes Musik Geschlechtsverkehr bei der Leibstandarte mit andersrassigen Frauen sei sehr häufig das käme schon dadurch daß die Nachschubformationen und

ähnliche Verbände viele weibliche andersrassige Hilfskräfte hätten und es hätte sich vielfach fast die Einrichtung eines Kebsweibes herausgebildet dabei werde das Problem auch im Zusammenhang mit dem Problem des § 175 gesehen sie hörte wie der Todesschweiß plätscherte die lange Dauer des Krieges hat zu einer allgemeinen Lockerung der strengen Auffassung über die Verwerflichkeit der zusätzlichen Versorgung der Volksgenossen geführt es ist ja immer ergreifend gerade bei einfachen Menschen diesem Vertrauen zu begegnen und diese Waffe müssen wir blank erhalten wie keine andere wir können es nicht dadurch erreichen daß wir möglichst lange versuchen den Leuten Sand in die Augen zu streuen sie mit Ausreden und Beschwichtigungen hinzuhalten wenn sie uns fragen mit Ausreden«[5]

Daß die Form der Textcollage für die Ausleuchtung der zeitgenössischen Phänomene, die Heißenbüttel im Auge hat, nicht beliebig gewählt, deren Struktur vielmehr in beinahe erschreckender Weise entspricht, kann man aus folgendem Dokument eines aktiv an der Mordmaschinerie Beteiligten ablesen. Es handelt sich um eine kurze Tagebucheintragung des Dr. Kremer, der als Lagerarzt in Auschwitz tätig war. Unter dem 9. September 1942 notiert er, was er an diesem Tag im KZ Auschwitz Bemerkenswertes erlebt hat:

»Heute früh erhalte ich von meinem Rechtsanwalt in Münster, Professor Dr. Hallermann, die höchst erfreuliche Mitteilung, daß ich am 1. dieses Monats von meiner Frau geschieden bin. Ich sehe wieder, ein schwarzer Vorhang ist von meinem Leben weggezogen. Später als Arzt bei der Ausführung der Prügelstrafe an 8 Häftlingen und bei einer Erschießung durch Kleinkaliber zugegen. Seifenflocken und 2 Stück Seife erhalten.«[6]

Scheidung, Prügelstrafe, Erschießung und Seifenzuteilung liegen ungetrennt nebeneinander. Selten ist das Zeugnis für das Nebeneinanderbestehen des Unvereinbaren so drastisch wie hier. Es begegnen sich nun tatsächlich Nähmaschine und Regenschirm auf einem Seziertisch. Ein Blick in eine Boulevardzeitung belehrt uns, daß diese Grundstruktur zu unserer täglichen Erfahrung gehört und wir bereit sind, sie ohne weiteres hinzunehmen. Nicht nur das Heterogene, auch das Widersprüchliche steht auf einem Blatt beisammen, nur durch das formale Faktum des gleichen Datums zusammengehalten. Die Textcollage vermag diese Struktur sichtbar und ablesbar zu machen. Ihr Ort ist immanent und transzendent zugleich, und darin unterscheidet sie sich von der Tageszeitung: sie steigt ein und distanziert, sie vermittelt die Realitätsfragmente mit dem Zweck, nicht nur zu vermitteln, sondern die Spannung des Zwischenraums bewußt zu machen, während die Zeitung den Blick punktuell ansaugt und weiterspringen läßt, ohne den Leser zur Reflexion auf das Ganze zu bringen. Die Zeitung ist allenfalls das negative Modell einer Textcollage, insofern sie heterogene und vorformulierte Textelemente montiert. Sie werden natürlich nicht als Collage konzipiert, im Gegenteil, jede Redaktion bemüht sich, schon durch die Auswahl und die inhaltliche Kombination der Nachrichten, dann durch die eigene Formulierungszugabe eine bestimmte ideologische Linie auszuziehen, die tendenziell auf ein Gesamtbild, auf eine wie auch immer geartete Schlüssigkeit der Wirklichkeit abzielt. Der vordergründige Collagecharakter der Zeitungen wird redaktionell überspielt, nach Möglichkeit verwischt zugunsten einer Stimmigkeit der Informationen und Aussagen in einem Weltbild, das mehr oder weniger scharf im Hintergrund schimmert. Es gibt keine Zeitung, in der nicht dieser Anticollageaffekt wirksam ist. Das beginnt bei der Wortwahl und endet beim Layout.

Die Collage tendiert in die entgegengesetzte Richtung: nicht ein gegebenes Weltbild mit tausend Mosaiksteinchen zu belegen, bis es stimmt, sondern durch die frappierende Kombination des Unvereinbaren Neues, Unerwartetes aufscheinen zu lassen, das vorher und mit anderen Mitteln nicht vorstellbar war. Während die Zeitung im Grunde immer darauf aus ist, bestätigt zu bekommen, was man sowieso schon weiß, und das Innovationsbedürfnis ihrer Leser auf die Sensation ablenkt, und das heißt: auf ein Bewußtseinserlebnis ohne weitere Folgen, da es isoliert, nämlich als pure Sensation dargeboten wird – während die Zeitung im Grunde konservativ ist, auch wenn sie sich progressiv gebärdet, zerstört die Collage von vornherein jedes thematisch vorformulierte Programm und gibt die Zwischenräume frei. Mit dem gegebenen Material, mit den Brocken aus der nur zu bekannten Realität bringt sie durch ihre Methode eine »andere« Wirklichkeit hervor, die nicht nur die Innereien der fatal bekannten Welt hervorkehrt, vielmehr zugleich Muster und Spielformen einer neuen, unvernutzten, vielleicht nur momentan, vielleicht nur in diesem künstlerisch-künstlichen Medium erreichbare Welt entwirft. Die Collage

enthält nicht nur Kritik, sie dreht das Kritisierte zugleich um zu einer Gestalt, die wieder wahrnehmbar und griffig ist.
Heißenbüttels Textcollage »Deutschland 1944« aus dem Sprach- und Redegeröll des Dritten Reiches ist ein Beispiel dafür, wie Sprachmaterial in dieser Weise »umfunktioniert« werden kann – bei ihm noch unter dem dominierenden Gesichtspunkt einer Röntgenaufnahme einer kritischen politischen Phase. Gerhard Rühm, Mitglied der vorhin bereits erwähnten Wiener Gruppe, hat einmal ein Sonett von Anton Wildgans, dessen pseudogeorgische Gebärde und trivial verschwommene Ethik unerträglich sind, umstrukturiert, indem er es in seine Wörter auflöste und diese zu einem neuen Text montierte. Das Pathos zuckt zwar noch in den Fragmenten, aber es mimt keine Gebärde mehr und muß von Fall zu Fall die Wörter freigeben, die dann als winzige poetische Gruppierungen wirken, gelöst von der Behauptung eines großen sinnstiftenden Zusammenhangs, allein angewiesen auf die Bedeutungshöfe, die die Wörter von sich aus mitbringen.
Dabei zeichnet sich die Funktion der Destruktion des vorgefundenen Materials ab, die längst eine wesentliche Phase von Collage geworden ist. Schwitters hatte für seine Papier- und Reliefcollagen von vornherein zerbrochenes, fragmentiertes, unbrauchbares Material verwendet. Wenn aber Totalität, intakte Sinnbezüge an Stellen behauptet werden, wo die geringste Reflexion auf Sprünge und Widersprüche stößt, wie zum Beispiel in jeder Zeitung, dann provoziert dies den destruierenden Eingriff, der die tatsächliche Verfassung dieses Gegenstands ans Licht bringt. Destruktion wird, sobald man sich auf die zivilisatorische Realität einläßt und sie nicht nur als Versatzstück für eine übergewölbte Weltanschauung benutzt, zur unentbehrlich korrespondierenden Methode von Konstruktion. Destruktion ist mit derselben Kompetenz am Bestand und an der Verfassung zivilisatorischer Realität beteiligt wie die Konstruktion. Ihre Methoden zugunsten der angeblich aufbauenden, positiveren Konstruktion zu vernachlässigen, heißt nicht nur, die eine

Gesichtshälfte unserer Wirklichkeit übergehen, sondern auch auf höchst fruchtbare formale Methoden künstlerischen Arbeitens verzichten. Die bildende Kunst kennt längst einen ganzen Katalog von destruierenden Techniken, die ohne weiteres neben den konstruierenden angewandt werden – ich nenne nur die Decollage, das Abreißen von aufgeklebtem Papier, zum Beispiel von Plakatwänden, die Froissage, das Knüllen von Papier, die Dechirage, das Reißen, die Brulage, das Brennen: sie alle bilden analoge zivilisatorische Prozesse im künstlerischen Medium ab und transformieren diese Prozesse zu formalen Methoden, die unmittelbar zu positiven künstlerischen Gebilden führen können, also gar nicht einer nachziehenden aufbauenden Gestaltung mehr bedürfen. Dem Stichwort Collage, mit dem wir es hier zu tun haben, schließt sich daher unmittelbar das der Decollage an, wie sie von den Malern Rotella und Vostell angewandt worden ist. In der Decollage mischen sich Schrift- und Bildelemente im harten Nebeneinander; die Schriftzeichen können so weit zerstört sein, daß sie zu reinen graphischen Elementen werden.

Decollagen können von selbst entstanden sein, wenn Witterungseinflüsse zum Beispiel und Passanten eine Plakatwand decollagiert haben. Der zivilisatorische Ablauf bringt sie von sich aus hervor, und unsere Sache ist es nur noch, unser Auge zu üben, daß es die endgültige Vollkommenheit des Ruins erfaßt. Vostell hat in Paris und in Köln Autobusfahrten arrangiert, welche Schauwillige an bestimmte Orte führten, die in diesem Sinne sehenswert waren: Kunst-Orte also, die nur im Augenblick des Betrachtens existieren und nur durch die Intensität des Betrachters aus der banalen Hinfälligkeit der städtischen Umgebung herausgeschnitten werden. Sie sind Sache des Betrachters geworden und verschwinden wieder mit ihm. Die von den zivilisatorischen Faktoren geformte und verformte Umwelt ist potentielle Kunst-Welt; dazu gehört auch die Text- und Sprachwelt: die Plakate, die Schriftrelikte, die Geräuschfilme, das unabsehbare Gemurmel, das unsere Welt erfüllt. Bezeichnenderweise ist der Erfinder des Happenings, der Amerikaner Allan Kaprow, auch auf die Idee gekommen, ein Evironment aus Sprache zu machen. Sprache in ihren verschiedenen zivilisatorischen Aggregatzuständen, geschrieben, gesprochen, gehört längst zu unserer dinglichen und verdinglichten Umwelt und wird produziert und konsumiert wie andere Gegenstände auch. Aus Kaprows Bericht über die Errichtung dieses Environments im September 1962 geht hervor, daß seine Anlage das Publikum nicht nur zum Aufnehmen sondern ebenso zum Mitmachen, zur Aktivität aufforderte. Der Konsument beteiligt sich an der Produktion. Kaprow beschreibt die beiden Räume in der Smolin Gallery, New York, in denen sich das Environment »Worte« damals abspielte: »außen am ersten raum ein elektrisch erleuchtetes schild worte. am oberen rand der wände blinken überall rote und weiße lampen. innen hängen vier lampen in augenhöhe: eine blaue, eine gelbe, eine grüne, eine weiße. die weiße blinkt, die anderen leuchten stetig. zwei senkrechte lampenreihen [...] an gegenüberliegenden wänden. an den beiden anderen wänden sind nebeneinander fünf durchgehende tuchrollen angebracht, ebenfalls von decke bis boden, auf die worte gedruckt sind. diese festgelegte elemente enthaltenden, mit der hand zu drehenden rollen können miteinander in jeweils wechselnde übereinstimmung gebracht werden, können miteinander sinnvolles oder unsinnvolles ergeben, ganz nach wunsch. die anderen beiden wände bedecken wortstreifen auf papier (beschriftet von einer gruppe von freunden und mir, und willkürlich aus einer anzahl von gedichtbänden, zeitungen, comic-heften, dem telefonbuch, populären liebesgeschichten, etc. genommen; diese elemente wurden gemischt, und ich komponierte sie zu wandgroßen poemen). obendrüber roh beschriftete schilder, die das publikum auffordern, die rollen zu rollen und weitere wortstreifen von den stößen, die an einen zentralen pfahl genagelt sind, abzureißen und sie über die, die schon da sind, drüberzuheften. zusätzlich wird das publikum eingeladen, die grammofons zu bedienen und die

platten zu spielen, die ich aus gesprochenem, vorträgen, schreien, anzeigen, weitschweifigem unsinn, etc. komponiert hatte – einzeln entweder oder alle zugleich.
im kleineren, blau gestrichenen raum – eine einzelne schwache glühbirne beleuchtet ihn, oben ist er mit einem plastikfilm abgedeckt – ist die atmosphäre sehr eng und intim [...] herab [...] hängen viele tuchstreifen [...]. oben sieht man durch die plastik hier und da auf dem film verstreute zerknitterte zeitungen schimmern. der besucher muß sich durch die gehänge durchwühlen [...]. an die stoffgehänge sind viele kleine papierstückchen geheftet mit notizen von verschiedenen leuten an verschiedene leute. am eingang liegen stift, heftklammern und papier für zusätzliche notizen bereit.«[7]
In solchem Environment erfahren die Zeitgenossen buchstäblich, wie die Wortinflation ihnen über den Kopf wächst: sie lesen an den Wänden und auf den Rollen, was sie irgendwie sowieso schon kennen, und nur an der Stelle, wo sie selbst die Rollen drehen und Zufallskombinationen von Worten und Sätzen erzeugen können, bekommt der Käfig der Wiederholungen des sattsam Bekannten, das zivilisatorische Sprachverlies einen Sprung. Wir erinnern uns an die Formel Tristan Tzaras, ein Gedicht auf den absoluten Zufall zu gründen, und merken dabei doch einen wichtigen qualitativen Unterschied: zum Zufall und zur Aktivität des Betrachters ist die Reflexion auf die Beschaffenheit dieser unserer Welt durch das Medium eines zugerichteten Environments gekommen. Tzaras Partner spielte noch mit sich und seinen Worten allein, und am Schluß wurde versprochen: »Das Gedicht wird sein wie du.« Bei Kaprow spielt die gesamte zivilisatorische Realität mit, der die Potenz einer Kunst-Welt zugesprochen wurde. Einschließlich der Sprachphänomene, die in ihr vorkommen, weist sie Collagecharakter auf. Unser geläufiges Sprachgut selbst ist von derselben inneren Disparatheit wie eine Plakatwand: Seine Zersprungenheit resultiert daraus, daß wir unaufhörlich verfestigte sprachliche Muster, stereotype Redewendungen

benutzen müssen, die meist in ganz andersartigen Zusammenhängen entstanden sind, für uns jetzt aber nahezu indifferent benutzbar sind. Was gemeint ist, macht das folgende Beispiel drastisch deutlich: In dem Bericht eines in der Schlacht von Stalingrad eingesetzten deutschen Offiziers heißt es an einer Stelle, wo vom Zusammenscharren der letzten Reserven die Rede ist: »Dieses Ganze wurde gekrönt durch die Ankunft eines Reservebataillons.« Dem Mann rutscht das Wort »krönen«, das weiß Gott aus einem anderen Sachzusammenhang stammt, gedankenlos als Relikt seiner gymnasialen Aufsatzerziehung auf die Zunge. Lakonisch heißt es dann gleich darauf von der Krone dieses Unternehmens: »Irgendwie werden sie schon aufgerieben worden sein.«
An solchen extremen Beispielen zeigt sich die Struktur unserer Sprache selbst collagehaft, und so hat Literatur nach Karl Kraus immer mit dem Collageeffekt zu rechnen, ja es gehört zu ihrer Arbeit, diesen Charakter aufzustöbern und drastisch zu machen.
Bei Kaprow tritt Text-Collage über in die Aktion mit dem Geschriebenen oder Gesprochenen. Es ist ohne weiteres möglich, seinen Environment-Entwurf mit collagierten Sprech-Szenen anzureichern, die von spontan auftretenden Schauspielern in Gang gesetzt werden, vielleicht unter Beteiligung des Publikums. Das unmittelbar Gesprochene könnte in die Collage einbezogen werden. Weitere Möglichkeiten collagierter Sprache bietet das stereophone Hörspiel. Während das monorale Hörspiel im großen und ganzen seine Texte sukzessiv anordnen mußte, da sonst ein bloßes Sprachgemisch entstanden wäre, kann das Stereo-Spiel mehrere Texte simultan anbieten, die ein geübtes Ohr ohne weiteres unterscheiden kann, da sie von verschiedenen Raumpositionen ausgehen. Eine Fülle von Verfahren, das Textmaterial zu bearbeiten und zu montieren, stehen zur Verfügung, von artikulatorischer Verfremdung der Stimme durch den Sprecher selbst bis zur apparativen Veränderung des tönenden Materials. Die Dramaturgie des Stereo-Hör-

spiels kann heterogenes Textmaterial aufeinander zuführen; sie hat es in der Hand, mit den Graden seiner Verständlichkeit bzw. Unverständlichkeit zu spielen; sie kann durch die akustische Realisation des Unvereinbaren im selben Klang- und Hörraum die Phänomene zivilisatorischer Sprachwirklichkeit in drastischer Weise herausschälen, interpretieren, zum Schockmoment präparieren oder zum ironischen Spielzeug degenerieren. Das zukünftige Stereo-Spiel ist von allen verfügbaren Medien vielleicht am besten geeignet, die Umfunktionierung zivilisatorischer Funktionselemente in ästhetische Modelle zu vollziehen.

Die naive Übereinstimmung von Wort und Sache, Ausdruck und Wirklichkeit ist zerschlissen durch den tatsächlichen Gebrauch der Sprache wie durch die unerhörte Kluft zwischen dem Faktischen dieser Realität und den Worten, die damit fertig werden sollen. Dabei hat sich herausgestellt, daß auch die Sprache faktischer Natur ist; daß sie ebenso real ist wie das, was sie vermitteln soll: Phänomen zwischen Phänomenen, nicht nur Vermittler, Medium, Bedeutungstransporteur. Sie kann als pures Phänomen in den Blick geraten und ähnlich wie andere sinnliche Gegenstände behandelt, zum Beispiel collagiert werden. Weil sie nicht ganz in ihrer Funktion verschwinden, das heißt aber auch, weil sie durch ihre Trägheit oder durch ihre Fliehkraft in ihrer Funktion versagen kann, vermag sie die Welt der Phänomene zu vermehren. Ihr Zeichencharakter kehrt sich dann auf sie selbst zurück, sie wird zum Zeichen, das nur noch sich selbst zeigt – unnütz offenbar in solcher Verfassung und überflüssig wie ein ausgedientes Automobil. Da sie jedoch auch dann noch den Charakter eines vom Menschen hervorgebrachten Seienden nicht verlieren kann, bleibt sie, in welcher Verfassung sie auch erscheint, für uns, ihre Erzeuger, bemerkenswert. Wenn nicht gar die Offenlegung solcher Beschädigung, die Demonstration, daß Sprache von Grund auf und möglicherweise von Anfang an verdinglicht sein muß, ihre Zugänglichkeit steigert, da wir möglicherweise dasselbe von uns zu sagen haben.

Anmerkungen

1 *Die Wiener Gruppe*, hrsg. von Gerhard Rühm, Reinbek bei Hamburg 1967, S. 206.
2 Karl Kraus, *Die letzten Tage der Menschheit*, München 1957, 5. Akt, 55. Szene, S. 682.
3 Alfred Döblin, *Berlin Alexanderplatz. Die Geschichte vom Franz Biberkopf*, Olten 1961, S. 131 f.
4 Michel Butor, *Orte. Mobile und Beschreibung von San Marco*, übers. von Helmut Scheffel, Frankfurt a. M. 1966, S. 109 f.
5 Helmut Heißenbüttel, *Textbuch 6*, Neuwied 1967, S. 29 f.
6 Josef Wulf, *Aus dem Lexikon der Mörder*, Gütersloh 1963, S. 15.
7 *Happenings*, hrsg. von Jürgen Becker, Reinbek bei Hamburg 1965, S. 343 f.

Verzeichnis der Autoren, Texte und Quellen

KURT SCHWITTERS (1887–1948)

Aufruf! 31

Das literarische Werk. Bd. 1: Lyrik. Hrsg. von Friedhelm Lach. Köln: DuMont, 1973. S. 60–63.

KARL KRAUS (1874–1936)

Der Hort der Republik 37

Die Fackel. Nr. 766–770 (Oktober 1927) S. 1–48. Abdruck nach: Die Fackel. Hrsg. Karl Kraus. [Photomech. Nachdr.] Hrsg. Heinrich Fischer. Bd. 33. München: Kösel, 1972.

ALFRED DÖBLIN (1878–1957)

Berlin Alexanderplatz (Ausschnitt) 106

Berlin Alexanderplatz. Die Geschichte vom Franz Biberkopf. Olten: Walter, 1977. S. 49–53.

EDLEF KÖPPEN (1893–1939)

Heeresbericht (Ausschnitt) 112

Heeresbericht. Kronberg i. Ts.: Scriptor, 1976. S. 11–17.

H. C. ARTMANN (*1921) / KONRAD BAYER (1932–64) / GERHARD RÜHM (*1930)

magische kavallerie 119

Gerhard Rühm (Hrsg.): Die Wiener Gruppe. Reinbek bei Hamburg: Rowohlt, 1967. S. 206–209.

GERHARD RÜHM (*1930)

Sylvias Ballkleid 124

Fenster. Texte. Reinbek bei Hamburg: Rowohlt, 1968. S. 71–75.

F. C. DELIUS (*1943)

Wir Unternehmer (Ausschnitt) 130

Wir Unternehmer. Über Arbeitgeber, Pinscher und das Volksganze. Eine Dokumentar-Polemik. Berlin: Wagenbach, 1966. S. 37–40. © F. C. Delius, Beek bij Nijmegen.

HORST BIENEK (*1930)

Verkündigung des Wetters 136

Vorgefundene Gedichte. München: Hanser, 1969. S. 25.

PETER HANDKE (*1942)

Lesen und Schreiben 137

Die Innenwelt der Außenwelt der Innenwelt. Frankfurt a. M.: Suhrkamp, 1969. S. 48.

PETER O. CHOTJEWITZ (*1934)

Vom Leben und Lernen (Ausschnitt) 138

Vom Leben und Lernen. Stereotexte. Darmstadt: März-Verlag, 1969. S. 68–71. © Peter O. Chotjewitz, Haunetal-Kruspis.

DIETER WELLERSHOFF (*1925)

Hohe Säulen glühender Nebel. Über Liebe, Sexualität und Leidenschaft 142

Renate Matthaei (Hrsg.): Trivialmythen. Frankfurt a. M.: März-Verlag, 1970. S. 219–228. © Dieter Wellershoff, Köln.

WOLF WONDRATSCHEK (*1943)

Paul oder die Zerstörung eines Hörbeispiels (Ausschnitt) . . . 152

Paul oder die Zerstörung eines Hörbeispiels. Hörspiele. München: Hanser, 1971. S. 45–52.

ALFRED BEHRENS (* 1944)

Burroughs cut-up Burroughs cut-up Burroug 161

Gesellschaftsausweis. SocialScienceFiction. Frankfurt a. M.:
Suhrkamp, 1971. S. 126–140.

ROR WOLF (* 1932)

Der letzte Biß 173

Telefongespräch im Fernsehen anläßlich des Qualifikationsspiels zur Fußballweltmeisterschaft Zypern gegen Deutschland
am 23. 11. 1968 in Nikosia (ARD) 175

Punkt ist Punkt. Alte und neue Fußballspiele. Frankfurt a. M.:
Suhrkamp, 1973. S. 23 f., 64–66.

UWE JOHNSON (* 1934)

Eine Reise nach Klagenfurt (Ausschnitt) 178

Eine Reise nach Klagenfurt. Frankfurt a. M.: Suhrkamp, 1974.
S. 27–35.

DIETER KÜHN (* 1935)

Rammbock gegen Prellbock (Ausschnitt) 186

Unternehmen Rammbock. Planspielstudie zur Wirkung gesell-
schaftskritischer Literatur. Frankfurt a. M.: Suhrkamp, 1974.
S. 190–196.

HANS MAGNUS ENZENSBERGER (* 1929)

U. C. (1877–1963) 194

Mausoleum. Siebenunddreißig Balladen aus der Geschichte des
Fortschritts. Frankfurt a. M.: Suhrkamp, 1975. S. 105–107.

Dreizehnter Gesang 197

Der Untergang der Titanic. Eine Komödie. Frankfurt a. M.:
Suhrkamp, 1978. S. 48–50.

MAX FRISCH (* 1911)

Der Mensch erscheint im Holozän (Ausschnitt) 199

Der Mensch erscheint im Holozän. Eine Erzählung. Frankfurt
a. M.: Suhrkamp, 1979. S. 48–54.

KARL KRAUS (1874–1936).

Die letzten Tage der Menschheit (Ausschnitt) 207

Die letzten Tage der Menschheit. Tragödie in fünf Akten mit
Vorspiel und Epilog. In: K. K.: Werke. Hrsg. von Heinrich
Fischer. Bd. 5. München/Wien: Kösel, 1957. S. 295 f.

   Alice Schalek: Kriegsbilder aus Tirol. An der Dolomiten-
   front 210

   Neue Freie Presse (Wien). Nr. 18. 8. 9. 1915.

HUBERT FICHTE (* 1935)

Die Palette (Ausschnitt) 214

Die Palette. Roman. Reinbek bei Hamburg: Rowohlt, 1968.
S. 280–282. Mit Genehmigung der S. Fischer Verlag GmbH,
Frankfurt a. M.

   Eberhard von Wiese: Hans-Joachim Neumann † 216

   Hamburger Abendblatt. Nr. 258. 5. 11. 1965. Mit Genehmigung von Eberhard von Wiese, Hamburg.

PETER O. CHOTJEWITZ (* 1934)

Die Geschichte vom gemachten und vom ungemachten Mann . 218

Vom Leben und Lernen. Stereotexte. Darmstadt: März-Verlag,
1969. S. 184–189. © Peter O. Chotjewitz, Haunetal-Kruspis.

   Volkmar Muthesius: Geschichte eines »gemachten Mannes«.
   Ein Beispiel aus der sozialen Wirklichkeit 224

   Frankfurter Allgemeine Zeitung. Nr. 202. 31. 8. 1968. Mit
   Genehmigung von Peter Muthesius, Frankfurt a. M.

HELMUT HEISSENBÜTTEL (* 1921)

Deutschland 1944 227

Textbücher 1–6. Stuttgart: Klett-Cotta, 1980. S. 266–272.

JÖRN STÜCKRATH (* 1941)

Helmut Heißenbüttels »Deutschland 1944«. Deutung und
Theorie einer Zitatmontage 233

Überarbeitete und erweiterte Fassung des Aufsatzes: Zur Poetik der Zitatmontage. Helmut Heißenbüttels Text »Deutschland 1944«. In: Replik 4/5 (1970) S. 16–32.

FRANZ MON (* 1926)

Collagetexte und Sprachcollagen 258

Texte über Texte. Neuwied: Luchterhand, 1970. S. 116–135.

Lyrik für Leser
Deutsche Gedichte der siebziger Jahre

Herausgegeben von Volker Hage

In diesen 94 Texten von 27 Autoren zwischen 26 und 50 Jahren sammelt der FAZ-Redakteur Volker Hage den lyrischen Trend der siebziger Jahre. Denn daß uns dieses nun abgeschlossene Jahrzehnt eine neue Blüte des Gedichts brachte – darüber war man sich plötzlich in seiner Mitte einig. Daß dabei auch eine gemeinsame Sprechweise, übereinstimmende stilistische Charakteristika das Bild bestimmten, wird versucht aufzuzeigen: alltägliche, fast private Themen werden nicht mehr gescheut, eine neue Natürlichkeit und ein unverstelltes Ichgefühl (das Schlagwort von der neuen Innerlichkeit ging um) meldeten sich zu Wort, und Charme und Spott, Lässigkeit und Schärfe, Melancholie und Schnoddrigkeit sind die Haltungen, die kultiviert werden. Die Gedichttexte haben Erfolg: es ist berechtigt, von einer Lyrik für Leser zu sprechen.

Universal-Bibliothek Nr. 9976 [2]

Philipp Reclam jun. Stuttgart